總序

王鍔

中國古文獻之流傳，離不開校勘。「校」本應作「挍」，校正之謂；勘即刊，刻也，削也，削改之謂。校勘二字連用，始於六朝。校勘又名校、校讎，劉向《别録》「校」與「校讎」互用，於《列子書録》謂「所校中書《列子》五篇，臣向謹與長社尉臣參校讎太常書三篇，太史書四篇，臣向書六篇，臣參書二篇，内外書凡二十篇」。《文選・魏都賦》李善注：「《風俗通》曰：按劉向《别録》『讎校，一人讀書，校其上下，得謬誤爲校；一人持本，一人讀書，若怨家相對』。」「相對」下應脱「爲讎」二字。一人讀書，從本書上下文校正錯誤爲校；一人持書看，另一人拿他本讀，發現不同校正錯誤爲讎。校讎有廣義、狹義之分。廣義之校讎包括校正錯誤、編排目録、辨别真僞、考鏡源流等，宋鄭樵《通志・校讎略》，清章學誠《校讎通義》，近人蔣元卿《校讎學史》、張舜徽《廣校讎略》、程千帆和徐有富《校讎廣義》，皆取此義，校讎學實即古文獻學。狹義之校讎即校勘，改正古籍錯誤之謂，即今人所謂之校勘學。

儒家經典，刊於石碑，謂之石經；剞劂棗梨，謂之雕版，石經雕版，皆經校勘。《後漢書·蔡邕列傳》曰：「邕以經籍去聖久遠，文字多謬，俗儒穿鑿，疑誤後學。熹平四年，乃與五官中郎將堂谿典、光禄大夫楊賜、諫議大夫馬日磾、議郎張馴、韓説、太史令單颺等，奏求正定《六經》文字。」校刊者即東漢熹平石經，此後續有魏正始石經、唐開成石經、後蜀廣政石經、北宋嘉祐石經、南宋石經和清乾隆石經。王應麟《玉海》卷四十三曰：「後唐長興三年二月，令國子監校正《九經》，以西京石經本抄寫刻板，頒天下。四月，命馬縞、陳觀、田敏詳勘。周廣順三年六月丁巳，十一經及《爾雅》《五經文字》《九經字樣》板成，判監田敏上之。」此乃經書刊刻之始，嗣後，經典之經注本、單疏本、注疏本依次校刻，詳定校刻凡例者，若元岳浚《九經三傳沿革例》。

校勘與目録、版本相輔相成，互相爲用，共同構成校讎學之核心。陳援庵《校勘學釋例》謂校勘有本校、對校、他校、理校四法，人皆知之。然校勘古籍，就廣義之校讎學而言，四法之前，尚有五焉：一曰查目録，二曰考版本，三曰辨優劣，四曰定底本，五曰作凡例。校勘整理任何一部古籍，必須先考察該書之著録存佚、版本優劣、底本校本等問題，查目録是調查目録書著録，考版本是梳理版本種類，辨優劣是考辨版本好壞，定底本是確定校勘底本，作凡例是製定校勘規則，校勘規則包括確定對校本、參校本和文字處理、標點符號運用、校記撰寫、編製附録等規範。按照凡例校勘完畢，撰寫整理前言（又名點校説明），介紹該書之作者、内容、學術價值、版本優劣、整理原則等。凡例可以合併在前言中，也可獨立。

清人崇尚樸學，重視考據，宋版元槧，得以目驗，故能校正經書版本之諸多錯誤。乾隆年間，惠棟利用宋八行本《禮記正義》校勘毛晉汲古閣本《禮記注疏》，改正「訛字四千七百有四，脱字一千一百四十有五，闕文二千二百一十有七，文字異者二千六百二十有五，羨文九百七十有一，校讎是正，四百年來闕誤之書，犁然備具，爲之稱快」。校勘於古籍之重要，於此可見。清代被稱爲校勘學之全盛時期，波及民國，不僅誕生一大批著名的校勘學家，諸如顧炎武、惠棟、錢大昕、盧文弨、戴震、段玉裁、顧廣圻、阮元、張元濟等，也出現了一些校勘經學文獻的代表作，如阮元《儀禮石經校勘記》、張敦仁（顧廣圻代撰）《撫本禮記鄭注考異》、潘宗周（張元濟代撰）《禮記正義校勘記》等。

乾隆五十六年（一七九一）十一月，清高宗諭内閣校勘《十三經》，刻於石碑，即「乾隆石經」。阮元分校《儀禮》，用「漢石經殘字、陸德明《釋文》、唐石經、杜佑《通典》、朱熹《經傳通解》、李如圭《集釋》、張淳《識誤》、楊復《圖》、敖繼公《集説》、明監本、《欽定義疏》、武英殿《注疏》諸本，以及内廷天禄琳琅所收諸宋元本、曲阜孔氏宋本，綜而核之，經文字體擇善而從」，録成《儀禮石經校勘記》四卷，阮元校勘《十三經注疏》淵源於此。今囑井超以《文選樓叢書》本《儀禮石經校勘記》爲底本，以《粤雅堂叢書》本、《石經彙函》本爲校本，整理點校。

《禮記》版本，有經注本、注疏本之别，經注本、注疏本有附與不附《釋文》之異。宋撫州本《禮記注》二十卷附《禮記釋文》四卷，是目前所知可見附《釋文》之最早版本，曾藏顧廣圻從兄顧之逵小讀書堆。清嘉慶十年（一八〇五），顧廣圻拜訪揚州知府張敦仁，討論群經轉刻源流，言及撫州本，張敦仁囑託顧廣圻覆刻。嘉慶十一年，顧廣圻替張敦仁刻撫州本，並代撰《撫本禮記鄭注考異》二卷，謂「有發疑正讀之功，無繭絲牛毛之苦，去鑿空騰説之損，收實事求是之益，豈但有功於此書也哉？夫固使弊於校者，箴其膏肓而起其廢疾矣」，誠哉斯言！故囑侯婕以中國國家圖書館藏嘉慶十一年本《撫本禮記鄭注考異》爲底本，以《清經解》咸豐庚申（一八六〇）補刻本爲對校本，參校民國十三年（一九二四）唐文治輯、施肇曾刻《十三經讀本》附《考異》，點校整理。

八行本《禮記正義》七十卷，是目前所知《禮記》經注疏最早合刻之本，今存者八：一藏中國國家圖書館，乃潘宗周寶禮堂舊藏；二藏中國國家圖書館，殘存卷三至四、十一至十八、二四至二五、三七至四一、四五至四八、五五至六〇，有張元濟跋；三藏日本足利学校，殘存六二卷，缺卷三三至四十，即山井鼎《七經孟子考文》所謂「足利本」；四藏北京大學圖書館，殘存卷一至二；五藏上海圖書館，殘存卷五第六頁B面至第二十頁；六藏日本東京大學東洋文化研究所，殘存卷六三；七藏日本京都大學圖書館谷村文庫，殘存卷六四；八藏中國臺灣史語所傅斯年圖書館，殘存卷六六。寶禮堂收藏之八行本《禮記正義》七十卷，先委託董康以珂羅版影印，又邀請張元濟校勘，代撰《禮記正義校勘記》二卷，然後斥巨資覆刻。《禮記正義校勘記》書後識語曰：「余既得是書，不敢自秘，願出巨貲以公諸世，用新法玻璃板影印作爲樣本，與原書上板無絲毫之異，仍爲悉心讐校，以驗其與世行諸本之異同，計校出前人所未校及者數千條。」張元濟以八行本爲底本，校之以阮刻本《禮記注疏》六十三卷，羅列二本異同是非，於《禮記注疏》之校勘，厥功至大，故囑李佩以民國十七年南海潘氏寶禮堂刻《禮記正義校勘記》爲底本整理。

井超爲人温和，做事細心，李佩秉性率真，工作幹練，二人於二〇一二年考入南京師範大學文學院古典文獻學專業，隨吾攻讀碩士學位，分別撰寫論文《阮元〈禮記注疏校勘記〉研究》《潘宗周〈禮記正義校勘記〉整理與研究》獲得碩士學位。《阮元〈禮記注疏校勘記〉研究》修改後，申報教育部後期資助項目，獲批立項，已經結項。井超繼續深造，以《阮元校勘〈十三經注疏〉研究》獲得博士學位，成績優異，留校任教，現爲南京師範大學文學院副教授，發表《阮元〈儀禮石經校勘記〉平議》等文章，主持二〇一八年度教育部哲學社會科學後期資助項目「《玉藻》注疏長編與研究」、二〇二〇年度國家社科基金青年項目「阮元刊刻《十三經注疏》研究」。李佩在廣陵書社工作，編輯文獻，整理古籍，時有好評。侯婕爲人真誠，聰慧刻苦，二〇一一年考入南京師範大學古典文獻學專業，本科論文是《元十行本〈附釋音禮記注疏〉研究——以比勘〈曾子問〉篇爲例》，畢業後隨吾攻讀碩士學位，後轉爲碩博連讀，撰寫《經學文獻文化史視域下的清代學術與〈禮記〉研究》博士學位論文，發表《撫州本〈禮記注〉「周人卒哭而致事」考辨》等文，現爲南京師範大學文學院講師，主持二〇二一年度國家社科基金青年項目「清代《禮記》文獻研究」、二〇二一年度高校古委會直接資助項目「《大明集禮》整理」。三位賢弟，襄助吾從事《禮記注疏長編》《禮學文獻集成》編纂，協辦學禮堂公衆號，於中華優秀文化之傳承，矢志不渝。整理本阮元《儀禮石經校勘記》、張敦仁《撫本禮記鄭注考異》、潘宗周《禮記正義校勘記》匯爲一編，對經學、禮學和清代校勘學研究，大有益處，即將付梓，索序於吾，樂觀其成，略述緣起，冠於書首。二〇二二年二月二十二日（正月二十二日）王鍔識於桂香書屋。

目録

總序（王鍔）……一

儀禮石經校勘記

整理前言……三
儀禮石經校勘記序……六
石經校勘記卷一……七
儀禮　士冠禮……七

儀禮　士昏禮……一一
儀禮　士相見禮……一六
儀禮　鄉飲酒禮……一六
儀禮　鄉射禮……二〇
儀禮　燕禮……二四
石經校勘記卷二……二八
儀禮　大射儀……二八
儀禮　聘禮……三一
儀禮　公食大夫禮……三八
儀禮　覲禮……三九
儀禮　喪服經傳……四〇
石經校勘記卷三……四七
儀禮　士喪禮……四七

儀禮　既夕禮……四九
儀禮　士虞禮……五三
儀禮　特牲饋食禮……五六
儀禮　少牢饋食禮……五九
儀禮　有司……六二
儀禮石經校勘記卷四　校勘字體……六七
後序……七一
伍崇曜跋……七三

撫本禮記鄭注考異

整理前言……七七
撫本禮記鄭注考異序……九三
撫本禮記鄭注考異上……九五
曲禮上……九五
曲禮下……一〇〇
檀弓上……一〇三
檀弓下……一〇七

王制……一一一
月令……一一四
曾子問……一二四
文王世子……一二七
禮運……一二九
禮器……一三一
郊特牲……一三五
内則……一三七
玉藻……一四〇
明堂位……一四一
喪服小記……一四三
大傳……一四五
少儀……一四五

撫本禮記鄭注考異下……一四九
學記……一四九
樂記……一五〇
雜記上……一五六
雜記下……一五八
喪大記……一六〇
祭法……一六四
祭義……一六五
祭統……一六八
經解……一七〇
哀公問……一七〇
仲尼燕居……一七一
孔子閒居……一七一
坊記……一七二

中庸……一七四
表記……一七七
緇衣……一八〇
奔喪……一八三
問喪……一八四
服問……一八五
間傳……一八六
三年問……一八七
深衣……一八七
投壺……一八八
儒行……一八九
大學……一九一
冠義……一九三
昏義……一九四
鄉飲酒義……一九五

射義……一九六
燕義……一九九
聘義……二〇〇
喪服四制……二〇一
撫本禮記鄭注考異跋……二〇三

禮記正義校勘記

整理前言……二〇七

禮記正義校勘記卷上 …… 二二四

卷第一 …… 二二四
卷第二 …… 二二六
卷第三 …… 二三一
卷第四 …… 二三六
卷第五 …… 二四〇
卷第六 …… 二四四
卷第七 …… 二四七
卷第八 …… 二四九
卷第九 …… 二五〇
卷第十 …… 二五二
卷第十一 …… 二五四
卷第十二 …… 二五六
卷第十三 …… 二五八

卷第十四……二六二
卷第十五……二六六
卷第十六……二六九
卷第十七……二七〇
卷第十八……二七三
卷第十九……二七五
卷第二十……二七七
卷第二十一……二七九
卷第二十二……二八二
卷第二十三……二八六
卷第二十四……二八九
卷第二十五……二九二
卷第二十六……二九七
卷第二十七……三〇〇
卷第二十八……三〇三

卷第二十九……三〇六
卷第三十……三〇九
卷第三十一……三一二
卷第三十二……三一八
卷第三十三……三二四
卷第三十四……三三〇
卷第三十五……三三四
卷第三十六……三三八
卷第三十七……三四一
卷第三十八……三四三
卷第三十九……三四六
卷第四十……三五一
禮記正義校勘記卷下……三五五
卷第四十一……三五五

卷第四十二……三五九
卷第四十三……三六二
卷第四十四……三六七
卷第四十五……三七二
卷第四十六……三七八
卷第四十七……三八一
卷第四十八……三八五
卷第四十九……三九二
卷第五十……三九七
卷第五十一……四〇一
卷第五十二……四〇五
卷第五十三……四一〇
卷第五十四……四一七
卷第五十五……四二四
卷第五十六……四二九

卷第五十七……四三三
卷第五十八……四三六
卷第五十九……四四〇
卷第六十……四四三
卷第六十一……四四七
卷第六十二……四五〇
卷第六十三……四五三
卷第六十四……四五六
卷第六十五……四五九
卷第六十六……四六二
卷第六十七……四六五
卷第六十八……四六八
卷第六十九……四七四
卷第七十……四七七

儀禮石經校勘記

〔清〕阮元撰　井超整理

整理前言

阮元（一七六四—一八四九），字伯元，號芸臺，江蘇揚州人，占籍儀徵。歷官三朝，主持風會五十餘年，海内學者奉爲山斗。他著述甚多，在經學、史學、金石、書畫、天文曆算等方面皆有建樹。同時注意整理圖書，刊刻典籍，纂刻有《經籍籑詁》《十三經注疏校勘記》《十三經注疏》《皇清經解》等，霑溉後世。

《儀禮石經校勘記》是阮元爲校勘《清石經·儀禮》而作。乾隆五十六年（一七九一）十一月，清高宗諭令内閣開展《十三經》校勘刻石工作。和珅、王杰二人爲總裁，董誥、劉墉、金簡、彭元瑞四人爲副總裁，阮元及金士松、沈初、瑚圖禮、那彦成、劉鳳誥、汪廷珍、邵晉涵等充任校勘。阮元對此事極爲重視，在分得《儀禮》一經後，專門向錢大昕、段玉裁、金榜、王念孫、劉端臨等人請教。校勘搜集多種版本，吸收各家成果。主要利用漢石經殘字、陸德明《經典釋文》、唐石經、杜佑《通典》、朱熹《儀禮經傳通解》、李如圭《儀禮集釋》、張淳《儀禮識誤》、楊復《儀禮圖》、敖繼公《儀禮集説》、明國子監刻《儀禮注疏》、毛氏汲古閣刻《儀禮注疏》、《欽定儀禮義疏》、清武英殿刻《儀禮注疏》，以及天禄琳琅所收諸宋元本、曲阜孔氏宋本等。其校勘記，主要分爲三部分：一爲校定語，一爲所記各版本異同，一爲按語。校定語即阮元擬從文字所在的語句，被校勘的對象包含其中。校定語下，阮元記各版本異同，先記録與校定語相同的版本，後記録與校定語不同的版本，各版本第一次出現時使用全稱，其後一律使用簡稱，不同版本一般按照成書先後順序排列。按語部分，皆冠以「臣元謹按」四字，運用多種方法進行考證，亦有吸收化用他人之説處，按語中説明校訂擬從文字。體例謹嚴。《儀禮石經校勘記》共分爲四卷，卷一至卷三爲《儀禮》十七篇經文的校勘記，卷四《校勘字體》專記通用及俗訛字，共計二百八十六條校勘記。作爲阮元撰作的第一部校勘學專著，其影響頗深。《儀禮石經校勘記》成書後，阮元將其進呈總裁彭元瑞。彭元瑞撰《石經考文提要》，其《儀禮》部分對阮元的校勘成果進行吸收。然而，彭氏僅録監本訛文，導致阮元所記別本訛誤情況隱而不彰。又由於體例不合等，彭氏對阮書中一百餘條校勘記未加吸收。又阮元撰《十三經注疏校勘記》，據段玉裁所言，乃取《儀禮石經校勘記》之例，衡之群經。

此書後由焦循負責寫録，刊刻成書，即七録書閣刻本。阮亨輯印《文選樓叢書》，將七録書閣本重印收録。清末伍崇曜出資刊刻《粤雅堂叢書》，以七録書閣本爲底本，重刻該書，是正錯訛，間有增誤。清光緒十六年（一八九〇）四川尊經書局刻《石經彙函》，據《粤雅堂叢書》本重刻，雖變亂體例，非七録書閣本舊式，然文字亦有可參考之處。今以《文選樓叢書》本爲底本，以《粤雅堂叢書》本、《石經彙函》本爲校本，點校整理。個中問題難免，望方家指正。戊戌年二月十四日井超謹識於學禮堂。

儀禮石經校勘記序

乾隆五十六年冬十一月，起居注日講官、文淵閣直閣事、南書房翰林、國史館纂修、詹事府詹事臣阮元奉詔充石經校勘官，臣元校得《儀禮》十七篇。臣謹按：《儀禮》漢石經僅有殘字，難校全經。自鄭康成作注，參用今古文。後至隋末陸德明始作《釋文》，校其同異。今《釋文》本，又多爲唐、宋人所亂。唐開成石經所校未盡精審，且多朱梁補刻及明人補字之訛。宋張淳校刻浙本，去取復據臆見。臣今揔漢石經殘字、陸德明《釋文》、唐石經、杜佑《通典》、朱熹《經傳通解》、李如圭《集釋》、張淳《識誤》、楊復《圖》、敖繼公《集説》、明監本、《欽定義疏》、武英殿《注疏》諸本，以及内廷天禄琳琅所收諸宋元本、曲阜孔氏宋本，綜而核之，經文字體擇善而從，録成四卷，用付經館，以待揔裁加勘。時五十七年六月十三日，臣元敬識。

石經校勘記卷一〔一〕

儀禮　士冠禮　臣元謹按：唐石經小題在上，大題在下，並分卷，加「鄭氏注」三字。今不從者，從諸臣所定例，以昭畫一。

筮于廟門　唐石經、宋楊復《儀禮圖》、宋李如圭《儀禮集釋》、明監本《注疏》、《欽定儀禮義疏》、武英殿《注疏》於篇首皆作「庿」，從苗。篇後及他篇多從朝作「廟」。臣元謹按：唐石經惟《士昏禮》「至于廟門」、《公食大夫禮》「及廟門」、《喪服》「爲之築宮廟」「君埽其宗廟」四字從朝，〔二〕餘者皆從苗作「庿」。此偶有異同，並無義例。元刻楊復《儀禮圖》，從苗者尚多。明國子監本及毛扆等本，惟《士冠禮》首一字從

〔一〕超按：此書分作四卷，每卷版心記有卷次。今依版心所記，增「卷一」二字。下「卷二」「卷三」「卷四」同。

〔二〕「埽」，《文選樓叢書》本訛作「歸」，據《粵雅堂叢書》本、《石經彙函》本改。

苗，餘皆改從朝矣。許慎《説文》：「庿」，古文「廟」字。宋張淳《儀禮識誤》引周監本、汴本、巾箱本、嚴本皆「庿」「廟」參半，互相異同；又據唐陸元朗《釋文》引劉昌宗音云「庿音廟」，又《少牢饋食禮》鄭康成注引《春秋》「禘於大庿」，以證經、注無復當有從朝者。是宋乾道兩浙判官曾逮刻皆作「庿」矣。又按：武英殿、李如圭本皆作「庿」。今擬皆從苗作「庿」。

贊者盥升　賈公彦疏本〔一〕、李本皆如此，石經、監本、《義疏》、元敖繼公《儀禮集説》皆作「贊者盥于洗西升」。

臣元謹按：賈公彦疏釋注義云「盥于洗西，無正文」，引《鄉飲酒》贊在洗西以證之，是經文本無「于洗西」之正文。鄭知于洗西者，因《鄉飲酒》而知。使經有此三字正文，則注、疏之文皆贅矣。且經惟言「升」，未言升自何階。鄭據《鄉飲酒》知盥在洗西，據盥于洗西知升自賓階，此正鄭注補經之處。使經有「于洗西」三字，則注中「由賓階升」之文亦贅矣。蓋唐初賈公彦作疏時本無此三字，後人因注文「盥于洗西」與「立于房中」文似對舉，增入經文耳。擬從賈疏本、宋李如圭本。

建柶　石經、李本、楊本、宋本、敖本作「建」，監本、《義疏》、殿本作「捷」。

〔一〕「疏本」，《文選樓叢書》本訛作「本疏」，據《粵雅堂叢書》本、《石經彙函》本改。

臣元謹按：《釋文》「捷柶」乃釋鄭注，後人誤據《釋文》改經。後《士昏禮》《聘禮》皆有「建柶」之文，監本以前皆作「建」。今擬從建。

扃鼏　諸本皆作「扃鼏」。「扃」之從冖，「鼏」之從冂，字體皆不正。

臣元謹按：「扃」本當從冂，「鼏」不當從冂，此二字久淆矣。《說文》鼎部本有「鼏」「鼏」二字，而後人妄刪其一。「鼏」以橫木關鼎耳以舉之也，從鼎冂聲，讀若「扃」。「鼏」，鼎覆也，從鼎冖聲，讀若「幎」。《說文》「鼏」「鼏」二字相承，傳寫者落去「鼏」字小注並篆文「鼏」字，遂以「鼏」字注直接「鼏」字之下。《玉篇》以下皆沿其誤。以今《儀禮》考之，「鼏」即「扃」字。使如今誤本《說文》，則「扃鼏」重言，不辭矣。今《儀禮》石經各本「冂」「冖」二字倒置，筆畫雖微，其誤甚大，擬爲刊正。

又謹按：毛晃《增韻》此二字尚屬平仄分收。

摯見於卿大夫　據鄭注、賈疏，皆當作「卿大夫」，各本皆誤作「鄉大夫」。

臣元謹按：《士冠禮》見君之後復見卿大夫者，如晉文子冠，偏見六卿是也。鄭注「鄉先生」爲「卿大夫致仕者」，正蒙上「卿大夫」爲義。賈疏云：先生亦有士，鄭不言者，經言卿大夫不言士，故先生亦畧不言，其實當有士也。據疏言「經言卿大夫」，知唐初賈本作「卿大夫」明甚。自唐石刻，偏旁少訛，而諸本因之。擬從注、疏，義長近古。

母追　《釋文》《義疏》、敖本皆作「母」，石經、監本、李本、殿本作「毋」。

臣元謹按：《釋文》：母，音牟。《釋文》之例，毋音無，母發聲音牟，通志堂本截然不紊。《公食大夫禮》「毋過四列」鄭注「古文『毋』作『無』」，《釋文》音無，此可證「無」「毋」同音同義也。又本篇「鶉鴽」鄭注「鴽，母無」，今監本誤倒作「無母」矣。《釋文》于鄭注「母無」二字並未發音。鄭注之「母無」，即《爾雅》之「鴾毋」。《爾雅釋文》：「毋，李音無，舍人本作『蕪』。」此可證母音牟，而「無」同「毋」也。《士冠禮》「母追」音牟，正同此例，不得改「母」爲「毋」也。又劉熙《釋名》「母追」正作「牟追」，訓「牟」爲冒。檢《釋名》，「父母」「母」字亦訓爲冒。其爲「母」字益明。今擬從母。

死而謚　石經、宋本、《釋文》皆作「謚」，餘本皆作「諡」。

臣元謹按：《說文》累行之謚本作「謚」，從益。故《五經文字》「謚」「諡」二字，「音常利反，上《說文》，下《字林》」。《字林》以謚爲笑聲。今用上字」。據此，知唐時《說文》本作「謚」，並不從盆也。漢碑作「謚」、作「諡」、作「諡」，無作「諡」者。唐玄應引《說文》亦作「謚」。今《說文》言部末「諡」字，乃後人所增。擬從石經。

儀禮　士昏禮

臣元謹按：唐石經此卷全爲朱梁重刻，「婦贊成祭」「成」字闕筆作「𢦩」，避太祖父誠諱也。

昏禮下達　《釋文》、楊本、敖本、宋張淳《儀禮識誤》、李本皆作「昬」，石經、監本、《義疏》、殿本皆作「昏」。

臣元謹按：唐石經如「棄」「亨」「廿」等，皆避諱之字。「昬」字本從民，作「昏」者，避太宗諱。《説文》「昏」字，唐人所改。徐鉉從氏省，其説難通。近又有言「昏」以氏得聲者，古音雖通，而支、魂終爲少隔。唐人作「昏」，既由避諱，《説文》之「昏」，恐亦唐人所改，難以依據，惟漢隸爲可據耳。考劉熊碑陰作「昬」，尹宙碑作「昬」，孫叔敖碑作「睧」，劉曜碑作「婚」，斯並從民，可證篆非從氏矣。又陸德明《釋文》「民」不避諱者，彼書隋末即成也。今擬字體，凡昔人避諱者皆改正。

授校　石經以下諸本皆作「校」，惟毛扆本作「挍」。

臣元謹按：毛本蓋避明熹宗諱。毛本從監本翻刻，譌字愈多，今不悉載。

大羹湆在　石經、《釋文》、楊本、敖本、宋本皆作「湆」，李本、《義疏》、殿本作「涪」。

臣元謹按：《說文》「湇」字訓幽溼，與「汁」同音假借，故今文作「汁」。音字諧聲爲去急切者，古音僾、緝兩部之字可互諧也。《五經文字》有「湇」字，乃因肉汁之訓爲從肉泣聲。張參不收于月部，而收于水部，其字本未確也。今擬從石經、《釋文》。

綌幂　石經、《釋文》、李本、楊本、宋本、敖本作「幂」，《義疏》、殿本作「幂」，《識誤》作「鼏」。

臣元謹按：《周禮》「幂人」《說文》作「幎」，從巾冥聲。此字雖與「鼏」同音義，皆訓覆，而「幂」者以布覆尊，「鼏」者以茅覆鼎，其用不同。張淳改「幂」皆從鼏者，誤也。今擬「尊幂」之「幂」皆從幂。

幐布席　石經、杜佑《通典》、朱熹《儀禮經傳通解》、楊本、敖本、監本、《義疏》、殿本皆有「布」字。《釋文》《識誤》、李本無「布」字。

臣元謹按：《釋文》無「布」字，張淳據此删「布」字。《釋文》究爲傳寫木刻，其無「布」字別無佐證，且下云「御布對席」，正與此文義相當。今擬從唐石經及杜佑所引。

朼者逆退　《釋文》《識誤》、李本作「朼」，石經、《義疏》、殿本、敖本作「匕」。

臣元謹按：張淳校，凡徒言匕作「匕」，若以匕朼物則作「朼」。今擬從此例。鄭注此云「執匕者」，當作「朼」矣。

酌于户外尊 石經及諸本皆有「户」字，惟殿本、李如圭《集釋》删「户」字。

臣元謹按：敖本疑「户」字衍，彼徒以前已云「内尊」「外尊」，此處疏文亦作「外尊」，無「户」字，疑之耳。不知下文「贊酌外尊」鄭注云：「外尊，房户外之東尊。」鄭以彼處無「户」字，故用上經文尊于房户東之外尊注之。若此處本無「户」字，鄭必于此注之以發例，不注于後矣。今擬作「户外尊」。

乃徹于房中 石經、李本、楊本、敖本、《義疏》、殿本作「乃」，《釋文》《識誤》作「迺」。

臣元謹按：石經「乃」字無作「迺」者。《釋文》《士冠禮》「乃祝」、《鄉飲酒》「乃間」、《聘禮》「禳乃」皆不作「迺」。「有司徹」亦不作「撤」。此作「迺撤」，未可據，且「撤」爲俗字。今擬從乃徹。

婦説服于室御受 石經、《通解》、李本、敖本、《義疏》、殿本皆作「受」，監本訛作「授」。

受笄段脩 《釋文》《識誤》、殿本作「段」，楊本、監本、《義疏》、敖本、李本作「腶」，唐石經訛刻作「股」。

奠于席　石經諸本皆作「奠」，監本訛作「鄭」。

婦贊成祭　李本及諸本皆作「成」，石經作「万」。

臣元謹按：此「成」字闕三筆，蓋朱梁補刻避諱。後《聘禮》「升成拜」同此。

始扱壹祭　石經、李本、楊本、宋本、敖本、監本、《義疏》作「壹」，殿本作「一」。

某固唯命是聽　石經、敖本、《義疏》作「唯」，監本、殿本、李本作「惟」。

父醮子命之曰　石經、李本、敖本、宋本、《義疏》皆如此，楊本、監本、殿本「之」下多「辭」字。

臣元謹按：擬從石經，義長近古。

夙夜毋違命　石經諸本皆作「毋」，惟監本訛作「母」。

肇婿授綏姆辭曰未教不足與爲禮也宗子　石經諸本皆如此，惟明監本脱去「婿授」至「禮也」十四字。

弟稱其兄　石經、李本、楊本、宋本、敖本、《義疏》皆如此，監本、殿本「弟」下衍「則」字。

外昏姻　石經諸本皆如此，監本作「婚」。

濯摡於祭祀　《釋文》、宋本、《識誤》《義疏》、李本、宋本、敖本皆作「摡」，石經、殿本作「溉」。

臣元謹按：張淳引《釋文》云「摡，古代反」，《少牢饋食》「摡鼎匕俎」「摡甑甗匕與敦」「摡豆籩勺爵觚觶」，字皆作「摡」，從《釋文》。考《説文》，摡，滌也；溉，灌也。二字迥别，擬從摡。今《釋文》仍作「溉」者，張淳所見乃北宋本，今本乃後人據石經所改。

某得以爲昏姻之故　石經、楊本、李本、宋本、敖本皆如此，監本、《義疏》、殿本作「某以得爲昏姻之故」。

臣元謹按：上言「某以得爲外昏姻之數」，以者，主人自以也，壻對稱「某以非他故」，主人因云「某得以爲昏姻之故」，以者，指壻以之也。敖繼公疑「數」「故」二字必有一誤，因云「得以」宜作「以得」，不知「以」字在下，正與「故」字語氣相貫，又與上「故」字相應。今擬從得以。

儀禮　士相見禮

若嘗爲臣者　《釋文》、楊本、敖本、《義疏》作「嘗」，石經作「甞」，監本、殿本作「常」。

忠信慈祥　諸本皆如此，惟敖本據《大戴記注》引此無「忠信」二字，妄删之。

士大夫則曰下臣　石經、通解、楊本、宋本、敖本、《義疏》、殿本、監本皆作「士」，惟聚珍板校李本作「上」。臣元謹按：疏云：「《玉藻》『上大夫曰下臣』，與此同也。」彼謂稱「下臣」相同，非謂「上大夫」相同，未可援彼改此。唐石經此處雖是明人補字，然《通解》所引及諸宋本皆作「士」。擬從士。

儀禮　鄉飲酒禮

加二勺于兩壺　《通解》、李本、楊本、敖本、《義疏》、殿本作「壺」，石經作

「壷」，監本作「壼」。以下經文中，凡「壺」字皆同。今擬從壺。

遂授瑟　石經、《通解》、諸宋元本皆作「遂」，惟監本訛作「送」。

葛覃　石經、楊本、敖本、監本、《義疏》、殿本作「覃」，《釋文》、宋本、《識誤》、李本作「蕈」。

臣元謹按：後《鄉射》《燕禮》〔一〕「葛覃」同。從艸者，六朝人所加。今擬從覃。

執觶興洗　賈公彦疏、《識誤》、李本、敖本、監本、《義疏》、殿本皆如此，《石經》、楊本作「執觶興盥洗」，多一「盥」字。

臣元謹按：賈疏本無「盥」字，故疏疊經語曰「執觶興洗」，無「盥」字，又引《鄉射》《大射》皆直云「取觶洗，南面」，不云「盥」，此俗本有「盥」者誤。據賈疏言「俗本有盥」，則賈所定必非俗本，是以張淳校删「盥」字。楊本仍沿石經，有「盥」字，即賈所言俗本也。唐石經每行十字，獨此行十一字，明爲後人增刻無疑。今擬從賈疏。

司正升立于序端　石經諸本皆作「序」，惟監本作「席」。

臣元謹按：《鄉射禮》亦云「升，立于序端」，則斷非「席」字。今擬從序。

〔一〕「鄉射燕禮」，《文選樓叢書》本訛作「鄉飲酒禮」，據《粤雅堂叢書》本、《石經彙函》本改。

遵者降席席東　石經、李本、楊本、敖本、《義疏》、殿本皆如此，惟監本作「降席東」，少一「席」字。

臣元謹按：《鄉射禮》云：「大夫降席，席東南面。」大夫即遵者也。彼亦疊「席」字。今擬從石經諸本。

則使人受俎　《通解》、楊本、李本、敖本、監本、《義疏》、殿本皆作「受」，惟石經作「授」。

臣元謹按：諸公大夫無弟子受俎，故使人受俎。石經「授」字訛。今擬從受。

無算爵無算樂　《釋文》、監本、《義疏》、殿本、李本、敖本皆作「算」，石經作「筭」。凡經中「算」字皆同。

臣元謹按：《説文》：「筭，長六寸，計數者，從竹從弄。」「算，數也，從竹從昇。」諸本雜出不一。今擬凡「無算爵」「無算樂」之類訓數者從算，凡「釋筭」「執筭」之類訓計數者從筭。此擬從算。

賓服鄉服以拜賜　石經、《通解》、楊本、宋本皆作「賓服鄉服」，敖本、《義疏》、殿本、李本作「賓鄉服」，少一「服」字。

臣元謹按：敖本作「賓鄉服」，删上「服」字。彼以鄭注「今文曰『賓服鄉服』」，與經文無異，二者必有一誤，故删去經中一「服」字耳，不知經文有唐石刻及諸宋本爲證，皆作「賓服鄉服」，其作「賓鄉服」，别無佐證。葢注中今文本作「賓鄉服」三字，衍一「服」字耳，未敢以注中衍字删經中正字也。今擬從石經，近古。

俎由東辟 《通解》及諸宋元本皆作「辟」，石經誤刻多一畫作「辟」。

介俎脊脅胳肺 《通解》、敖本、監本、《義疏》、殿本皆如此，石經、楊本、李本「脅」下多「肫」字。

臣元謹按：朱熹《通解》外注曰：「介俎脊脅胳肺，印本『胳』上有『肫』字，然疏云『有臑肫而介不用』，明本無此字也，今據疏删去。」敖繼公本、明監本從朱本删「肫」字。按疏又云「或有介俎肫、胳兩言者，欲見用體無常。若有一大夫，即介用肫；若有二大夫，則介用胳。[一] 故肫、胳兩見，亦是也」。據賈後説，是賈或本有「肫」字，益可知正本無「肫」字矣。前經「乃設折俎」下疏引此處經文有「肫」字者，據或本也。蓋用體無常，舉一可概其餘，故《鄉射·記》云「獲者之俎，折脊、脅、肺、臑」，注云：「臑若膞、胳、觳之折，以大夫之餘體。」鄭兼舉者，如疏所言，大夫一人，獲者即得膞；大夫二人，獲者即得胳；大夫三人，獲者即得觳也。若必肫、胳兼舉之，則

[一] 「胳」，《文選樓叢書》本作「骼」，據《粤雅堂叢書》本、《石經彙函》本改。

《鄉射・記》「脊脅肺臑」之下，何以不兼言「膊胳觳」乎？又按：《士昏禮》之「肫脾」，《既夕注》之「後肫」，《士虞・記》《特牲・記》之「肩、臂、臑、肫、胳」，《有司徹》之「肩、臂、肫、胳、臑」，《釋文》皆依劉昌宗音肫爲純，又之春反。其一篇中「肫」字再見者，乃不音。若《鄉飲・記》「肫」「胳」未嘗重出，不應無音，而《釋文》不出「肫」字之音，足見六朝以前劉昌宗本原無「肫」字。今擬從朱熹諸本。

儀禮　鄉射禮

衆賓皆　臣元謹按：敖繼公謂此三字衍，非是。諸篇儀節相同者，屬辭不妨互有詳畧，轉以相補，非互爲衍脱也。敖説雖細究，多武斷。後凡敖本之經文已改者，今或從或違，載其説；其有説而未改經文者，不悉辨載。

實之賓之席前　《通典》、李本、殿本皆如此，石經、楊本、敖本、監本、《義疏》作「賓席之前」。

臣元謹按：敖繼公云：「『席之』當作『之席』。」按《鄉飲酒禮》曰「賓之席前」，敖以彼例此，當作「之席」。又此篇經文曰「主人之席前」「賓之席前」「介之席前」，皆作「之席」，無作「席之」者，《通典》引此亦作「之席」。今擬從之席。

賓之席前北面　石經諸本皆作「北」，惟監本訛作「不」。

袒決遂　《通解》、李本及諸宋本皆作「袒」，惟明人王堯惠補刻石經訛作「祖」。

命下射曰　《通解》、李本及諸宋本皆作「下」，石經補字訛作「不」。

豫則鉤楹内　石經、《通解》、李本、楊本、監本、《義疏》、殿本皆作「豫」，惟敖本作「序」。

臣元謹按：「豫」，鄭注讀如「成周宣榭災」之「榭」，字當從榭，以《春秋》及《爾雅》之榭皆有堂無室之謂，與鉤楹入堂深合也。鄭不從「豫」「序」者，「豫」「序」音義同，字相通借，乃夏后氏之學，非有堂無室之榭也。敖繼公謂「序」字明白，改「豫」爲「序」，失鄭義矣。敖説似不可從。又按：「序」義有三：一夏后氏學；一東西牆；一有堂無室亦曰序。《周禮·州長》習射之文是也。「序」與「榭」亦音相近假借。古字豫、序、榭、射、臚、旅、敘，每互相出入，皆假借也。而鄭不使「榭」「序」相混者，嫌學與無室之堂及東西牆相混耳。

改取一个挾之　石經及諸本皆作「取」，惟監本訛爲「作」字。

皆與士爲耦以耦告于大夫　石經、《通解》、楊本、李本、敖本、宋本、《義疏》

皆如此，惟監本、殿本脱「以耦」二字。

相揖退反位　石經、李本有「退」字，《通解》、楊本、敖本、監本、《義疏》、殿本皆脱去。

司射先反位　石經諸本皆作「反」，惟監本訛作「及」。

勝者先升升堂少右　宋本、楊本、李本、敖本皆作「先升升堂」，監本、《義疏》、殿本、石經補字作「先升堂」。

臣元謹按：明監本脱一「升」字，唐石經此處雖殘闕無字，然以每行十字計之，亦當疊「升」字。今明人補字，此行九字，沿監本脱「升」字之訛也。今擬疊「升」字。

適左个中皆如之　石經、楊本、宋本皆作「中皆如之」，李本、敖本、監本、《義疏》、殿本作「中亦如之」。

適階西　石經及諸宋本皆如此，惟敖本作「適西階」。

賓與大夫坐反奠于其所　石經、李本、敖本、《義疏》皆如此，《通解》、監本、殿本作「大夫反奠」，無「坐」字。

臣元謹按：鄭注「古文曰『反坐』」，則鄭用今文「坐反」明矣。擬從石經。

五膱　石經、《釋文》及諸宋元本皆作「膱」，惟《識誤》作「樴」。

臣元謹按：張淳《識誤》于《鄉飲酒》鄭注「挺猶膱也」「膱」字校從「樴」。《鄉射》篇《識誤》雖闕，其必如《鄉飲酒》校作「樴」可知。《説文》及《五經文字》無「膱」字，似應作「樴」。然《玉篇》「膱」字下亦引《儀禮》「五膱」之文，知爲六朝以來相承舊字矣。擬從石經作「膱」。

遂西取弓矢　石經及諸本皆作「遂」，惟監本訛作「送」。

楅髤横而拳之　石經、《釋文》、李本作「拳」，《通解》、楊本、敖本、監本、《義疏》、殿本作「奉」。

臣元謹按：「横而拳之」，拳，曲也，言制楅之法，漆而曲之，與上「蛇交韋當」文義相屬，非設楅時兩手奉之也。制楅必拳之者，其蛇交之處著地，龍首尾拳曲向上，更設韋當于其背也。北宋以前皆作「拳」，朱熹始改爲「奉」，楊復諸本因之。今擬從石經、《釋文》，近古。

纁繻　石經、楊本、敖本、李本作「纁」，監本、《義疏》作「纁」，殿本作「纁繻」。

以其物獲士鹿中翿旌以獲唯　石經、《通解》及諸宋元本皆如此，惟監本脱去「士鹿中翿旌以獲」七字。

儀禮　燕禮

設洗篚于阼階東南　石經、李本、楊本、監本、《義疏》、殿本皆如此，惟敖本删「篚」字。

臣元謹按：敖繼公本删「篚」字，徒以意删，擬不從。

司宫筵賓于户西　《通解》及諸宋本皆作「筵」，惟朱梁補刻石經訛作「之」。

不告旨遂卒爵　石經、《通解》、楊本、敖本、監本、《義疏》、殿本皆如此，惟李本「旨」字下多「不殺」二字。

臣元謹按：宋刻李如圭本于「不告旨」下、「遂卒爵」上，經文多「不殺」二字，注文多「無俎故也」四字。未知何本，未敢遽從。

洗象觚升實之　石經諸本皆作「實」，惟監本訛作「賓」。

臣元謹按：下「升實之序進」「不拜實之」並同。又《大射儀》「僕人師洗升，實觶以授」同。

媵觚于賓　漢石經《大射儀》殘字、唐石經、李本、楊本、監本、《義疏》、殿本皆作「幐」，惟敖本作「縢」。

臣元謹按：鄭注「今文『幐』皆作『縢』」，敖繼公從今文改作「縢」，不知漢石經已作「幐」矣。今擬從幐。

拜賓降筵 石經、宋本、楊本、敖本、《義疏》皆如此，監本、聚珍板李本、殿本作「拜賓賓降筵」。

臣元謹按：監本疊「賓」字，誤。《大射儀》此節亦曰「西階上坐，奠爵，拜。賓西階上北面，荅拜」，不疊「賓」字。擬從石經及諸宋本。

右祭脯醢 《通解》、李本、楊本、敖本、監本、《義疏》、殿本皆作「脯」，惟梁補刻石經訛作「䣽」。

又請幐爵者二大夫大夫幐爵如初 唐石經如此，李本、楊本、敖本、監本、《義疏》、殿本皆作「二大夫幐爵如初」。

臣元謹按：前經曰「小臣作下大夫二人幐爵，幐爵者阼階下」云云，此曰「小臣又請幐爵者二大夫，大夫幐爵如初」，上疊「幐爵」二字，此疊「大夫」二字，其例正同。且以「大夫」二字代上「幐爵者」三字，復以「幐爵如初」四字括上文阼階下儀節也。下經文又曰「射人乃升大夫，大夫皆升」，亦疊「大夫」二字，安在此處不當疊也。此蓋後人見《大射儀》此節不疊「大夫」二字，因刪去此二字。不知《鄉飲》《燕射》數篇文有詳畧，可據以補注義，不可據以刪經文。即如此節《燕》詳而《大射》畧，猶《燕禮》下文云「長致，致者阼階下再拜稽首，公荅再拜」，比之《燕禮》，少疊「致」字，「公荅」下無「再」字，亦未便據彼刪此也。擬從唐石經，義長近古。

大夫皆升就席　石經、楊本、李本、《義疏》、敖本皆有「升」字，監本、殿本無「升」字。

臣元謹按：前「主人升洗」節，賈疏標起止云「自此盡『皆升就席』」，則賈本有「升」字可知。擬從石經及諸宋元本。

采蘩　石經、李本、楊本、敖本、《義疏》、殿本作「蘩」，惟監本作「繁」。

大師告于樂正曰　石經、李本、《義疏》、敖本皆如此，監本、殿本少「于」字。

主人拜送觶　石經及諸宋元本皆作「送」，惟監本訛作「受」。

閽人爲大燭　李本、楊本、敖本、監本、《義疏》、殿本皆如此，石經無「大」字。

臣元謹按：《燕禮》「閽人爲大燭于門外」，鄭注、賈疏既解「閽人大燭」，復解「甸人大燭」，其有「大」字明甚。《大射禮》作「閽人爲燭」，無「大」字，此偶有詳畧爾。

又按：此段經乃朱梁重刻，别行皆十字，此行獨九字，明脱「大」字無疑。《詩・小雅・庭燎》疏引此，亦有「大」字。擬從李本諸本，義長。

於寢其牲狗也亨 石經、李本、楊本、敖本、《義疏》皆如此，《通解》、監本、殿本脱「其牲狗也」四字。

臣元謹按：脱去經文四字，自《通解》分節始，監本沿之。擬補。

石經校勘記卷二

儀禮　大射儀

石經、《釋文》、諸宋本皆有「儀」字，監本獨無。

大史在干侯之東北　石經、《釋文》諸本皆作「大史」，惟監本訛作「大夫」。

賓揖升　石經、李本、楊本、敖本、《義疏》皆如此，監本、殿本作「賓揖乃升」。

立于西序東面　臣元謹按：漢石經《儀禮·大射儀》殘字，洪适刻于越州蓬萊閣，又載于《隸釋》者，今搨本尚存，即此處也。凡七行三十五字，又殘缺半字凡五。弟一行「東冂」一字又半字；弟二行「卒爵坐奠爵拜執」七字；弟三行「人 皿洗 艹媵觚于賓」六字又二半字；弟四行「上拜受爵于莚前」七字；弟五行「首公荅拜媵爵者亣」七字又半字；弟六行「媵爵者執觶待」六字；弟七行「公ム」一字又半字。以七行橫排視之，則「面」「拜」「觚」「莚」「爵」「觶」「公」七字，共爲横行相平，因以今本經文補上下缺文計之，一行至二行、三行至四行、五行至六行、六行至七行，皆七十四字，與《聘禮》殘字合，是漢《儀禮》石經皆每行七十四字矣。二行至三行七十二字，四行至五行七十三字，其間今本經文計比殘字闕空處少三字。今所脱者何字，亦未能臆度矣。又案：《隸釋》載此節，比蓬萊閣搨本，弟一行「面」字全，下多「主人」二字；弟六行「待」下多「于」字；弟七行「坐」字全，下多「取大」二字。

主人洗觚升實散　石經、《通解》諸本皆如此，惟監本訛「觚」爲「酬」。

徒相大師　石經諸本皆作「大師」，惟監本作「太師」。

臣元謹按：下「大師侯于所設中之西」及「大史許諾」「大」字並同。

坐授瑟　《通解》、李本、楊本、敖本、監本、《義疏》、殿本皆作「授」，石經補字作「受」。

實爵獻工　《通解》、李本、楊本、敖本、監本、《義疏》、殿本皆作「實」，石經補字作「賓」。

南面坐奠觶興還　《通解》、李本、楊本、監本、《義疏》、殿本皆作「奠」，石經補字、敖本並作「取」。

遂告曰大夫與大夫 《通解》、李本、楊本、敖本、監本、《義疏》、殿本皆作「告曰」，石經補字作「告于」。

命去侯 石經、諸宋本皆作「侯」，監本訛作「候」。

與司馬正交于階前 石經、李本、楊本、敖本、《義疏》、殿本皆作「交于」，監本訛作「交與」。

臣元謹按：下「上射于左」「于」字同。

上射降三等 石經諸本皆作「三」，監本訛作「二」。

坐乘之卒 石經、《通解》、楊本、李本、敖本、《義疏》皆如此，監本、殿本無「卒」字。

比耦大夫與大夫 石經、《釋文》、李本、《義疏》皆作「比耦」，《通解》、楊本、敖本、監本、殿本作「北耦」。

相揖退釋弓矢于次 石經、李本、楊本、敖本、《義疏》皆如此，監本、殿本「揖」下多「還」字。

司射作射如初 石經諸本皆如此，監本訛「射」爲「揖」。

北面視筭 石經、敖本、監本、《義疏》作「視」，《釋文》、李本、殿本作「眡」。

臣元謹按：《釋文》於前經文「視滌」作「視」，此獨作「眡」，别本作「視」。下經文「北面視上射」，《通解》、監本、殿本又皆作「眡」。

北面告于公若　石經、諸宋本皆如此，監本脱「告」字。

司射遂袒執弓　石經、李本、楊本、敖本、《義疏》皆如此，監本、殿本無「遂」字。

司馬師受虚爵　石經、諸宋本皆如此，監本脱「師」字。

公荅拜賓反位　石經、諸宋本皆如此，監本脱「賓」字。

儀禮　聘禮

司馬執策　石經、《義疏》、敖本皆作「策」，《釋文》《通解》《識誤》、殿本、李本皆作「筴」。今校從策。

臣元謹按：唐石經作「策」，從朿，非。《説文》：「策，馬箠也，從竹朿聲。」又訓爲卦蓍之策，又訓爲竹簡之策。「筴」乃「策」隸變字，漢碑多有之。《釋文》凡「策」皆作「筴」。石經惟《士冠禮》「筮人執筴」從夾，至《聘禮》《既夕》之「司馬執策」

「御者執策」「書于策」皆作「策」。今擬從策，義長。其《士冠禮》「執筴」仍從夾者，敖繼公説「筴」當是「筮」字之訛，存之以見其字體相近。張淳《識誤》從《釋文》作「筴」，亦可，而謂「筴」訛爲「策」，則非是。

未入竟壹肆　石經、《通解》、楊本、敖本、監本、《義疏》、殿本皆作「壹」，《釋文》、李本、《識誤》作「一」。

儐勞　臣元謹按：唐石經《士冠》皆作「擯」，《釋文》引劉昌宗音方刃反。《聘禮》「儐」「擯」雜出，《釋文》於「儐勞」下引劉昌宗説與「擯」同，是唐以前本已「擯」「儐」相雜，今未可畫一。謹悉依石經及《釋文》之舊，其諸宋本異同雜出，不具載。

勞以二竹簠方　《釋文》《通解》、楊本、《識誤》、監本、《義疏》、殿本皆作「簠」，石經、敖本、李本作「簋」。

臣元謹按：鄭注「狀如簠而方」，楊復、張淳皆經文作「簠」，敖繼公經、注皆「簋」。《釋文》作「簠」，音甫，引劉昌宗音蒲，或本作「簋」。據劉音，知六朝以前本定是「簠」字。《説文》云：「簠，黍稷圜器也。」「簋，黍稷方器也。」許説極確，《釋文》説同。許慎蓋甫、昮二聲，即具圜、方之義。《三禮圖》引舊圖，方簠圜簋，皆誤矣。經云「竹筐方」者，言竹器如筐，特方異耳。使經文本爲「簋」，則簋固方器，不必贅言方矣。鄭注「狀如簋而方」，疏出鄭注，正作「如筐而方」。是鄭注「簋」亦「筐」之訛也。使鄭云「如簋」，則「而方」二字亦不順矣。且《釋文》于「簋方」下不更出「簋」音，明注亦「筐」字也。

棗蒸　石經、李本、楊本、監本、《義疏》、殿本皆作「蒸」，敖本作「烝」。

米禾皆二十車　《通解》、李本、楊本、《義疏》、殿本、敖本皆如此，石經作「廿車」，監本訛作「二十車」。

臣元謹按：後「三十車」，石經作「卅車」，同此。唐石經「廿」「卅」沿漢石經之例也。今校改「二十」，從諸臣他經之例，以昭畫一。

訝賓于館　《通解》、諸宋本皆作「館」，石經重刻訛作「舘」。

臣元謹按：後「於館」「于館」「君館」「卿館」「夫館」並同。

賓辟不荅拜　石經諸本皆作「賓」，監本訛作「客」。

坐啐醴　石經諸本皆作「醴」，監本訛「酒」。

六鉶繼之　石經、李本、敖本、監本、《義疏》、殿本皆作「鉶」，《釋文》《識誤》作「鈃」。

臣元謹按：《説文》：「鉶，器也。」「鈃，似鐘而頸長。」《五經文字》曰：「鉶、鈃，並音刑。上祭器，下樂器。《禮記》或通用下字爲祭器。」明雖可通用，究以作「鉶」爲正。張淳改「鉶」爲「鈃」，非是。擬從石經。

賓當楣　《通解》、李本、楊本、敖本、監本、《義疏》、殿本皆作「楣」，石經補刻訛作「搨」。

及郊請反命　臣元謹按：漢石經《儀禮·聘禮》殘字載于《隸續》者六行二十九字，又有舊搨本，比蓬萊閣本首行多「命」字，二行多「曰」字，凡六行三十一字。弟一行「郊請反命」四字；弟二行「曰叺君命聘于」六字；弟三行「善乎受上禾幣」六字；弟四行「賜使者幣使者」六字；弟五行「上禾至亦如之」六字；弟六行「練冠叺」三字。以六行横排之，則「命」「聘」「禾」「幣」「亦」「叺」六字共爲横行相平。因以今本經文補上下缺文計之，一行至二行、二行至三行、三行至四行、五行至六行，皆每行七十四字，惟四行至五行七十三字，其間較今本經文計脱一字，無能臆度矣。

若賓死未將命　《通解》諸本皆作「未」，石經補字訛作「來」。

使者既受行日　楊本、敖本、監本、《義疏》、殿本皆如此，石經、李本無「既」字。

臣元謹按：疏出經語有「既」字。

繅三采六等朱白倉朱白倉　《禮記》孔穎達疏、朱熹《通解》皆疊「朱白倉」三字，石經、李本、楊本、敖本、監本、《義疏》、殿本不疊。

臣元謹按：石經及諸本皆作「朱白倉」三字，不重作六字。《禮記·雜記》「藻三采六等」，孔穎達疏引《聘禮·記》云：「『朝天子，圭與繅皆九寸。繅三采六等朱白倉朱白倉』是也。既重云『朱白倉』，是一采爲二等，相間而爲六等也。」據孔疏引《聘禮·記》如此，明是「朱白倉朱白倉」六字，且釋其重云之故，則《聘禮》今本脱去三字明甚。孔所見蓋唐初之本，後人不知「三采六等」之義，疑其衍而删之耳。《周禮·籩人》「加籩之實，蔆芡栗脯蔆芡栗脯」，其重言之例正與此同。朱熹《經傳通解》云：「今按《記》文只有『朱白倉』三字，而《雜記疏》所引乃重有之，不知何時傳寫之誤，失此三字。」今據孔穎達疏及朱熹説，擬增三字，以復古經之舊。又按：「倉」字，惟石經、敖本無艸，餘皆作「蒼」。從倉近古。

又齎皮馬　《通解》、李本、監本、《義疏》、殿本作「齎」，石經作「賫」，《釋文》作「賷」，敖本作「賫」。

臣元謹按：《説文》「齎，持也，從貝齊聲」，字與「資」通，故《記》「問幾月之資」鄭注「古文『資』作『齎』」也。其或作「賫」「賷」者，皆俗字，不成體。張淳改「齎」從「賫」，于文字訓詁皆未明矣。擬從齎。

對曰非禮也敢辭　石經如此，《識誤》《通解》、楊本、敖本、《義疏》、殿本、李本皆無「辭」字。

臣元謹按：石經作「辭曰非禮也敢對曰非禮也敢辭」，鄭注：「二者皆卒曰『敢』，言不敢。」張淳因此疑下「辭」字爲衍。又疑鄭注「辭不受也」上更有一「辭」字，遂減經末「辭」字，加之注首。《通解》用其說，故自楊復以後諸本皆減「敢」下「辭」字，加之注首。按：經文「辭曰非禮也敢」，此乃賓辭。主人既首稱「辭曰」，則「敢」下可省文，不復言「辭」。經文「對曰非禮也敢辭」，此雖賓荅主人，亦是辭而不受之語，因首稱「對曰」，則「敢」下必當有「辭」字，其義乃明。若「敢」下亦省「辭」字，則爲非禮也敢對矣。鄭注「卒曰」「卒」字未可斷爲「敢」下更無「辭」字也。且鄭注疊「辭」字，文義亦複。明監本賈疏「敢」下有「辭」字，未經刪去，此可證唐初賈本猶未刪也。

復見之以其摯　石經、李本、敖本、《義疏》皆作「見之」，《通解》、監本、殿本皆作「見訝」。

臣元謹按：《通解》引此《記》與上文不相屬，故改「之」爲「訝」，傳寫者不知而誤因之。

鞠窮焉　《釋文》《識誤》、李本皆作「窮」，石經、監本、《義疏》、殿本、敖本作「躬」。

臣元謹按：《釋文》於「賓入門皇」節下，釋鄭注作「鞠窮」，本亦作「鞠躬」。則此作「鞠窮」明矣。「鞠窮」雙聲，如「踧踖」之例，非曲身之義，如是曲身，則當如「足躩如也」之例爲「躬鞠如也」，「鞠躬」爲不詞矣。擬從《釋文》、張淳本。

醴尊于東箱　石經、李本、楊本、敖本、《義疏》作「箱」，監本、殿本作「廂」。

臣元謹按：室東西箱從竹，如「車箱」之「箱」。「廂」，俗字也。《漢書·周昌傳》「呂后側耳東箱」，猶作「箱」矣。擬從箱。

公荅再拜　《通解》諸本皆作「再」，石經重刻訛作「爯」。

自西階升受　《通解》諸本皆作「階」，石經重刻訛作「門」。

賜饔　《通解》諸本皆作「賜」，石經重刻訛作「賜」。

聘日致饔　《通解》諸本皆作「日」，石經重刻訛作「自」。

君貺寡君延及二三老拜又拜送　石經、李本、宋本、《義疏》皆如此，敖本、監本、殿本訛作「又拜送君貺寡君延及二三老拜」。臣元謹按：《通解》、楊本以二節分屬經文，敖繼公「又拜送」遂訛在上，監本沿之。擬從石經。

儀禮　公食大夫禮

興也賓栗階升　石經、李本無「賓」字，楊本、監本、《義疏》、殿本、敖本衍「賓」字。

士舉鼎去鼏於外　李本、監本、《義疏》、殿本、敖本作「鼏」，石經作「冪」。

碑南南面　石經、李本、《義疏》、殿本疊「南」字，監本、敖本脱一「南」字。

贊者負東房　石經、李本、楊本、宋本、敖本、《義疏》、殿本皆如此。監本誤「贊者」上鄭注「一人」二字爲大字，加入經文。

左擁簠粱　石經、《通解》、敖本、楊本、李本、宋本、《義疏》、殿本並作「左擁簠粱」，監本訛作「右擁簠粱」。臣元謹按：上注曰「進稻粱者以簠」，又《曲禮》「執食興辭」疏引此禮正作「左擁簠粱」。擬從「左」字、「簠」字。

毋過四列　石經諸本皆作「毋」，監本訛「母」。

卿擯由下　石經皆作「擯」，惟監本訛「賓」。

儀禮　覲禮

帷門之外　《通解》、楊本、李本、敖本、監本、《義疏》、殿本皆作「帷」，石經補字作「惟」。

天子曰非他　《通解》、楊本、李本、敖本、監本、《義疏》、殿本皆有「曰」字，石經補字脱「曰」字。

臣元謹按：唐刻行皆十字，明人補字脱「曰」字，此行九字，可證。

坐奠圭再拜稽首　石經諸本皆如此，監本脱「圭」字。

歸寧乃邦　石經諸本皆作「乃邦」，監本訛作「乃拜」。

載大旂　石經諸本皆作「大旂」，監本訛作「大旆」。

侯于東箱　《通解》、李本、楊本、敖本、監本、《義疏》、殿本皆作「侯」，石經補字訛作「矦」。

儀禮　喪服經傳　石經開成初刻、《釋文》皆作「喪服經傳」，石經乾符重修改刻刪「經傳」二字，諸本沿之。

臣元謹按：古標題，石經初刻皆作「喪服經傳」，與《釋文》合，後乾符年間磨去「經傳」二字，今石經搨本痕迹顯然可辨，彼徒因小題「子夏傳」三字與大題重複故耳。今擬從《釋文》、開成石經，義長近古。

杖各齊其心　石經、楊本、李本、《義疏》、殿本皆有「杖」字，惟敖本脱去。

繩纓條屬冠六升　《釋文》、賈疏皆如此，石經、李本、楊本、敖本、監本、殿本「屬」下多「右縫」二字。

臣元謹按：「右縫」二字非經文，乃因注中「右縫」而衍。考《釋文》所列，經文「條屬」之下即繼以「六升」云云，而不出「縫」字之音。至所列注文内，始有「右縫」二字，云「縫，扶弄反」，則經文之無「右縫」二字明矣。賈疏所列經文，亦無此二字。《雜記》言「右縫」，對小功以下左縫而言。此處經文不言「左縫」，故亦不言「右縫」。

鄭引《雜記》以證經之「條屬」，非證「右縫」也。唐石經已誤，諸本沿之。今擬從《釋文》、賈疏。

妾爲君　石經諸本皆作「爲君」，惟監本訛作「謂」。

終其身如母　《通解》諸本皆作「如母」，石經補字訛作「慈母」。

持重於大宗者　石經諸本皆作「持」，監本訛作「特」。

適子不得後大宗　石經諸本皆作「適子」，惟監本訛作「適人」。

貳尊也　石經、楊本、李本、敖本、《義疏》作「貳」，監本、殿本作「二」。

齊衰三月也必　石經、敖本皆有「也」字，《通解》、楊本、監本、《義疏》、李本、殿本無「也」字。

臣元謹按：上下文義皆有「也」字，此不應獨無。擬從石經。

女子子爲祖父母　石經諸本皆如此，敖本「爲」下有「其」字。

臣元謹按：敖繼公云：「斬衰章曰『女子子在室爲父』，對適人者言之也。此惟云女子子而已，所以見其在室、適人同也。然章首已見祖父母，則是服亦在其中可知矣。必復著之者，嫌出則亦或降之如其爲父母然也。」據敖説，以此節專爲女子子適人者，故言有「其」字。考上經，女子子在室曰「爲父」，適人者曰「爲其父」，若有「其」字，則鄭更不必云「經似在室矣」。鄭作注時，本無「其」字。石經亦無「其」字。有者，乃敖本妄增，擬不從。

宗子之母在　《通解》諸本皆作「宗子」，石經補字訛作「宗祖」。

君埽其宗廟　石經諸本皆作「埽」，監本訛作「歸」。

皆爲無服之殤　石經、李本、宋本有「皆」字，敖本、監本、《義疏》、殿本無「皆」字。

大夫之妾爲君之庶子女子子嫁者未嫁者爲世父母叔父母姑姊妹傳曰何以大功也妾爲君之黨服得與女君同　石經、敖本、監本、《義疏》、殿本「傳曰」下多「嫁者其嫁於大夫者也未嫁者成人而未嫁者也」十九字，[一]又「女君同」下多「下言爲世父母叔父母姑姊妹者謂妾自服其私親也」二十一字，聚珍板李如圭本無「下言」以下二十一字。

臣元謹按：《傳》曰：「嫁者，其嫁于大夫者也。未嫁者，成人而未嫁者也。何以大功也？妾爲君之黨服，得與女君同。下言爲世父母、叔父母、姑姊妹者，謂妾自服其私親也。」按：此《傳》與鄭注相亂。上經注云：「下《傳》曰『何以大功也？妾爲君

[一]「其」，《文選樓叢書》本脫，據《粵雅堂叢書》本、《石經彙函》本補。

之黨服，得與女君同』，指謂此也。」此經注云：「《傳》所云『何以大功也？妾爲君之黨服，得與女君同』，文爛在下耳。」鄭康成兩引《傳》文，皆惟此十六字。其上增「嫁者」至「者也」十九字，下增「下言」至「親也」二十一字，皆注訛爲《傳》也。鄭注云「舊讀合大夫之妾爲君之庶子、女子子嫁者、未嫁者，言大夫之妾爲此三人之服也。嫁者，其嫁于大夫者也。未嫁者，成人而未嫁者也。下言爲世父母、叔父母、姑姊妹者，謂妾自服其私親也」，與注「此不辭」以下通爲一條，主釋經義，俱在《傳》文上，其援齊衰三月章「嫁者，其嫁于大夫」《傳》文，明舊讀者之意。以此，女子子嫁者爲嫁于大夫，故大夫之妾爲服大功耳。後人因已見齊衰三月章，誤以此爲《傳》文更出，而移「何以大功也妾爲君之黨服得與女君同」十六字次于其下，由是注語横決，與《傳》混淆。鄭注引《傳》，一則云「指謂此也」，再則云「文爛在下」，正明傳者不誤，誤由舊讀者。若如今本《傳》文，則實傳者誤説，注不得指爲文爛。《喪服·記》注云：「女君有以尊降其兄弟者，謂士之女爲大夫妻，大夫之女爲諸侯夫人，諸侯之女爲天王后也。父卒，昆弟之爲父後者宗子，亦不敢降也。」此明嫁者得以尊降其本親。今改讀此經，女子子嫁者爲齊衰之親服大功，實謂此女子子爲嫁于士。如《傳》有「嫁于大夫」之文，則當降服小功，鄭氏不得更易舊讀，誤入此大功章，如鄭不從《傳》文「嫁于大夫」，又不當不置一言破之也。或疑行于大夫以上曰「嫁」，行于士庶人曰「適人」，經例適士者不言「嫁」。不知經例有二：言「嫁」、言「適」，與大夫、士連文者，別異之辭，經云「嫁于國君」「嫁于大夫」「適士」「適人」是也；單言「嫁」者，上下通稱，經云「父卒，繼母嫁」「女子子嫁者、未嫁者」是也。齊衰三月章《傳》云「嫁者，其嫁于大夫者」，彼經自「大夫爲宗子」以下凡四條，皆章末附著大夫之服，其舊君、曾祖父母爲士者如衆人、女子子嫁者未嫁者爲曾祖父母三條，經皆不言大夫，傳者補著，蓋承上經「大夫爲宗子」發。《傳》又以別于此大功章，言嫁者爲得通于士庶以下也。散文通謂之「嫁」，于此益明。經文「爲世父母、叔父母、姑姊妹」，舊讀謂妾自服其私親，鄭云「即實爲妾遂自服其私親，當言『其』以明之」，可破其誤。按：小功章「大夫之妾爲庶子適人者」，彼庶子爲女子子，則此經「大夫之妾爲君之庶子」與小功章「大夫之妾爲庶子之長殤」，庶子蓋通男女言之。彼括適人，此關在室，則「君之庶子」下不得復出「女子子嫁者未嫁者」之文審矣。上經「大夫之妾爲君之庶子」，此經「女子子嫁者、未嫁者爲世父母、叔父母、姑姊妹」，二經文實相承，此亦大夫之女子子耳，不言大夫，蒙上省文。大夫之女子子未嫁者，從大夫而服厭降世叔父母、姑姊妹爲大功，其嫁者既出，則無厭服，其出降之服，亦大功。以嫁者、未嫁者同服，故類敘之。傳者欲令二經文相亞次，見此女子子得蒙上大夫之義，故退《傳》文在下，俾不隔絕文義，非爛在下也。擬以《傳》文訛者歸注。

即葛五月者　石經諸本有「者」字，監本脱。

大夫之妾爲庶子適人者　李本、楊本、敖本、監本、《義疏》、殿本皆如此，石經原刻「爲」字下有「君之」二字，後磨去。

臣元謹按：石經元本有「君之」二字，似可從。然殤小功章「大夫之妾爲庶子之長殤」，亦無「君之」二字，故彼注以「君之庶子」釋之。大功章既云「大夫之妾爲君之庶子」，是以小功章二經但云「庶子」，省文之例也。鄭注此二經皆云「君之庶子」者，蓋蒙大功章以爲釋耳。擬從石經[一]乾符改刻，義長。

壻　石經諸本皆從士作「壻」，監本訛作「婿」。

何以緦報之也　石經、《通解》、李本、敖本皆如此，監本、《義疏》、殿本「緦」下多「也」字。

報於所爲後之子兄弟若子　李如圭本、《通典》引並如此，石經、《通解》、敖本、

[一]「經」字，《文選樓業書》本作「刻」，據《粵雅堂業書》本、《石經彙函》本改。

監本、《義疏》、殿本作「報於所爲後之兄弟之子若子」。

臣元謹按：各本訛作「於所爲後之兄弟之子若子」，唐石經亦然。考古人昆弟不稱兄弟，凡稱兄弟皆疏遠者，上節注云「兄弟，猶言族親」是也。「於所爲後之子兄弟若子」，所謂「後之子」者，其女子子也；所謂「後之兄弟若子」，則其族親也。舉遠以該近之辭。若言「兄弟之子」，則義不可通矣。《通典》載賀循引《喪服》制曰「爲人後者，爲兄弟降一等，報。於所爲後之子兄弟若子」，其所見《記》文未舛誤。今擬從李本及《通典》所引。

石經校勘記卷三

儀禮　士喪禮

受用篋　石經、《釋文》或本、《通典》、敖本皆作「篋」，《釋文》《識誤》、監本、李本、《義疏》、殿本作「筐」。

臣元謹按：《喪大記》注云：「司服以篋待衣于堂前。」則知鄭本作「篋」矣。擬從篋。

即位于西階下　石經、《通解》及諸本皆作「于」，監本訛作「如」。

竹杠長三尺置于宇西階上　石經、李本、楊本、宋本、監本、《義疏》、殿本「于」下有「宇」字，敖本無。

臣元謹按：鄭注「宇，梠也」，是漢本有之。敖繼公刪「宇」字，非是。

皆繶緇純　《釋文》《識誤》、李本皆如此，石經、監本、《義疏》、敖本、殿本「緇」下有「絇」字，復又圈去。

臣元謹按：張淳云：鄭氏注《周禮·屨人》全引此文，無「絇」字；又考《釋文》，亦無「絇」字。是漢、唐本皆同。今之「絇」字，後人因注引《士冠禮》「緇絇繶純」訛入經也。擬從《釋文》，義長近古。

櫛於簞　石經諸本皆作「於」，監本訛作「用」。

麗于掔　石經、李本、宋本、《義疏》、殿本皆作「掔」，監本、敖本訛作「擥」。

臣元謹按：下「乃連掔」同，《既夕》「結于掔」同。

參分庭一　石經諸本皆作「參」，監本作「三」。

苴絰大鬲　石經、《釋文》、李本、宋本、《義疏》、殿本皆作「鬲」，敖本作「搹」。

臣元謹按：石經、《釋文》皆作「鬲」。敖繼公改從「搹」，意在與《喪服傳》「苴絰大搹」畫一，不知以字體而論，「鬲」古于「搹」，《士喪禮》乃周初人所撰，《喪服傳》乃周末人所撰，其間字體已畧變易，未可畫一。況「鬲」，搤也，「搤」與「扼」同，《考工記》大車鬲與扼雖二物，其扼牛頸義同也。擬從鬲，義長近古。

祭服不到 石經作「到」，監本、義疏、敖本、李本、殿本作「倒」。

臣元謹按：「到」，古即用爲顛倒字，《呂氏春秋》「王何其到也」注謂：「到，逆。」《太玄經》「顛衣到裳」、《漢書》「至到易姓」，皆以「到」爲「倒」。《説文》凡「倒」字皆作「到」。《釋文》「倒」字乃發鄭注傎倒之音，非經字也。擬從石經。又按：下「君襚不到」「到」字，石經又作「倒」。

巾待于阼階下 石經諸本皆作「待」，監本訛作「侍」。

于西塾上 石經諸本皆作「塾」，監本訛作「墪」。

來日某 石經、敖本、《義疏》「日」下有「某」字，監本、李本、殿本無。

卜擇如初儀 《識誤》《義疏》、李本、監本、敖本、殿本皆作「擇」，石經作「宅」。

臣元謹按：上言筮宅不從，又筮擇如初儀，鄭注「更擇地而筮之」。此段先已卜宅，云「卜擇」者，猶上之「筮擇」也。擬從擇。

儀禮　既夕禮 石經、《釋文》、楊本、敖本皆有「禮」字，監本脱。

夷牀　石經、敖本、《義疏》作「夷」，《釋文》、監本、李本、殿本作「侇」。

臣元謹按：下經云「用夷牀」，又記云「夷牀輁軸」，監本又皆作「夷」。

衆主人東即位　石經、李本、宋本作「衆主人」，敖本、監本、《義疏》、殿本無「主」字。

罋三　石經、《義疏》、敖本、李本、宋本、殿本作「罋」，《釋文》作「甕」。

臣元謹按：《説文》：「罋，汲瓶也。」無「甕」字。

笠翣　石經、李本、敖本、宋本、監本、《義疏》、殿本皆作「翣」，《識誤》《釋文》宋本作「箑」。

臣元謹按：今《釋文》同石經諸本作「翣」，張淳所見宋本作「箑」。張云箑乃扇，與翣不同，校從箑。今考《説文》：「翣，棺羽飾也。」《禮記・檀弓》「飾棺牆置翣」注云：「以布衣木如襵與。」疏云：「襵如漢時之扇。」是翣本象扇，無庸改從箑也。

擯者出請　石經、《通解》、楊本、李本、宋本、殿本有「出」字，石經補字、敖本、監本、《義疏》脱「出」字，又補字衍一「須」字。

臣元謹按：石經每行十字，此雖殘缺，而「擯者出請」四字尚存可辨，明人補字脱一「出」字，重衍一「須」字。

藏苞筲於旁 石經、《通解》、楊本、李本、宋本、《義疏》、敖本作「苞」，監本、殿本作「筍」。

外内皆埽 石經諸本皆作「外内」，監本譌作「内外」。

皆坐持體屬纊 石經、李本、敖本、宋本皆如此，楊本、監本、《義疏》、殿本「體」下多「男女改服」四字。

臣元謹按：監本經文「男女改服」四字，注文「爲賓客來問病亦朝服主人深衣」十三字，皆《禮記·喪大記》之文，因《通解》而誤入此。蓋《通解》于《士喪·記》上下二篇雜附本經《記》與《喪大記》文。此經注十七字，本《喪大記》文，編寫者遂不知而誤入《儀禮》耳。且《喪大記》注原作「庶人深衣」，今羼入《士喪禮》，「庶人」之文不可通，楊復遂改爲「主人」，其謬尤顯，其實《通解》所引「庶」字尚未改也。擬從石經。

主人啼 張淳《識誤》引《釋文》、宋本皆作「諦」，石經、《通解》、李本、監本、敖本、《義疏》、殿本作「啼」。

臣元謹按：張淳從《釋文》作「諦」。今《釋文》作「啼」者，後人所改也。「諦」

與「啼」古同，《管子》「家人立而諦」、《荀子》「哭泣諦號」、《淮南子》「踦踞而諦」、《春秋繁露》「羊殺之不諦」，皆作「諦」。從張淳《釋文》，義長近古。

裏親膚　石經、《通解》、李本、宋本、《義疏》、殿本皆作「裏」，敖本、監本訛作「裹」。

不説經帶　石經諸本作「説」，監本訛作「設」。

卜日吉　《義疏》、殿本作「卜日」，石經、監本、敖本、李本作「卜曰」。

臣元謹按：「卜日吉」即經上篇卜日之「占曰某日從」也，若作「曰」字，則當作「告曰卜日從」矣。石經義短，擬從日。

升降自西階　石經、李本、楊本、宋本、敖本、殿本「升」下有「降」字，《通解》《義疏》、監本無。

干笮　《通解》、李本、楊本、宋本、監本、《義疏》、殿本作「干」，敖本、石經補字作「于」。

亦張可也　石經、楊本、李本、敖本、《義疏》、殿本皆如此，《通解》、監本作「亦可張也」。

矢猴矢一乘　張淳《識誤》引宋本《釋文》、李本「猴」上有「矢」字，石經、楊本、監本、敖本、《義疏》、殿本無。

臣元謹按：《識誤》云：「《釋文》『𤠣』字上更有一『矢』字。」考今《釋文》無「矢」字者，張所見宋本，今本後人據石經刪之也。《記》文「弓矢之新沽功」六字統言弓矢，「有弭飾焉」四字即專言弓。「有弭」之上不更加「弓」字者，惟有一「弭」，不必總挈也。下言矢有𤠣矢一乘、志矢一乘，凡二種矢，故「𤠣」上更有一「矢」字，以爲總挈也。從張淳本，義長近古。

柱楣 石經諸本皆作「柱」，殿本訛作「拄」。

儀禮 士虞禮

簞巾在其東 石經諸本皆作「巾」，監本訛作「布」。

祝饗 石經、《通解》諸本皆作「饗」，監本訛作「響」。

臣元謹按：下「饗再虞」同。

佐食隋祭 李本、鄭注《周禮》經文及注引皆作「隋」，石經、《釋文》、楊本、監本、《義疏》、殿本作「墮」，敖本作「綏」。

臣元謹按：鄭注：「下祭曰墮，墮之猶言墮下也。《周禮》曰『既祭，則藏其墮』，謂此也。」考《周禮·春官·守祧》經文及注，證《儀禮》皆作「隋」。知此經及注上二「墮」字、引《周禮》「墮」字皆誤加「土」也。敖繼公改從今文作「綏」，愈非是。擬從隋。

沐浴不櫛　石經、《通解》、楊本、宋本、監本皆如此，李本作「沐不櫛」，敖本、《義疏》作「浴不櫛」，殿本有「沐」字，復圈去。

臣元謹按：石經云「沐浴不櫛」，下文云「沐浴櫛搔揃」，鄭注此二處皆曰「今文曰『沐浴』」，是經、注同爲「沐浴」，二者必有一誤。故敖本刪經中「沐」字，李本刪經中「浴」字，皆臆爲之，無確據也。或疑「沐」爲濯髮，下言「不櫛」，似衍「浴」字。而下言「櫛搔揃」，[一]則又不專指沐髮也。或又疑前「沐浴」節疏引後「沐浴」作「沐浴」，定經爲「沐浴」。而後「沐浴」節疏又兩引前「沐浴」，皆作「沐浴」矣，似又未足深據。蓋經與注文二處必有一作「浴沐」者。鄭注記其顛倒之異耳，其孰爲「浴沐」，究無從知。而石經兩處皆作「沐浴」，則注爲「浴沐」居多耳。故擬仍從石經之舊，未敢遽爲改易也。

[一]「櫛」，《文選樓叢書》本訛作「不」，據《粵雅堂叢書》本、《石經彙函》本改。

祝佐食降復位　石經、《通解》諸本皆如此，監本脱「復」字。

曰哀薦虞事　《通解》、李本、楊本、宋本、《義疏》、敖本作「曰」，石經、殿本作「日」。

臣元謹按：此唐石經誤刻爲「日」。下經文「曰哀薦成事」誤同。

唯主人不哭　石經、《義疏》、敖本、殿本作「唯」，監本、李本訛作「帷」。

尸受振祭　石經、《通解》諸本皆作「受」，監本訛作「授」。〔一〕

猶出几席　石經、《通解》諸本皆作「几」，監本訛作「凡」。

拾踊三哭止告事畢賓出死三日　石經、《通解》、李本、楊本、敖本、諸宋本、《義疏》皆如此，監本脱去「哭止告事畢賓出」七字。

搔揃　《釋文》、《識誤》、李本作「揃」，石經、《義疏》、監本、敖本、殿本作「翦」。又監本「搔」訛爲「慅」。

臣元謹按：張淳云：「搔鬋，《釋文》云：『揃，子淺反，注「鬋」同。』既曰『注「鬋」同』，則『鬋』非經文也。又鄭注云『「揃」或爲「鬋」』，此『揃』必指經文也。」

〔一〕「授」，《文選樓叢書》本訛作「受」，據《粵雅堂叢書》本、《石經彙函》本改。

擬從《釋文》。

儀禮　特牲饋食禮

賓荅再拜　石經諸本皆如此，監本訛作「賓再荅拜」。

立于門外東方　石經諸本皆作「方」，監本訛作「房」。

及兩鉶鉶芼　石經、張淳引宋監本、李本、宋本疊「鉶」字，監本、《義疏》、敖本、殿本不疊。

臣元謹按：第二「鉶」字屬下讀，擬從石經。

出立于户西　石經、李本、宋本、敖本、《義疏》皆如此，《通解》、監本、殿本脱「户」字。

㨎醢　《釋文》、張淳《識誤》、李本、宋本皆如此，石經、監本、敖本、《義疏》、殿本作「㨎于醢」。

臣元謹按：石經有「于」字，張淳據《釋文》作「㨎醢」，蓋《釋文》無「于」字也。《公食大夫禮》「㨎于醢」《釋文》發音出「㨎于」二字，此出「㨎醢」二字者，正以見此處無「于」字。且鄭注曰：「摡醢者，染於醢也。」其無「于」字益明。擬從《釋文》及諸宋本。

佐食授挼祭　石經、《釋文》、李本、楊本、敖本、監本、《義疏》作「挼」，《識誤》作「妥」。

臣元謹按：張淳曰：「注云『妥，亦當爲「挼」』，又云『今文或皆改「妥」作「挼」』，則經文『挼』蓋『妥』字也。從注。」張所引注文十三字，今本脱，惟宋本有之，與張合。張據注「妥」，改經爲「妥」，似近是。而唐石經經文本作「挼」。《釋文》于前「挼祭」下注云改「挼祭」倣此，則《釋文》亦同石經，是唐本經文皆作「挼」矣。張所見注中「妥」字雖是宋本，宋本亦不能無誤。度宋本注中兩「妥」字，皆「挼」字之訛耳，未可據以改經。前經文「祝命挼祭」，宋本有注文云：「今文改『挼』皆爲『綏』，古文此皆爲『挼祭』也。」十五字，今本亦無之。此「綏」可證此「妥」之訛，惟今古文互異耳。

賓左執爵　李本、敖本、《義疏》、監本、殿本皆作「左」，石經誤刻作「佐」。

洗獻衆兄弟　石經諸本皆如此，監本脱「衆」字。

尸祭酒　石經如此，監本、李本、敖本、《義疏》、殿本無「尸」字。

臣元謹按：據文義，當有「尸」字。

賓立卒觶　石經諸本皆如此，監本脱「卒」字。[一]

自左受旅　石經諸本皆如此，監本脱「自」字。

荅拜舉觶者祭卒觶拜長皆荅拜舉觶　石經諸本皆如此，監本脱去「舉觶」至「荅拜」十一字。

各酌于其尊　石經諸本皆作「尊」，監本訛作「奠」。

立于户外西南祝東面告利成　石經、李本、敖本、監本、《義疏》、殿本、《識誤》。[二]

臣元謹按：張淳據下經文「上養荅拜，受爵，降，實于篚。主人出，立于户外，西面」，此「南」字亦當爲「面」。然唐石經此作「西南」，下作「西面」，未敢據後改前。

主人出立于户外西面　石經諸本皆作「户外」，監本訛作「户内」。

繐裏　石經諸本皆作「繐裏」，監本訛作「繐裹」。

西墉下　石經諸本皆作「墉」，監本訛作「**墉**」。

[一]「卒」，《文選樓叢書》本訛作「于」，據《粤雅堂叢書》本、《石經彙函》本改。

[二] 超按：各本皆如此，有脱文。

髀脡　石經諸本皆作「髀脡」，監本訛作「脾脡」。

儀禮　少牢饋食禮

如筮日之禮　石經、《通解》、宋本、《義疏》、敖本皆作「禮」，監本、李本、殿本訛作「儀」。

用薦歲事　石經諸本皆作「薦」，監本訛作「爲」。

觶几洗篚　李本、楊本、敖本、監本、《義疏》、殿本皆作「几」，石經誤刻作「凡」。

臑膊胳　石經、李本、殿本皆作「膊」，監本、《義疏》、敖本訛刻作「膞」。又下「臑膊胳」三見，皆同，惟下文「上利升羊載右胖」節下「膊」字，石經亦訛爲「膞」。

皆設扃鼏　石經諸本皆作「鼏」，監本訛作「冪」。

衣移袂　石經、《釋文》或本作「移」，《識誤》、監本、《義疏》、李本、敖本、殿本作「侈」。

臣元謹按：石經作「移」，《釋文》作「侈」，本又作「移」，昌爾反。今《釋文》訛刻作「移」矣。諸本多從《釋文》。考《禮記・表記》曰「衣服以移之」，鄭注：「移，讀如『水汜移』之『移』，移猶廣大也。」鄭彼注讀正據《儀禮》耳。「移」「侈」古通借，張淳改從「侈」，則與《禮記注》不合。擬從石經，義長。又下「衣移袂」同。

振之三以授尸坐取簞興以受尸巾　石經諸本皆如此，監本脱「以授尸坐取簞興」七字。

臣元謹按：此監本因《通解》而誤脱經文者。

祝延尸　《義疏》、李本、敖本、監本、殿本皆作「延」，石經作「筵」。

臣元謹按：鄭注：「由後詔相之曰『延』。延，進也。」據注，從延義長。

尸受同祭　石經、楊本、李本、敖本、《義疏》、殿本皆如此，《通解》、監本訛作「同受」。

直于膚北　《釋文》《識誤》、李本皆作「直」，石經、敖本、《義疏》、殿本作「置」。

臣元謹按：《釋文》作「直」，音值，下注「直室」同。考古經史「置」與「植」同，立也，從無安置之義。《詩・商頌》「置我鞉鼓」《箋》云：「置，讀曰植。」《周禮・

考工記》「置而搖之」「置其輻」，義皆作立。《漢書·周勃傳》「不知置辭」師古注：「置，立也。」又《書》「植璧秉圭」鄭注：「植，古『置』字。」《論語》「植其杖而芸」，漢石經作「置」，皆立也。此經主人所羞之俎，言與膚相值而立，當訓立。下注「直室東隅」更難作「置」字解。《石經》「置」字，乃後人加「网」。從《釋文》，義長近古。

祝酌授 楊本、李本、敖本、《義疏》、殿本作「授」，石經、《通解》、監本作「受」。

臣元謹按：張淳云：「上文『祝受尸爵』，今酌以授尸作『受』，非也。」

搏之以受尸 石經、敖本、李本、《義疏》、殿本作「摶」，監本訛作「搏」。

賓户西北面 石經、楊本、李本、宋本、敖本、《義疏》、殿本皆作「户」，《通解》、監本訛作「尸」。

主人降立 石經諸本皆作「降」，監本訛作「祭」。

兩下是籑 石經作「籑」，監本、李本、敖本、《義疏》、殿本作「餕」。

臣元謹按：鄭注《特牲禮》「籑，古文皆作『餕』」，是「籑」爲今文矣。《特牲》以下三篇，經字皆作「籑」，不應此處獨作「餕」。及檢石經，此處本缺，其本爲「籑」字無疑。李如圭曰「『餕』當如上下文作『籑』」，是也。又按：《説文》：「籑，具食也。」

《欽定康熙字典》作「饔」，在食部十四畫，是唐石經已成俗體也。擬從饔，義長。

主人荅壹拜　石經、李本、《義疏》皆作「壹」，監本、敖本、殿本作「一」。

臣元謹按：鄭注「古文『壹』爲『一』」，則經文作「壹」明矣。

儀禮　有司　石經、《釋文》、敖本皆作「有司」，監本、李本、《義疏》、殿本作「有司徹」。

臣元謹按：石經、《釋文》皆無「徹」字，與「既夕」下不加「哭」字例同。擬從石經、《釋文》。

東枋二俎設于羊鼎西　石經諸本皆作「枋」，監本訛作「祊」。

臣元謹按：下「西枋」同。

肫骼臑　石經、《義疏》、監本、李本、殿本作「骼」，《釋文》《識誤》、敖本作「胳」。

臣元謹按：「司馬杙羊」節、下「杙豕」節「骼」字，敖本仍作「骼」。

亦右體　石經諸本皆作「亦右」，監本訛作「載右」。

執挑匕枋　《釋文》、監本、李本、敖本、《義疏》、殿本作「挑」，石經作「桃」。

臣元謹按：《釋文》「挑，湯堯反」，其爲「挑」字無疑。石經作「桃」，無依據。從《釋文》近古。

尸卻手受匕枋　《識誤》、李本、楊本、敖本、《義疏》、殿本作「受」，石經先作「授」，後磨去手，監本作「授」。

臣元謹按：次賓縮執匕俎授尸，尸卻手受匕枋，坐祭。據文義，宜作「受」。下「賓亦覆手以受」亦宜作「受」。

賓亦覆手以受　石經諸本作「受」，監本作「授」。

卒載縮執俎以降　石經「載」下無「俎」字，李本「執」下無「俎」字。監本、《義疏》、敖本、殿本「載」下衍「俎」字。

主婦洗于房中　石經、李本、宋本、敖本、《義疏》皆如此，監本、殿本「洗」下有「爵」字。

臣元謹按：《少牢饋食》亦有「主婦洗于房中」之文，與《特牲饋食》「主婦洗爵于房」不同者，《少牢》《有司》之爵皆爲婦贊者所授，則洗之爲洗爵可知，《特牲》篇不言贊者授爵一節，故云「主婦洗爵于房」，此古人文字疏密也。擬從石經。

取糗與腶脩　石經諸本皆作「脩」，監本訛作「修」。

席北西面　石經諸本皆如此，監本訛作「席北面西」。

主人其祭糗脩　石經、楊本、宋本、敖本、《義疏》作「其」，《通解》、監本、李本、殿本作「共」。

臣元謹按：張淳云：「其祭」疑「共祭」之誤，考此篇「兼祭」「同祭」，則此當爲「共」。張淳此說非是，考下經云「其受豕脅」「其綏祭」「其嘏」「其獻祝」「其位」「其薦脅」「其洗獻」，並可證此經用「其」字之例。《通解》諸本因張而改耳。張所見本，無作「共」字者，可見北宋以前本皆作「其」字。擬從其。

荅拜受爵尸降筵　李本、宋本、敖本、《義疏》、殿本、監本皆作「爵尸」，石經作「尸爵」。

臣元謹按：主婦所受者主人之爵，非尸爵也。尸降筵，受主婦爵，即主婦受于主人之爵，石刻誤倒其文耳。

主人降洗觶尸侑降　石經、李本、楊本、敖本、《義疏》皆作「觶」，《識誤》、監本、殿本作「爵」。

臣元謹按：下「主人實觶酬尸」，又「主人實觶，尸拜受爵」，皆同。又按：古者獻以爵，酬以觶，則石刻「觶」爲是矣。乃其下又有「奠爵」「受爵」之文，以爵爲大名，觚、角、觶俱可稱之。《燕禮》《大射》獻酬俱用觚，而經文亦云「送爵」「受爵」「卒爵」「執爵」「奠爵」，是其證也。擬從觶。

右取脯擩于醢　《識誤》、李本、敖本、《義疏》、殿本作「脯」，石經、監本作「肺」。

臣元謹按：《識誤》云：注疏皆云「祭脯」，經「右取肺」，明是取脯。擬從李本。

執爵以興　石經、李本有「爵」字，《義疏》、殿本、敖本、監本無「爵」字。

執薦以從　石經諸本皆作「薦」，監本訛作「爵」。

其先生之脀　石經諸本「先」上有「其」字，監本脱。

受爵酌獻侑侑拜受三獻北面荅拜　石經、楊本、李本、敖本、《義疏》、殿本皆不重衍，監本重衍此十四字爲二十八字。

受三獻爵　石經、李本、敖本、《義疏》「獻」下有「爵」字，監本、殿本無「爵」字。

酌以酢之　敖本、李本、監本、《義疏》、殿本作「酢」，石經作「醋」。

主人拜受尸拜送　石經、宋本、李本如此，敖本、監本、《義疏》、殿本「受」下多「爵」字。

若不儐尸　石經、宋本、李本作「儐」，疏引經亦作「儐」，監本、《義疏》、敖本、殿本皆訛作「賓」。

祝易爵洗酌授尸　石經諸本皆作「授」，監本訛「受」。

主婦受爵酌獻二佐食　李本、敖本、監本、《義疏》、殿本皆作「主婦」，石經作「主人」。

臣元謹按：此節乃主婦亞獻，其「獻二佐食」與《少牢》主婦獻二佐食亞獻禮畢同，非主人也。石經「人」字誤。擬從李如圭諸本。

賓户西北面荅拜　石經諸本皆作「户」，監本訛作「尸」。

羊脊脅肺一膚一　石經如此，李本、敖本、《義疏》、監本、殿本「脅」下多「祭」字。

交錯其酬　石經諸本皆作「錯」，監本作「醋」。

司宮闔牖户　石經諸本皆作「牖」，監本訛作「牗」。

儀禮石經校勘記卷四

校勘字體

於　唐石經「于」「於」二字雜出，漢石經《大射儀》殘字「于」字兩見，皆作「于」。《士昏禮·記》「至於某」、《大射儀》「御於」鄭注並云「今文『於』爲『于』」，是鄭亦取古文「於」字，不比「廟」皆當作「庿」爲可據。今未能臆改，悉校從唐石經。

贊　《説文》「贊」從兟得聲。唐石經作「賛」、明監本作「賛」，並非。《欽定儀禮義疏》、武英殿《注疏》本並作「贊」。今悉校從贊。

眡　《説文》「眡」，古文「視」，從氏。「眡」字則訓爲眡貌，從氏。今悉校從眡。

賓　漢石經《大射儀》殘字、唐石經諸本皆作「賔」，《説文》「賓」從㝑，隸變作「尸」。《義疏》及殿本並作「賓」。今悉校從賓，凡從賓者如之。

辭　《説文》：辤，不受也；辭，訟也。今經典不受之「辤」，皆假借「辭」字。今悉校從辭。

荅　漢石經《大射儀》殘字作「荅」，據此知熹平石經皆作「荅」，石經、楊復本、敖繼公本皆作「荅」，監本作「答」。按：《説文》本作「畣」，假借作「荅」，荅，小尗也，無「答」字。今悉校從荅。

㝛　石經諸本皆作「宿」。《説文》「㝛」從佰，《義疏》及殿本並作「㝛」。今悉校從㝛。

姊　《説文》作「姊」，隸變作「姊」，石經作「姊」。「姊」亦隸變，見漢費鳳别碑。今悉校從姊。

摯　石經「摯」皆從手，楊本作「摯」。《釋文》「摯」皆從貝，本又作「摯」。《説文》有「摯」字，無「贄」字。今悉校從摯。

涖　石經「涖」「莅」二字互見，《釋文》、李本、監本皆作「莅」，《義疏》、殿本亦作「涖」。張淳云：《喪禮》經曰「涖卜」、《特牲饋食》經曰「吾子將涖之」皆用「涖」，應從《釋文》。今悉校從涖。

弃　棄，古文作「弃」，石經作「弃」，監本作「棄」。今悉校從弃。

旨　石經、敖本皆作「㫖」。《説文》從匕從甘，李本、楊本、監本皆作「旨」，《義疏》、殿本並作「旨」。今悉校從旨，凡從旨者如之。

巹　《説文》作「𧯷」，從豆蒸聲，《釋文》及諸本並作「巹」。「巹」，《説文》在己部，乃「𧯷」之假借字。唐石經作「卺」，從巴，非是。今悉校從「巹」。

袉　石經及諸本皆作「袘」，「袘」不成字體。《説文》作「袉」。今悉校從袉。

袡　石經、楊本作「衲」，非。李本、監本、《義疏》作「絣」。今悉校從袡。〔一〕

頴　石經及諸本作「頴」，《説文》從匕，監本誤作「穎」。今悉校從頴。

黼　石經作「黼」，非。諸本作「黼」。今悉校從黼。

景　鄭注：「今文『景』作『幜』。」按：幜，今本訛作「憬」。杜佑《通典》引經文正從今文作「幜」。今校從景。

卻　石經、李本、敖本皆作「郤」，楊復本、明監本作「卻」。今悉校從卻。

棗　石經作「棗」，非。監本作「棗」，《義疏》及殿本並作「棗」。今悉校從棗。

刺　《説文》「刺」從朿，不從束。石經、《釋文》、敖本訛作「剌」，非。監本作「刺」，《義疏》、殿本並作「刺」。今悉校從刺。

本　《説文》本從木一。夲，音皋，進也。唐石經作「夲」，諸本皆作「本」。今

〔一〕「袡」，《文選樓叢書》本訛作「絣」，據《粵雅堂叢書》本、《石經彙函》本改。

悉校從本。

捝 唐石經作「挩」，諸本皆作「捝」。今悉校從捝。

巢 唐石經作「巢」，諸本作「巢」。《説文》「巢」從臼。今悉校從巢，凡「繅」字從巢者同。

梱 唐石經、《釋文》諸本皆作「梱」，明監本訛作「梱」。今悉校從梱。

後序

歲乙卯，循游泲南，寓學使阮伯元宫詹署中，自春徂夏，時放舟至水木明瑟軒，與武虛谷、桂未谷、江定甫、段赤亭諸君嘯詠湖山，考訂典籍。語間向宫詹詢辛亥、壬子間詔修太學石經事，宫詹出所校《儀禮》十七篇示循，且語循曰：「唐石經傳注溷淆，又訛『東壁』爲『東壁』〔一〕，錯『段脩』爲『股脩』，誠不免劉昫所譏。若蔣衡工于書法，疏于字體，以『墉』代『墉』，省『篋』成『篋』，如斯之類，舛誤實多。自奉詔後，冬寒夏暍，退直餘閒，臚列諸本，反覆經義，審擇得平，兼又博訪通儒，務從人善。如『得以爲昬姻之故』『爲庶子適人者』，則用戴東原編修説；『賓服鄉服』『卿大夫』，則用劉端臨教諭説；『脊脅胳肺』，則用王伯申明經説；《喪服傳》刊去四十字，則用金輔之修撰説。又錢辛楣宫詹、王懷祖給諫，亦曾執手問故。校畢勒成四卷，付石經館，以俟揔裁之加勘，此其稿也。」循于《儀禮》一經，學之有年，每嘆經文之訛，莫此爲甚。雖

〔一〕「壁」，《文選樓叢書》本訛作「璧」，據《粵雅堂叢書》本、《石經彙函》本改。

顧亭林、張稷若正之于前，金曰追校之于後，乃參閲未詳，終非善本。諦觀宫詹是編，博綜約取，祛其成見，不期駭俗，擇善惟公，學者得此籍，以貫通此經，爲不難矣。因寫付梓人，以貽同里諸友。宫詹又校正鄭注、賈疏，冊記考證益精，俟更刻以傳焉。江都焦循序。

伍崇曜跋[一]

右《儀禮石經校勘記》四卷，國朝阮元撰。按：江鄭堂《漢學師承記》稱，乾隆五十六年洪稚存編修充石經收掌詳覆官，鄭堂是時館總裁王文端公第，編修手定條例，屬鄭堂呈之，文端是其說。彭文勤主其事，以爲不然，文端不能與之爭也。後文勤自爲凡例，文端命鄭堂勘定，駁其秕謬者數十條，文勤大怒，謂鄭堂與編修互相標榜云。是時先生亦以宫詹充石經校勘官，分校《儀禮》十七篇，而成此書。督學山左時，寫而付剞劂者也。焦理堂序稱，先生自言兼採戴東原、劉端臨、金輔之、錢辛楣、王懷祖、王伯申衆說，先生之虚懷若谷，樂取諸人以爲善，固迥越尋恒矣。鄭堂之言縱未可盡信，而編修與文勤齟齬，則編修《年譜》已約略言之。使先生而參校《十三經》，當並採洪、江之説矣。且《儀禮》一書，於羣經中最爲樸學，非可以空談從事者，而訛舛亦最多。如錢辛楣《十駕齋養新録》稱，唐石經俗體字如《儀禮》「賫」作「賷」。《卷施閣文甲集》載編修上石經館總裁條例：一、經注參錯宜正也，《儀禮》「下言爲父母」二十一字，誤

[一] 超按：《粤雅堂叢書》本附有伍崇曜跋，今録於此，擬題爲「伍崇曜跋」。

以注而作經；一、因一字之别而本義全乖者宜改也，《儀禮·司射》「實觶」之「實」誤爲「賓」，而洗升之文難喻；一、字有誤自魏晉以前者，《儀禮》則「祧」初從「濯」等，不一而足，則校勘亦豈易言哉！理堂序又稱顧亭林、張稷若正之於前，金璞園校之於後，終非善本，而推重此書，殆非阿好之言。蓋顧亭林嘗撰《石經考》一卷；張稷若撰《儀禮鄭注句讀》十卷，參定監本脱誤凡二百餘字，並考石經脱誤凡五十餘字，作《正誤》二篇附於後；金璞園《十三經》皆有校本，而《儀禮》尤精，著有《儀禮正譌》十七卷云。咸豐乙卯穀雨令節，南海伍崇曜謹跋。

撫本禮記鄭注考異

〔清〕張敦仁撰　侯婕整理

整理前言

顧廣圻（一七六六—一八三五），字千里，號澗蘋、澗薲，清元和（今江蘇蘇州）人。乾隆五十四年（一七八九），錢大昕主講蘇州紫陽書院，顧廣圻與鈕樹玉、顧蓴等人就學於此。明年，始受業於吴縣江聲，問學期間，結交黄丕烈、臧庸等人。江藩《國朝漢學師承記》言：「（江艮庭先生）弟子數十人，元和顧廣圻、長洲徐頲最知名。（廣圻）天資過人，無書不讀，經、史、小學、天文、曆算、輿地之學靡不貫通，又能爲詩、古文、詞、駢體文字，當今海内學者莫之或先也。」顧廣圻學問淵深，辨證精博，其學精於考訂校讎，曾爲黄丕烈校《儀禮》《戰國策》《易林》，爲孫星衍校《唐律疏義》《抱樸子》《古文苑》，爲吴鼒校《韓非子》《列子》，爲胡克家校《通鑒》《文選》，並作《文選考異》十卷附於書後。顧廣圻所校諸書皆精審不苟，舉世珍若珪璧，所撰文稿，後人輯爲《思適齋集》（李慶《顧千里研究》）。

一

經書的刊刻傳統源遠流長，自五代後唐時馮道等人發起刊刻儒家經典，五代國子監以唐石經爲本，擇專經儒士校勘文本，匯入注文，刊有除《孟子》以外的十二經經注本。南北宋沿襲五代舊例，在繼承前代刻板的基礎上，取諸州書板入國子監進行校訂重刻。至南宋咸淳年間，黄震取江西撫州舊板，以國子監本參校修整，先後主持刻印了撫本九經三傳。撫本經書今存僅《周易》《禮記》《左傳》《公羊》四經，且《周易》《左傳》爲殘本。《禮記》二十卷存世兩部，國家圖書館藏其全本，臺北「央圖」藏有殘本（張麗娟《宋代經書注疏刊刻研究》）。

國圖藏撫本《禮記》附有顧廣圻手跋三則，對藏本刊刻年代做了鑒定，梳理其遞藏源流，並對清代張敦仁翻刻事宜做了交代。據顧跋可知，此本爲撫州公使庫於南宋孝宗趙昚淳熙四年（一一七七）所刻官書。原本附有《禮記釋文》，卷二十末尾有刊刻名銜一頁，但被後來的裝潢匠誤裝裱在《禮記釋文》四卷之首，而此後《禮記釋文》與《禮記》又分别流傳，導致後人將撫本《禮記》誤認爲是宋太平興國本、舊監本（黄丕烈《黄丕烈藏書題跋集》「禮記鄭氏注殘本九卷」跋、顧廣圻撫本《禮記》跋）。此本傳至明嘉靖時，爲上海顧從德所藏，於清初傳入徐乾學之手，乾隆年間，收入顧之逵小讀書堆。

嘉慶五年（一八〇〇），阮元始搜集圖書，延客校勘《十三經注疏》，顧氏所藏此撫本《禮記》，於《禮記注疏校勘記》中多次被引據，但被稱爲「宋監本」，校勘《釋文》則明確標注參以撫本《釋文》。

嘉慶六年初，顧廣圻赴杭州謁見阮元，任《毛詩注疏》校勘之職，花費兩年時間完成初校工作。後阮元將顧校初稿寄與段玉裁復校，然段氏於顧氏校語，肆行駁斥，隨後付梓刊刻。後顧氏因與經局中人關係不和，又受疾病困擾，故而返歸蘇州，以校書爲業。

嘉慶十年（一八〇五），顧廣圻過路揚州，時張敦仁任揚州知府，得見顧廣圻。張敦仁（一七五四—一八三四），字古餘，山西陽城人。乾隆四十三年（一七七八）進士，歷官江西高安、廬陵知縣，署九江、撫州、南安、饒州諸知府。嘉慶初，改官江蘇，歷松江、蘇州、江寧知府。《清史稿·循吏傳》稱「敦仁博學，精考訂，公暇即事著述，所刻書多稱善本」，沈豫《皇清經解提要》稱其「學問廣博，精於考訂」。張敦仁向顧廣圻詢問群經轉刻源流，顧氏遂歷舉先後所見之書以對，言及其從兄所藏撫本《禮記》一書。張氏得知此書，借而抄校刻印，於其明年開工重雕，顧廣圻跋曰：「近張古漁太尊開工重雕行世，嘉惠學子，兼成先從兄收藏此書之志，良可感也。若古香黤䵝，原本獨絶，我小讀書堆中其永永寶之哉！」張氏這一舉措，不僅延續了宋本的生命，促使善本古籍廣泛流傳，無疑也推動了清代整理與保護古代文獻事業的發展。

嘉慶十一年（一八〇六）張氏覆刻撫本《禮記》，其經注即據顧之逵所藏宋本爲底本，而顧廣圻在爲張敦仁校刻撫本《禮記釋文》時，由於顧之逵已經去世，原藏於小讀書堆的撫本《禮記釋文》一時尋檢弗獲，故暫據通志堂所翻撫本《禮記釋文》翻刻，附於所重刻撫本《禮記注》之後（見顧跋國圖撫本《禮記釋文》、曹元忠跋東文研本《禮記釋文》、莫友芝《宋元舊本書經眼録》、瞿鏞《鐵琴銅劍樓藏書目録》）。《禮記釋文》後又附《撫本禮記鄭注考異》（下簡稱「《考異》」）兩卷。《禮記注》卷末刻有「嘉慶丙寅七月陽城張氏影摹宋本重彫」字樣，《禮記釋文》卷末刻「嘉慶丙寅六月陽城張氏重彫」，《考異》卷首有顧氏代張氏撰嘉慶十一年八月序，卷末附顧氏嘉慶十一年十月跋。

書成之後，顧廣圻對張氏翻刻《禮記釋文》所據底本始終抱有遺憾，直至嘉慶二十五年（一八二〇），原藏小讀書堆中的宋撫本《禮記釋文》得以尋出，顧廣圻於病中仍細勘一遍，校出嘉慶十一年本《禮記釋文》錯誤不少，望能一一改回。故在嘉慶十一年初印本的基礎上加以校修，於嘉慶二十五年重印撫本《禮記注》《禮記釋文》附《考異》。

與初印本相比，校修本《禮記釋文》改動較大。文字内容上，據所藏宋本校訂訛誤，在舊板上進行剜改。板式上，其版心所記大、小字悉經補改，補刻刻工姓名，卷尾增刻「禮記釋文」四字並「經三千七百二十四字、注一萬八百七十二字」雙行小字，末行增刻「禮記」二字。並將原附於《禮記注》卷末的「撫州公使庫新刊注禮記二十卷並釋文四卷」，附校正人軍州官等一紙移至《釋文》卷末，末增「嘉慶廿五年庚辰宋本釋文再校修訖印行」十七字。力求恢復宋本面貌。《禮記注》則據原板印刷，不存在差異。由此小讀書堆所藏《釋文》與《禮記注》珠聯璧合、相得益彰。

顧廣圻在助張敦仁翻刻撫本《禮記注》並《禮記釋文》的同時，在張氏的囑託下，顧氏還對《禮記注》的文本内容進行了精審的校勘，並將其校勘成果以《考異》的形式附刻其後。該書雖署名張敦仁，實際上是顧廣圻離開經局後以成己志的精深之作。

二

文化的傳播離不開經籍校勘，先秦漢晉即有魯魚亥豕之辨，自宋以降，經書多刻，譌舛日滋，歷朝歷代在繼承前代版本的基礎上有所校改，但往往不精校讎，又輕易妄改，明李元陽、國子監、毛晉翻刻《十三經注疏》即其例，顧氏謂之「俗注疏」。偶有如宋毛居正《六經正誤》取六經三傳異本，參以子史諸書，校勘異同，雖「注字偏旁，點畫必校」，但其説多非。顧氏稱「毛不詳考，輒加臆改，誤之甚矣」，後來本又有「因誼父之言而輒改經文者，其爲誤不淺」。清乾嘉之際經書校勘著作層出不窮，以阮元等人校刻《十三經注疏校勘記》影響最爲深遠，其《校刻宋本十三經注疏書後》言：「刻書者最患以臆見改古書，今重刻宋板，凡有明知宋板之誤字，亦不使輕改，但加圈於誤字之旁，而别據校勘記，擇其説，附載於每卷之末，俾後之學者不疑於古籍之不可據。慎之至也。」但根據學者考察，阮元的校勘原則與體例，在實際操作過程中並未得到各經校勘負責人的貫徹落實，底本處理和校勘記的撰寫上存在較大疏漏。

張舜徽先生《廣校讎略》認爲乾嘉諸儒擅校勘者若惠棟、戴震、錢大昕、王念孫、段玉裁、孫星衍、阮元、丁杰等，皆爲名家。以盧文弨、顧廣圻尤爲專謹，校書最多，裨益士林最鉅。究其根本，在於其能守闕疑之義，不妄改字。而以段玉裁「識高則勇於自申其義，不惜破舊説而輕改字」，「非特可訂後世傳寫之訛，且能直匡作者原本之謬」，造詣更高（見《書籍必須校勘論二篇》《清代校勘家得失三篇》）。

對於清人校書之得失，顧廣圻於《禮記考異跋文》曾言：

蓋以校書之弊有二，一則性庸識闇，强預此事，本未窺述作大意，道聽而塗説，下筆不休，徒增蕪累；一則才高意廣，易言此事，凡遇其所未通，必更張以從我，時時有失，遂成瘡疻。二者殊途，至於誣古人、惑來者，同歸而已矣。

認爲才疏學淺與博學多才之人往往於校書之役，一則不及，一則過矣，過猶不及。結合段、顧相争始末來看，不及者大抵指代如孫志祖之人，「祇及《王制》經，彼看《劉芳傳》時模糊於『西』『四』不同之故，又未詳考諸經注正義，而信口談道，不出近來依他書以亂本書之陋習耳」。過者則如段玉裁「遇一經改一經，遇一注改一注，遇一正義掊擊一正義」，「又用六經注我之故智，以就所欲説」（見《顧千里集·與段茂堂大令論周代學制第二書》）。在顧氏看來，二者誣古惑今，殊途同歸。

顧氏如此尖鋭而不留情面的指責，雖然有意氣用事的成分，但不可否認，其對孫、段二人校勘理念缺陷的指出可謂一針見血。在顧氏看來，要拯救這種弊端，必須堅持「不校校之」的校勘原則，即「毋改易其本來，不校之謂也；能知其是非得失之所以然，校之之謂也」。對校勘者的素養提出兩點要求，一是不得輕易改字，要保留所校書原本面貌；二是在不妄改底本的基礎上，要能知底本誤字由來。至於如何處理校勘成果，顧氏對撫本《禮記注》一書的處理堪稱典範：

每言今古餘先生重刻宋撫本《禮記》，悉以元書而別撰《考異》，以論其是非得失，可云實獲我心者也。觀乎《考異》之爲書，舉例也簡，持論也平，斷決也精，引類也富，大抵有發疑正讀之功，無繭絲牛毛之苦，去鑿空騰説之損，收實事求是之益，豈但有功於此書也哉？夫固使弊於校者，箴其膏肓而起其廢疾矣。

從性質上看，《考異》一書對撫本《禮記》經注做以校勘，以明其是非差隱；從形式上來看，《考異》一書別本而行，獨立於翻刻撫本《禮記》之外；從内容上看，《考異》一書著説不偏主曲從，實事求是，凡立論必有依據；從目的上看，作者希望通過《考異》一書所體現的校勘理念，矯正學者校書之弊。今舉兩例以資參考：

《月令》注兵亦軍之氣

山井鼎曰古本「軍」作「畢」。今案：「亦」者，亦上「畢好雨」，「畢」字蓋是。鄭於仲春注曰「畢，又爲邊兵」，本《元命包》，亦見《史記·天官書》，其義也。其孟秋注云「營室之氣爲害也」，句例與此「畢之氣」又同。各本作「軍」，但形近譌耳。通志堂校刻衛湜《集説》改作「金」字，大誤。毛斧季、何屺瞻皆言《集説》妄改甚多，乃吴江顧伊人所爲，洵然矣。近黄蕘圃氏收得宋槧，惜未有津逮之者。

阮元《禮記注疏校勘記》：「兵亦軍之氣：閩、監、毛本同，岳本同，嘉靖本同，衛氏《集説》『軍』作『金』，《考文》引古本『軍』作『畢』。○按：《集説》是也。」按語認爲此注當依衛湜《禮記集説》作「金」。

據《考異》，顧廣圻認爲當依山井鼎《七經孟子考文》作「畢」，衛湜《禮記集説》作「金」誤。佐證有三：一、鄭注「寇戎來征」曰：「金氣動也。畢，又爲邊兵。」《史記・天官書》：「畢曰罕車，爲邊兵，主弋獵。」皆將畢星與兵事相聯繫。二、鄭注「孟秋行冬令」句式與此相同，皆言若國家所行月令與節氣不合，受星宿運行影響，便會招致災禍。三、衛湜《禮記集説》通志堂所刻本多妄改字。

《月令》此注，雖各本皆誤「畢」爲「軍」，但顧氏通過考察鄭注句例，證實「軍」字之誤，立説可靠。而今見宋本《禮記集説》正作「軍」，作「金」者爲顧湄刊刻之誤。

顧氏未見宋本卻有此識力，非常人所及。反觀《校勘記》按語，竟盲從通志堂本《禮記集説》改字，可謂誣古惑今。

《禮運》十二食還相爲質也

此無誤，各本盡然，唐石本損，正義自如此。或欲依《五經筭術》引，改「質」爲「滑」者，非。凡書以所引改本書，及以本書改所引，而其弊有不可勝言者。顧千里持此論，予以之爲然。

阮元《禮記注疏校勘記》於此條曰：「五味六和十二食還相爲質也：閩、監、毛本同，石經同，岳本同，嘉靖本同，衛氏《集説》同。《五經筭術》下引作『五味六和十二食還相爲滑』。戴震云：『按鄭注「五味，酸、苦、辛、鹹、甘也。和之者，春多酸，夏多苦，秋多辛，冬多鹹，皆有滑、甘，是爲六和」，蓋五味加滑而六。《内則》「滫瀡以滑之」，疏云：「滫瀡之，令柔滑也。」食味言「還相爲滑」，衣色言「還相爲質」。質，如「凡畫者丹質」之「質」。食味、衣色，二者語而有別。此《五經筭術》所引，在唐以前，應是古本。』」《禮記》傳本皆作「質」，而《校勘記》卻據戴震考證認爲《五經筭術》所引當是古本，此經「質」當從之作「滑」。

顧氏《考異》認爲戴氏以他書所引改本書，甚誤。盧文弨：「大凡昔人援引古書，不盡如本文，故校正羣籍，自當先從本書相傳舊本爲定。況未有雕版以前，一書所傳各異者，殆不可以偏舉，今或但據注書家所引之文，便以爲是，疑未可也。」正與顧氏之意相契合。喬秀岩先生《學撫本考異記》亦以顧氏此説爲然，並稱：「戴震、王念孫、王引之等，皆廣泛搜集各種古籍文句類似者，互相引證。世人往往欲據其説，竄改古籍原貌，泯滅不同古籍各自不同之歷史面貌，令人痛恨不已。顧千里言『其弊有不可勝言者』，確實如此。」又如《文王世子》「反養老幼于東序」，《儒行》注「充詘喜失節之貌」諸文考異條目，喬氏皆有分析，茲不贅述。

此外，值得關注的是，顧氏在《考異》中特別强調「釋文本」與「正義本」二者差異，往往通過二者引文、出文字句之異，考察後世各本改字所有來，如：

> 周公蓋附
>
> 各本「附」作「祔」，唯唐石本作「附」與此同。案：作「祔」者出於釋文，釋文云「蓋祔，音父」是也。作「附」者出於正義，正義標起止云「『舜

葬』至『蓋附』」，下「附」字又三見皆同是也。附葬合葬，祔祭合祭。二事本別，故唐石本從正義本，一用「附」，一用「祔」也。其釋文本合葬即作「祔祭」字，是爲假借，理得兩通。俗注疏本因其經從作「祔」者，遂盡改正義中四「附」字作「祔」，是爲以陸改孔，失之甚矣。後經「衛人之祔」「魯人之祔」，唐石本仍同釋文作「祔」，以此經決之，正義本蓋亦作「附」。而今十行以來本正義中字，又爲人所改易也。至於《雜記》之祔祭作「附」，則鄭云「讀皆爲『祔』」矣。

顧氏特別指出作「祔」者出於釋文，作「附」者出於正義。唐石本從正義本，一用「附」，一用「祔」，不誤。而釋文本本是假借，俗注疏本卻因其盡改正義中四「附」字作「祔」，誤也。

又：

注晉侯夢黄熊入國

案：此注正義本是「熊」字，釋文本是「能」字，孔之與陸，意趣相違。故「熊」「能」二本，當日並行，而兩家各有所從也。《左傳·昭七年》之釋文、正義亦復如此。凡所論辨，具於本書。今詳賈逵《左傳注》作「熊」，既是明文。王劭亦定爲「熊」字。又韋昭所解《國語》，與《左傳》不異，決當爲「能」無疑。至於《爾雅》之「鼈，三足能」，乃別説他事，與此絶不相關。其或因稱「入羽淵」，牽連爲一者，非也。所謂既爲神，何妨是獸？足以破之矣。陸於《左氏》釋文和合「能」「熊」，亦非是。俗注疏本此文有改作「能」者，但知有釋文，不知有正義。而岳本將所附釋文，改云「熊，音能，又音雄」，更全失陸意。

亦指出「熊」「能」二本差異，認爲作此二字之本，當時並行於世，孔穎達撰《正義》、陸德明作《釋文》各據一本，故今傳本經注疏有據此改彼、據彼改此者，是不知二者所據本非一本而擅改者。

在顧氏看來，孔氏、陸氏據所見之本定己本文字時，皆有辨析、去取之意，後校刻者混同二者所本，勾銷抹煞漢唐注疏傳本原貌，尤不可取。如《喪大記》「先入門右，巫止于門外」，釋文云：「『巫止』，本或作『巫止門外』，『門外』衍字耳。」顧氏認爲：「唐石本以下皆有，出於正義本，故與釋文本不合。」山井鼎曰：「足利本無『于門外』

三字。」即依釋文刪之。但顧氏又稱：「又下文此句，各本亦皆有，而不見於釋文，故足利本亦不刪也。」下經「巫止于門外，祝代之先」，重出「巫止于門外」，釋文不複釋此經，不言「門外」爲衍字，故足利本又與從正義本之各本同。這種改字行爲，實際上違背了文本自身理路，不合校勘原則。據此，正可理解顧氏對段氏妄改字行爲的批判和對「不校校之」校勘原則的堅持。

三

《考異》一書，主要有兩個版本，一是嘉慶十一年陽城張氏影刻本（簡稱「嘉慶十一年本」），國家圖書館、上海圖書館、南京圖書館等有藏。此本仿撫本《禮記》板式，半頁十行，大字行十六字，小字雙行行二十四字，白口，四周雙闌，順魚尾，版心記「記考上」「記考下」，下記頁數。大字爲經注出文，雙行小字爲校語，校語施以句讀。二是嘉慶二十五年重修本（簡稱「嘉慶二十五年本」），天津圖書館、陝西省圖書館、重慶圖書館等有藏。板式内容與嘉慶十一年本基本一致。

據繆荃孫《藝風藏書續記》及莫友芝《宋元舊本書經眼録》記載，顧廣圻於嘉慶二十五年在嘉慶十一年本的基礎上再校修《禮記釋文》時，對《考異》末條也做了改定。據天津圖書館藏本可知，其將原本「撫州公使庫新刊注禮記二十卷並釋文四卷」「淳熙四年」兩條校語合併爲一條，附在文末。並删去「蓋不知此一葉元連二十卷尾，其别出在《釋文》首者，特工人裝時錯之耳」一句。

道光年間，阮元輯刻《清經解》收録此書，半頁十一行，行二十四字，小字雙行同，無句讀。同治九年（一八七〇），楚北崇文書局重雕撫本《禮記注》二十卷附《考異》二卷，凡八册。此本半頁九行，行十七字，小字雙行同，國家圖書館、福建省圖書館、陝西省圖書館等有藏。民國十三年（一九二四），唐文治輯、施肇曾醒園刻《十三經讀本》收録《禮記讀本》二十卷，亦附有《考異》兩卷。此本半頁八行，大字行二十字，小字雙行同。三本皆據嘉慶十一年本翻刻。

如前文所述，從我們今天古籍整理與實踐的規範來看，顧廣圻在《考異》一書中所堅守的校勘理念無疑是科學理性的，值得我們研究學習。顧廣圻助張敦仁刊刻撫本《禮記注》《禮記釋文》並撰《考異》至今兩百餘年間，古籍的校勘與影印手段發生了翻天覆地的變化，在當今古籍整理實踐中，保留古籍原貌並非難事，但如何在追求客觀保留版本原貌的同時，又滿足對文本內容「去僞存真」的訴求？通過對顧廣圻助張敦仁翻刻撫本過程的探析，和對《考異》的研讀，我們可以發現顧廣圻的古籍整理範式對當今古籍整理事業頗有借鑒價值。

《考異》目前暫無點校整理本。今將顧氏《考異》全文點校整理，以供學者參考。以國家圖書館藏嘉慶十一年本爲底本，以《清經解》咸豐庚申（一八六〇）補刻本（簡稱「《清經解》本」）爲對校本，並參以民國十三年唐文治輯、施肇曾刻《十三經讀本》附《考異》（簡稱「醒園本」）進行點校整理。

《考異》出文和校語，原以單行大字和雙行小字進行區分。我們在整理時，出文宋體四號字、加粗，校語宋體五號字續綴其後，段首縮進兩格。文中「注」「疏」「釋文」「正義」，凡不引起歧義，不加書名號。《考異》上卷條目自《曲禮上》至《少儀》凡二八八條，下卷自《學記》至撫本《禮記注》卷末「淳熙四年」凡二九〇條，總計五七八條。此外，經核對，《清經解》本與醒園本在翻刻時，對嘉慶十一年本稍有改動。我們在點校整理時將這些爲數不多的異文，參對《中華再造善本》影印國圖藏宋淳熙四年撫州公使庫刻《禮記注》做了考訂，以腳注的形式反映在文中，以備查考。

撫本禮記鄭注考異序

《撫本禮記鄭注》者，宋淳熙四年撫州公使庫刻，今爲元和顧千里之從兄抱沖氏所藏，予轉借影寫一部，又慮其僅存之易絶也，以墨於板，仍取世行各本，校讎出入，爲之考異。凡經文與開成石本每合，明嘉靖時有單行經注本，又相臺岳氏有附音本，互相不同，撫本爲近之矣。又明南雍有附音注疏本，乃俗本之祖，而譌舛滋多，今所論説，衹以明是非差隱者，至於撫本既是，而又較然易知，不更詳著，或各本以外，於正義、釋文具得顯證，則稍稍載之。與夫本並無誤，而後人不察，輕爲譚議，致生枝葉，若柯山毛氏之輩，連類所及，亦刊正焉。願將來治此經者，有以覽其得失也。嘉慶十一年八月，陽城張敦仁序。南雍本，世稱十行本，蓋原出宋季建附音本，而元、明間所刻，正德以後，遞有脩補，小異大同耳。李元陽本、萬曆監本、毛晋本，則以十行爲之祖，而又轉轉相承，今於此三者，不更區别，謂之俗注疏而已。近日有重刻十行本者，款式無異，其中字句，特多改易，雖當否參半，但難可徵信，故置而弗論。其北宋所刻單疏，見於《玉海》，卅九卷有咸平《禮記疏》一條，云二年六月己巳祭酒邢昺上新印《禮記疏》七十卷。是爲《正義》元書，未知今海内尚有其本否？曲阜孔氏別有宋槧注疏本，每半葉八行，經字每行十六，注及正義雙行小字，每行廿二，每卷首題「禮記正義卷第」云云，亦七十卷，計必南宋初所刻。向藏吴門吴氏，惠定宇所手校，戴東原所傳校者，即此也。與日本人山井鼎所據，亦爲吻合。而彼有缺卷矣，惜今未見，將屬孫淵如就近借出，行且更刻之。附記。

撫本禮記鄭注考異上

陽城張敦仁

曲禮上　岳本、十行以來本皆同此，唐石本無「上」字，嘉靖本亦然。案：有者出於正義，無者出於釋文，各見本書。又案：但於下題之自足分別，不必預題「上」也，釋文是矣。《檀弓》《雜記》同。

注晋舅犯　嘉靖本同此，岳本、十行以來本「舅」皆作「咎」，釋文作「咎」。案：今正義中字作「舅」，是其本如此也。

分争辨訟　唐石本初刻「辯」，後改同此，釋文作「辯」。案：《禮》之用字，以「辯」爲「徧」，其「辨訟」字作「辨」乃相别，此唐石本必磨改之意也。嘉靖本同此，岳本作「辯」非。俗注疏本「辨」「辯」多錯互，尤誤。

供給鬼神　唐石本初刻同此，後改「共」，釋文作「共」。

是故聖人作　唐石本「故」作「以」。

注尤輕佻志利　各本「佻」作「恌」，唯傳校葉鈔《釋文》作「佻」，與此合。

二十曰弱　唐石本「二十」作「廿」，下「三十」作「卅」，餘盡如此。案：此《五經文字》所謂「廿」，今以爲「二十」字；「卅」，今以爲「三十」字者也。他本皆不爾。

注安定其牀衽也　嘉靖本、岳本「安定」皆作「定安」，山井鼎所據宋板注疏亦然，讀「定」字逗，「安」字下屬。

注爲其失子道　嘉靖本同此，岳本、十行以來本「子」下皆衍「之」字。

注不衣裘裳便易　案：正義云「又應給役，若著裳則不便」云云，是此句中無「裘」字明甚，有者衍耳。

注武謂每移足各自成迹　毛居正《六經正誤》云：「注『武』字當作『布』。蓋上句注已云『武，迹也』，此注釋『布』字義，不當又云『武』。」今案：其説非也，此注揔解「布武」，亦不容單舉「布」字，乃衍「武」字耳。不複出經文，注例前後如此者多矣。岳本於「武」上增「布」字，亦未是。

必加帚於箕上　唐石本初刻「于」，後改同此。釋文亦是「於」字。

注宜問其安否無恙　案：釋文以「不恙」作音。正義云：「宜問路中寒熱無恙。」是釋文本作「不」，正義本作「無」也，當皆無「安否」二字。山井鼎曰古本無此二字，即據正義去之耳。又下篇注謂「道中無恙」，亦正義「無」，釋文「不」。

毋勦説　岳本「勦」作「剿」，岳所改也，本於曹憲《博雅音》。今案：釋文從「力」，唐石本亦從「力」。《五經文字·力部》云：「『勦』，見《禮記》。」經典之字，類皆假借，惡容執「勦勞」一訓，輕議改易，且「剿」字《説文·刀部》所無，岳所改誤。

注睇盻也　「盻」當作「眄」，此撫本之誤。毛居正曰：「『眄』作『盻』，誤。釋文作：『眄，莫遍反。』建本注文作『眄』，音同。」案：毛所校者，其監本也，誤與此同。經典相承隸省「眄」作「眄」，見《五經文字》。今各本作「眄」。

注此大夫士與賓客燕食之禮　案：正義複舉此注無「士」字，又其上云「今此明卿大夫與客燕食之禮」，其下云「皆是卿大夫燕食也」，亦不言「士」。詳注下文「宜放《公食大夫禮》」，則此句正義本無「士」，是也。其連言卿者，上大夫卿耳。又案：賈疏

《公食大夫》引此注有「士」字，或當時有二本與？

注客不降等則先祭　十行以來本「不」作「若」，誤。

注憂不在私好　十行以來本此下皆衍「惰不正之言」五字，嘉靖本亦然。因岳本取正義語附載之，遂誤入鄭注耳。

疾止復故　唐石本初刻「止」作「至」，後改同此。案：初刻誤也。

注弣杷中　各本「杷」作「把」，釋文作「把」，蓋據之改也。《儀禮·大射》注：「弣，弓杷也。」嚴州本字亦從「木」，與此正同，皆於釋文不合，乃宋時俗作。

注取其鐏地　俗注疏本「地」作「也」，誤。下句「取其鐓地」同。《詩·小戎》正義所引兩字皆作「地」，可證。凡嘉靖本、岳本及十行本初刻皆未誤。

注聘禮曰君有言　「君」當作「若」，此撫本之誤，各本誤與此同。唯山井鼎所據宋板不誤，今未見也。

注如享禮　各本「享」作「饗」，誤。山井鼎所據不誤，與此同。

升降不由阼階　唐石本磨改「阼」字，其初刻不可辨。

頭有創則沐　唐石本初刻「瘡」，後改同此。案：初刻誤也。

注皆謂傷恩也　「謂」當作「爲」，此撫本之誤。釋文以「皆爲」作音。今各本不如此。山井鼎所據誤與此同。

前有摯獸　唐石本初刻「鷙」，後改同此。案：初刻誤也。

注大夫有名惡　正義云「熊氏云：『石』字誤，當云『大夫有名惡』」云云。案：據此則正義本是「石」字，今各本乃依其説改正也。

二名不偏諱　毛居正曰「『偏』本作『徧』，與『遍』同。注云云，正義云云，今本作『偏』，非也」云云。今案：毛説非也。唐石本作「偏」不作「徧」。釋文不爲此字作音，以前後「偏」字音相例，可知此作「偏」矣。正義亦無作「徧」之意。其鄭云「不一一諱」者，乃以「一一」解「偏」，蓋一一者，皆偏有其一者也。毛誤讀注及正義，造此臆説，又引舊杭本柳文以實之，不知柳自作「偏」。《唐律》謂之「偏犯」，《疏議》云：「偏犯者，謂複名而單犯。」舊杭本特譌字耳。岳氏《沿革例》踵其説，云「合作『徧』」，又云「不敢如蜀大字本、興國本輕於改也」，是在宋時，竟有因誼父之言而輒改經文者，其爲誤不淺。又《檀弓下》同此文，亦可證。

注謂二名不二諱也　下「二」當作「一一」，此撫本之誤，毛居正所校監本亦然。今各本不如此。

注爲有事於高祖　案：正義複舉此注「爲」作「謂」，是也。各本誤與此同。山井鼎曰古本作「謂」，依正義爲之耳。

注舊謂規也　「謂」當作「猶」，此撫本之誤，各本不如此。

曲禮下

注僻僭傚也　「僻」當作「辟」，此撫本之誤，各本不如此。

注若子路帥爾而對　嘉靖本、十行本及山井鼎所據皆與此同。岳本、俗注疏本「帥」作「率」。

注扱一衽　「一」當作「上」，此撫本之誤，各本不如此。

注皆爲自貶損憂民也　各本「爲自」作「自爲」，誤。釋文以「皆爲」作音，可證。唯山井鼎所據與此同。

注衆謂軍師　「軍」當作「君」，此撫本之誤，各本不如此。正義引熊氏云「秖得死君之師衆」，可證。山井鼎所據與此同，亦誤。

注予一人嘉之　各本「予」作「余」。今案：各本非也。此當經文作「余」，注引《覲禮》作「予」。前經「不敢自稱曰『余小子』」，經固是「余」字矣。後經「天子未除喪，曰『予小子』」，疑亦是「余」，其誤與此經同也。此經正義本當未誤，故《玉藻》正義云：「『凡自稱天子曰「予一人」』者，案《曲禮下》云天子曰『余一人』，余、予不同者，鄭注《曲禮》云：『余、予古今字耳。』蓋古稱予，今稱余，其義同。」孔之所言，最爲明晰。此正義中「予」字，非其舊也。釋文本亦當未誤，故經「余」無音，注「予」有音，次第在音注「皆擯」之下，云：「予一人，依字音羊汝反。鄭云：『余、予古今字。』則同音餘。」陸之此言，亦謂讀注所引《覲禮》之「予」，同《禮記》此經之「余」也。其在《儀禮》之「予」，仍依字讀「羊汝反」而無音矣，若此爲音經，則次第當在上，且又必當曰依注音余，或曰音余，出注，始合前後之例。今皆不然，可知其爲音注無疑。唐石本作「予」，乃當時經已有譌者耳。如「豚曰腯肥」，以注引《春秋》「腯」字爲經字，經注遂不可通，是其比也。而岳本以來，復改此注之「予」以就經，失之甚矣。山井鼎曰古本經作「余」，又曰注作「予」，與《覲禮》合。彼直據《覲禮》改注，又據注改經耳。凡其古本異同之近是者，大抵此類，茲亦聊出之。

注祝告至于鬼神辭也　各本「至」作「致」，唯山井鼎所據與此同。

司草　俗注疏本「草」作「艸」，最誤。凡俗注疏本字體不同此者，大抵臆改，今不悉出。

相見於卻地　唐石本及各本皆作「郤」，此撫本之誤，又今釋文從「卩」，蓋亦譌也。

注衆介北面鏘焉　各本「鏘」下更有「鏘」字，誤也。山井鼎所據與此同。毛居正曰：「『蹌』作『鏘』，誤。興國軍本作『蹌』。」是宋監本與此同。今案：釋文音經「蹌蹌」云：「本又作『鶬』，或作『鏘』，同七良反。」是正文有作「鏘鏘」，注有作「鏘焉」之本，非無出也。但正文既從「蹌蹌」，而注仍作「鏘」，則爲歧耳。《聘禮》作「蹌」，《士冠禮》鄭注云：「行翔而前鶬焉。」可見「蹌」「鶬」「鏘」三文之非有異也。毛居正泥「鏘」爲「鏗鏘」字，未得假借之理。正義所用本，經、注皆爲「蹌」字，與或作者不同。

注至親无去　「无」當作「無」，此撫本之誤，各本不如此。

注禄謂有德行　案：正義云「鄭知有德行」云云，是此句首無「禄」字明甚，有者衍耳。

注婦人之職　各本「婦」上有「賤」字，唯山井鼎所據與此同。案：釋文本有「賤」字，又云：「本又有無『婦』字者。」以此訂之，似當是本又有無「賤」字者，但未敢輒定。

檀弓上

頽乎其順也　唐石本初刻「穨」，後改同此。後經「泰山其穨」不磨改，爲錯出也。

注言居無常也　各本「常」下有「處」字，唯山井鼎所據與此同。案：釋文以「常處」作音，故各本據增也。

注以孔子不問　各本「問」誤作「聞」。

注郰叔梁紇　各本「梁」作「梁」，此蓋撫本之誤。

注牆柳衣也　案：此當衍「衣」字，下文「飾棺牆，置翣」注之正義有明文，不知者誤以彼注「衣」字入此耳。

注大事謂葬事也　各本「葬」皆作「喪」。案：正義兩云「喪事」，此蓋撫本之誤。

子蓋言子之志於公乎　唐石本初刻「盍」，後改同此，下文「然則蓋行乎」亦然。案：初刻二「盍」字，乃依注改經之本也。

周公蓋附　各本「附」作「祔」，唯唐石本作「附」與此同。案：作「祔」者出於釋文，釋文云「蓋祔，音父」是也。作「附」者出於正義，正義標起止云「『舜葬』至『蓋附』」，下「附」字又三見皆同是也。附葬合葬，祔祭合祭，二事本别，故唐石本從正義本，一用「附」，一用「祔」也。其釋文本合葬即作「祔祭」字，是爲假借，理得兩通。俗注疏本因其經從作「祔」者，遂盡改正義中四「附」字作「祔」，是爲以陸改孔，失之甚矣。後經「衛人之祔」「魯人之祔」，唐石本仍同釋文作「祔」，以此經決之，正義本蓋亦作「附」。而今十行以來本正義中字，又爲人所改易也。至於《雜記》之祔祭作「附」，則鄭云「讀皆爲『祔』」矣。

彈琴而後食之　「後」當作「后」，唐石本作「后」，此撫本之誤，各本不如此。

飾棺牆置翣　各本「牆」下有注云「牆之障柩，猶垣牆障家」凡九字。蓋他本取正義語附載之，遂誤入鄭注也。撫本初刻並無此九字，最是。脩板時誤於他本，剜擠入之，故其添補痕跡，今猶宛然。山井鼎云古本無此九字，「謹按：下注云『牆柳衣』，此注衍文」云云，與此初刻爲同矣。

注如攝與　俗注疏本「攝」誤作「襵」。案：葉鈔《釋文》、十行本正義中三見，皆是「攝」字，而俗本亦改成「襵」，乃誤之甚者。

注善子游言且服　岳本此下有「也」字，依釋文增耳。

舉者出户　俗注疏本「户」誤「尸」，自唐石本至十行本皆與此同。

注春秋作戍　嘉靖本及俗注疏本「戍」皆作「戌」，誤。

有無惡乎齊　俗注疏本「無」作「亡」，誤。自唐石本至十行本皆與此同。

司徒旅歸四布　此經唐石本以下盡同。山井鼎云古本作「司徒敬子使旅歸四方布」，足利本同。今案：古本、足利本非也。唯經文如此本，故注云「旅，下士也。司徒使下士歸四方之賻布」以明之。若經文既有「使」字「方」字，注必當云「旅，下士也。布，賻布」矣，何爲復贅「使下士歸四方之」云乎？鄭注字無虛設，豈宜有此？且經文「司徒」下既有「敬子」二字，注又安得單稱「司徒」？以此言之，足知其妄。不過因正義以「司徒」爲「司徒敬子」，遂輕於竄改耳。其實正義所云，或者别據他書，兼可沿襲舊疏，本末不具，證驗未明，尋其意旨，專在難皇而已，未可遽謂其本之經竟如古本、足利本也。《少儀》「聽役於司徒」正義引「司徒旅歸四布」，亦其本自如此之一證。或疑經止云「四」，注何以知其爲「四方」？此如《覲禮》「路下四」，鄭云：「謂乘馬也。」彼經「四」承「路下」之下，故解以「乘馬」，此經「四」在「歸」「布」之間，故解以「四方」，望文爲解，注之通例也。《文王世子》「一有元良」注：「一，一人也。」

亦其比矣。古本之似是而非，有如此者，附辨以發其凡。

注曾子言非　俗注疏本「非」作「喪」，誤甚。

注禮祖而讀賵　各本「祖」作「袓」，毛居正云：「作『袓』誤。」是也。此在《既夕》有明文。

注主人之吏　「吏」當作「史」，此撫本之誤，嘉靖本、岳本亦然。十行本改爲「史」是矣。在《既夕》有明文，又《雜記》注不誤也。

欲人之弗得見也　唐石本初刻「弗」作「不」，後改同此。

注三斷止之　岳本、十行以來本皆同此，釋文以「上之」作音，唯山井鼎所據宋板注疏作「上」，今未見。嘉靖本作「正」，又「止」之譌也。

注虛之不合　嘉靖本、岳本、十行本皆同此。俗注疏本改「合」爲「令」。案：作「合」之本，已見於釋文、正義，所不必改者也。

注椵杝　岳本「椵」作「椴」，是也。今《爾雅》釋文作「椵」，亦譌。

注時人閒有弁絰　此撫本之誤，岳本、十行以來本亦誤。嘉靖本及山井鼎所據宋本「閒」作「聞」，爲是。

注因且字以爲之謚　毛居正曰：「『其』作『且』，誤。」是宋監本同此也，岳本亦同此。嘉靖本、十行以來本皆作「其」，因毛説改耳。案：鄭言「且字」者，前後注屢見。又《儀禮》注亦屢見，賈氏所疏具有明文。毛不詳考，輒加臆改，誤之甚矣。山井鼎所據宋板「且」下有「一」字，衍耳，而「且」則未誤也。

檀弓下

夫入門右　唐石本初刻「右」下有「北面」二字，後改同此。案：正義以爲《禮》本多將鄭注「北面」爲經文者，古舊本無。庾蔚亦謂非經文，其言之詳矣。此唐石本初刻及改刻之故也。

注言在喪伐之際　毛居正曰：「『代』作『伐』，誤。」此撫本之誤，與監本同，嘉靖本亦然。其岳本、十行以來本不如此也。

注穆伯之妻　各本脱「之」字。

卒哭曰成事　唐石本初刻「曰」誤「日」，後改同此。

注虞禮所謂他用剛日者　十行以來本「者」作「也」，誤。

注日成事　「日」當作「曰」，此撫本之誤，各本不如此。

先王之所難言也 唐石本初刻「所」下有「以」字，後改同此。

退人若將隊諸淵 唐石本「隊」作「墜」，各本與此同。

注專猶同也 毛居正曰：「『司』作『同』，誤。建本作『司』。」案：此説最誤。正義云「專，猶同也。爾當同此婦人與男子一處。若婦女之賓，與男子之賓同處。婦女之主爲主位焉，與男子之主同處」云云。正義三言「同處」，以釋注之「同」字，其不作「司」，的然無疑。建本特爲譌錯，誼父依之，非矣。嘉靖本、十行本作「司」，其出於建本與？

注禮揚作騰 嘉靖本、岳本、十行本皆與此同。俗注疏本「騰」作「媵」。下「騰，送也」同。案：俗本非。《鄉飲酒義》注云：「今禮皆作『騰』。」《射義》注云：「今禮『揚』皆作『騰』。」可證也。《儀禮》古文作「媵」，今文作「騰」，見《燕》及《大射》二篇。鄭彼經從「媵」而此注用「騰」者，以訓送之字，古文「媵」爲正，若今文作「騰」，是爲假借，義得兩通。賈《燕禮》疏云：「『騰』與『媵』皆是送義。」而其引此注字爲「媵」者，取順彼經文，又謂「媵」「騰」同字也。此正義引彼經則作「媵」，複舉此注則作「騰」，意亦謂「騰」「媵」同字。十行本正義中尚未全誤，俗本盡依《燕禮》揔改成「媵」，似是實非者也。又案：《燕禮》注「今文『媵』皆作『騰』」，不誤。

《大射》注「古文『賸』皆作『騰』」，古當是今耳。漢石經《大射》殘字作「賸」，蔡雖當是今文，但未必合於鄭。凡漢人中，同習一家而經字互異者多矣，恐難以相決。

其子戍　俗注疏本「戍」誤「戌」。

夫子疾莫養於下　唐石本初刻無「下」字，「疾」上有一字不可辨，後改同此。案：初刻誤也。

斂手足形　唐石本以下各本與此同。釋文以「斂手」作音，是其所自出也。前經「子游問喪具」下此句，唐石本及各本作「首」。彼正義云：「但使衣衾斂於首足形體，不令露見而已。」此正義云：「但以衣棺斂其頭首及足，形體不露。」是正義本皆作「首」，不作「手」。今案：首也，足也，形也，是三事。故鄭注彼經以體解形，此經不注者，已具於彼也。首，言上之所始。足，言下之所終。形，言中之所該。斂法備此三者，《士喪》可考。然則正義作「首」爲是，彼經不見於釋文，故唐石本仍作「首」，而各本亦仍之。以此相決，或釋文本彼亦作「手」。

注敬叔於昭穆以懿伯爲叔父　正義云「此後人轉寫鄭注之誤，當云『敬叔於昭穆以惠伯爲叔父』」云云，是其誤而如此者久矣。釋文無所見，未詳其本之若何也。

注謂火燒其宗廟　各本「火」作「人」，誤。唯山井鼎所據與此同。

使子貢問之　岳氏《沿革例》云「興國及建諸本皆作『子路』，及考石本、舊監本、越上注疏本皆作『子貢』」云云。今案：此於釋文、正義無所見，唯唐石本爲可據，撫本與石本以下同者當是矣。嘉靖本、十行本皆作「子路」，蓋出於建本，而十行本之祖，乃岳氏所謂建本有音釋注疏也。興國軍于氏本，今未見，就岳所舉各條訂之，絶少是者，則可知其非善本矣。

注謂賣舍宅以奉喪　岳本「舍宅」作「宅舍」。

注亦節也　十行以來本「亦」作「示」，誤。其正義中標起止「亦節」至「尺所」，尚是「亦」字，而俗本並改爲「示」，乃誤之甚者。

子弑父凡在官者　唐石本及十行以來本「官」皆作「宫」，嘉靖本、岳本同此。正義云：「此『在宫』字，諸本或爲『在官』，恐與上『在官』相涉而誤也。」此撫本之誤，即正義所言或本者。

注衣當爲齊　嘉靖本、十行本同此。岳本「齊」作「齋」，俗注疏本同。正義云：「但『齊』字壞滅而有『衣』在。」案：正義謂「齊」形近「衣」，壞滅多筆，其在者遂成「衣」字耳。不謂初作「齋」字，壞滅其外而中「衣」獨在也，岳本所改者不得其意。釋文云「依注『衣』作『齋』，音『咨』」者，《禮記》經注「齊衰」之字本亦作

「齎」，前已屢見，故此竟據正字説之耳。必知「齊」爲是者，以鄭據《喪服》，見今彼文作假借之「齊」故也。《五經文字》但云「『齎』，《説文》」，不云「見《禮記注》」，則張參亦從作「齊」之本。下注「姑姊妹在室齊衰」，與此注承接，各本仍皆作「齊」，即岳本亦未改矣。

注繆讀爲木樛垂之樛　「木」當作「不」，此撫本之誤。「不樛垂」，據《喪服傳》，正義有明文。嘉靖本、岳本、十行本誤與此同，其俗注疏本則已改正也。

注覬天哀而雨之　案：釋文以「庶覬」作音，云：「音冀，本亦作『幾』，音同。」當是所據之本，因改「庶幾」爲「覬」，而「庶」字長於「覬」上，誤也。《曲禮下》注云：「覬已後還。」上篇注云：「幸，覬也。」《王制》注云：「覬其見新人有所化也。」皆不言「庶」，此注正義無文，蓋未必與釋文同矣。

王制

上士中士下士　唐石本初刻「中」「下」互易，後改同此。

注其位爵同小國在下　岳本同此。嘉靖本、十行以來本「爵」字在「位」上，誤。案：此讀當以「其位」斷句，「爵」字下屬。「爵同」與下句「爵異」相對，正義可證也。

注十二小卿也 案：正義云「定本云：『十十二小卿』，重有『十』字，俗本直云『十二小卿』，俗本誤也」云云。此撫本之誤，即正義所云俗本者。又各本盡然，蓋沿謬久矣。

注並四十九 此撫本之誤。「九」當作「六」，正義可證也。嘉靖本、岳本及山井鼎所據皆作「六」，其十行以來本誤同此。

則賜也不過九命 唐石本初刻「也」下有「大國之君」四字，後改同此。

亦弗故生也 俗注疏本「亦」作「示」，誤。案：注云「亦不授之田」[一]云云，正義云：「解經『亦弗故生也』。」作「亦」明甚。唐石本以下至十行本初刻皆作「亦」，俗本乃並正義中改爲「示」，更誤。

天子將出 唐石本初刻「出」下有「征」字，後改同此。案：初刻涉下文而誤也。

[一]「亦不授之田」，嘉慶十一年本、《清經解》本、醒園本同。按撫州本《禮記注》作「亦不授以田」，見《中華再造善本》影印國圖藏本宋淳熙四年撫州公使庫刻《禮記注》第二册，卷四第五頁A面第四行。

天子曰辟廱　唐石本「廱」字磨改，其初刻不可辨，或當是「雍」也。

不殀夭　唐石本磨改「殀夭」二字，其初刻不可辨。

注天子乃日舉樂以食　十行初刻本「舉」下衍一「以」字，俗注疏本因其不可通，遂改「樂」下「以」字爲「侑」，誤甚。

葬不爲雨止　唐石本「止」字磨改，其初刻不可辨。

注晉侯夢黄熊入國　案：此注正義本是「熊」字，釋文本是「能」字，孔之與陸，意趣相違。故「熊」「能」二本，當日並行，而兩家各有所從也。《左傳·昭七年》之釋文、正義亦復如此。凡所論辨，具於本書。今詳賈逵《左傳注》作「熊」，既是明文。王劭亦定爲「熊」字。又韋昭所解《國語》，與《左傳》不異，決當爲「熊」無疑。至於《爾雅》之「鼈，三足能」，乃别説他事，與此絶不相關。其或因稱「入羽淵」，牽連爲一者，非也。所謂「既爲神，何妨是獸」？足以破之矣。陸於《左氏》釋文和合「能」「熊」，亦非是。俗注疏本此文有改作「能」者，但知有釋文，不知有正義。而岳本將所附釋文，改云「熊，音能，又音雄」，更全失陸意。

注則無門關之征征猶譏也　此撫本之誤。毛居正曰：「多一『征』字。」是監本誤同也，各本不如此。

注使其材埶堪地氣也　毛居正曰：「『藝』作『埶』，誤。」案：各本作「藝」，此當依各本，毛所改亦未是。

注質猶平也　各本脱「猶」字。

廢疾非人不養者　唐石本「廢」作「癈」。案：《説文》「疒」部有「癈」字，但經典多假借。注云：「廢，廢於人事。」蓋本不作「癈」，唐石本未是也。《禮運》「廢疾者」同。

爲田九萬億畝　唐石本初刻「億」作「萬」，後改同此。案：正義云：「若以億言之，當云『九千億畝』；若以萬言之，當云『九萬萬畝』。」此初刻之所以作「萬」也。正義又云「此經上下，或億或萬，字相交涉，遂誤爲『萬億』。鄭未注之前，書本既爾」云云，此所以必仍改爲「億」也。讀唐石經而訂其同異是非，當依此類求之。

月令

還反賞公卿諸侯大夫於朝　案：釋文以「還乃」作音，正義云「在孟春云『賞公卿、諸侯、大夫於朝』，孟夏云『還，乃行賞，封諸侯，慶賜遂行，無不欣説』，孟秋云『還，乃賞軍帥武人於朝』，孟冬云『還，乃賞死事，恤孤寡』。四時所賞不同者」云云。是釋文、正義二本皆作「乃」。唐刪定《月令》亦尚爲「乃」字，孟夏、孟秋、孟冬皆同。然則撫本與各本作「反」者，蓋皆誤也。近惠氏《九經古義》云「《吕氏春秋》『反』作『乃』，下同。或云當依《吕氏》」者，是也。其引《穆天子傳》「天子還返」，云「還返連文，《月令》是」者，非也。《穆傳》不足據以證經。

注蓋郊後吉辰也　岳本及山井鼎所據宋板「辰」作「亥」。此撫本之誤，正義可證，《少牢》賈疏亦可證。嘉靖本、十行以來本皆誤。

犧牲毋牝　《六經正誤》曰：「欠『用』字。釋文『用牝』有『用』字，建本有『用』字。」案：其説是也。正義有，唐刪定《月令》亦有。此撫本之誤，各本不如此。

注謂死氣逆生也　岳本「謂」作「爲」，山井鼎所據同。此撫本之誤，嘉靖本、十行以來本亦皆誤。

則雨水不時　案：正義云「此『風雨不時』者，謂風雨少，不得應時。所以風雨不應時者，以孟春建寅，其宿直箕星，箕星好風，孟春行夏令，寅氣不足，故風少」云云，是正義本「雨水」作「風雨」明甚。釋文不見，無可考，《吕氏春秋》《淮南·時則訓》皆作「風雨」，唐刪定《月令》作「雨水」。

安萌牙　岳本、十行本同此。嘉靖本、俗注疏本「牙」作「芽」，非也。唐刪定《月令》作「牙」，《呂氏春秋》亦然，下注皆同。

奮木鐸以令兆民　案：釋文以「奮鐸」作音。考《呂氏春秋》作「奮鐸」，《淮南·時則訓》作「振鐸」，蓋釋文本無「木」字者是也。但無以知正義本之有否。

注用竹⿱竹韋曰扇　嘉靖本、岳本、十行本皆同此。案：「葦」通用「⿱竹韋」，見《集韻》七尾，乃當時俗作。十行本本正義中是「葦」字，俗注疏本此注改作「葦」者是矣。

注當祀者古以玉帛而已　案：「古」字有誤，各本盡同。蓋「直」字之壞。正義云：「其應祀之，特圭璧更易此犧牲。」讀以「之」句絕，「特」下屬。「特」者解「直」也，「應」者解「當」也。山井鼎所據宋板「特」作「時」，誤字耳。山井鼎又云古本「古」作「告」，足利本同。未詳其所出，或因高誘注《呂氏春秋》《淮南子》皆引「幣帛圭皮，告于祖禰」而爲之與？

注鴐毋無　案：「毋」當作「母」，釋文云：「母無，上音牟，又如字。」毛居正曰：「如字者，讀『父母』之『母』，平聲則音『牟』，今作『毋』誤。」是也。正義云：「今此注『母無』，『母』當作『牟』，謂牟無也。聲轉字誤，『牟』字作『母』。」正義之意，依《爾雅》「牟」爲正，故云爾。其實「牟」「母」不異，釋文得之。各本注皆同此，唯山井鼎所據宋板是「母」字，今未見。十行本正義中「母」亦誤作「毋」，而俗注疏本又將注及釋文、正義中「母無」盡改爲「鴾毋」，則誤之甚者。

命野虞無伐桑柘　各本與此同，俗注疏本「無」作「毋」，唐刪定《月令》作「無」，彼前後皆作「無」故也，《呂氏春秋》亦然，《淮南·時則訓》皆作「毋」。此「無」字於前後歧，蓋後人亂之。下文「無有敢惰」同，又「無有所私」亦當同。

天子乃率三公　俗注疏本「率」作「帥」。唐刪定《月令》作「率」，彼前後「帥」皆作「率」故也，《呂氏春秋》亦然。此「率」字於前後亦歧，俗本所改蓋是，各本與此同，非。

注則就牧之牡而合之　岳本同此。嘉靖本、十行以來本「牡」作「牝」，誤。正義云：「故遊此繫牧之牝於牧田之中，就牡而合之。其在廄牡馬須擬乘用者，則不放之。」二「牡」字今亦皆誤爲「牝」，而正義與注，乃不可讀。

注明出時无他故　「无」當作「無」，以後同。

注顓頊氏之子曰黎　十行本正義中皆是「犂」字，蓋其本如此也。俗注疏本因改注中亦作「犂」，其實作「黎」者但異本耳。《左傳》作「犂」，《國語》作「黎」，《左傳釋文》有音，此無音，未必其本不作「黎」也。下「其神后土」注同。

注徵五十四　「徵」下當有「數」字。此撫本之誤，各本不如此。

注祭禮二　此撫本之誤，岳本及山井鼎所據「二」作「三」，是也。嘉靖本、十行以來本誤同此。

命司徒巡行縣鄙　俗注疏本「巡」作「循」，誤。案：唐刪定《月令》亦作「巡」，唯《呂氏春秋》作「循」，蓋或記於旁而遂誤耳。

注舉羣臣以禮樂飲之於朝　「舉」當作「與」，此撫本之誤，各本不如此。

注古者上公　山井鼎曰古本作「古者上公以下」，足利本同。又或說《詩·假樂》《雲漢》二正義引此注皆有「以下」，疑此脱。今案：非也。此正義云：「雖爲王朝卿士，兼帶上公之官，故《左氏》云『封爲上公，祀爲貴神』，是身爲百辟，又爲卿士。」唯其本無「以下」，故云爾也。其複舉此注亦無「以下」，至於《詩》正義所引，不妨異本，彼作古本、足利本者，徒見《詩》正義之説「以下」者甚詳，以爲必當有，遂取之增入，而不察與此正義反相乖違也。或説之誤，闇與彼同，凡若此者，足以滋惑，故聊出之。嘉靖本、十行以來本「公」誤「古」。

則雹凍傷穀　唐刪定《月令》初刻「凍」，後改「凍」。今案：《呂氏春秋》《淮南·時則訓》「凍」作「霰」。然則凍，暴雨也。《爾雅》《楚詞》以「凍水」字爲之，《月令》以「涷閉」字爲之，於六書皆爲假借，非暴雨正字乃作「涷」也。又唐删定《月令》初刻，凡「解涷」以下無不作「涷」，更涉此而誤。

以别貴賤等給之度　岳本「給」作「級」。案：唐删定《月令》亦作「級」，後經孟冬云「貴賤之等級」，又季秋云「授車以級」，注「級，等次也」，岳所改是矣。此撫本之誤，嘉靖本、十行以來本誤皆同此，《吕氏春秋》亦作「級」。

土潤辱暑　各本「辱」作「溽」，釋文云：「辱暑，如字，本或作『溽』，音同。」十行本正義中尚皆是「辱」字，俗注疏本始盡改爲「溽」字，可知釋文、正義皆不作「溽」。《周書·時訓解》《吕氏春秋》《淮南·時則訓》乃是「溽」字，正釋文所云或作本，及唐删定《月令》作「溽」之所從出也。各本失之，唯山井鼎所據與此同。

可以美土彊　十行以來本「彊」作「疆」，誤。其正義中尚皆是「彊」字，傳校葉鈔《釋文》亦是「彊」字，而俗注疏本與釋文盡改爲「疆」字，失之。《吕氏春秋》作「疆」，《淮南·時則訓》作「壃」，高誘兩注以「界畔」爲義，與鄭此注「强檗」之義，絶不相涉。唐删定《月令》作「彊」，字與此同，依鄭義，是矣。

鷹隼蚤鷙　各本盡作「鷙」。釋文云：「亦作鷙。」案：此獨用亦作字，蓋非也。

注創之淺者曰傷　各本與此同，岳本「淺」作「殘」，誤字耳。

注營室主武士　岳本及山井鼎所據同此，蓋非也。嘉靖本、十行以來本「士」作「事」。案：正義曰：「案《春秋元命包》云：『營室星十六度，主軍之糧。』」可證其本作「事」不作「士」。其標起止仍作「士」者，誤耳。下「天子乃命將帥講武」注「亦因營室主武士也」，各本作「士」，當亦作「事」也。

注入地圓曰竇　岳本「圓」作「隋」。案：釋文以「隋曰」作音，云：「他果反，謂狹而長。」正義云：「隋者似方非方，似圓非圓。」岳所改是矣。此撫本之誤，嘉靖本、十行本誤同此。其十行以來本正義云：「竇既爲隋圓。」「圓」衍字，因注文之誤而又誤增之也。

注師都載旜　岳本「都」誤「旅」。

注鄉遂載物　正義引《司馬職》「鄉家載物」，又引注「鄉家，鄉大夫也」，又云：「案《周禮》云『鄉家』，今此注『鄉遂載物』者，轉寫誤也。既以師都爲遂大夫載旜，無容故違《周禮》云『鄉遂載物』。」今案：《周禮》有二本，一本作「鄉遂」，今賈疏者是也。一本作「鄉家」，此正義所引是也。正義以此注作「遂」，與其《周禮》作「家」不合，而「家」是「遂」非，故既引之後，又自説其意。唐石本《周禮》初刻「遂」，後改「家」，意亦如此也。十行以來本此正義，誤依賈《周禮》盡改「鄉家」爲

「鄉遂」，又改其所稱此注之「鄉遂」爲「師遂」。而不知正義所云，專辨「家」與「遂」之是非，故有「既以師都爲遂大夫」之言，初非「鄉」字爲有異同也。賴末後一處「鄉遂」尚存正義之舊，可藉以尋其誤，又推而合之唐石本，乃知正義所引《周禮》，自作「鄉家」，不得因以後但行賈本，作「鄉遂」求之也，特訂正焉。或有竟謂正義本此注作「師遂」者，因誤爲説，豈其然乎？

注冬陰盛寒於水　山井鼎曰古本作「陰氣盛，寒於外」，足利本同。今案：此依前「其祀竈」注云「夏，陽氣盛，熱於外」也，「外」字蓋是矣。

注爲軷壤　釋文云：「壤，如丈反。」各本盡同，是矣。《聘禮》賈疏引亦作「壤」。正義云「軷壇」，或其本作「壇」與？

注龜之繇文也　毛居正曰：「『繇』作『繇』，誤。」其於釋文亦如此説。今案：非也。《説文》無「繇」字，俗注疏或作「繇」者，因誼父而誤。

薄厚之度　各本「薄厚」作「厚薄」，唯唐刪定《月令》與此同，《吕氏春秋》亦然。

注知其不功致　案：正義云「於後以考其誠信與不」云云，是其本作「知其功致不」明甚。不者，否也。各本皆誤倒。韓非《七術》云「昭侯以察左右之誠不」，又云

「子之以此知左右之誠不」。今本亦俱「不」在「誠」上，皆由未曉其讀而誤倒之也。

注燕謂有牲體　案：「燕」當作「烝」，正義有明文，各本盡誤。山井鼎云古本「燕」作「烝」，出正義耳。

地氣沮泄　山井鼎云古本「沮」作「且」。案：《呂氏春秋》作「且」，古本蓋依之也。唐删定《月令》亦作「且」。近盧召弓氏謂釋文無「沮」音，正義亦不解「沮」，此經當本作「且」。今案：若作「沮」，當與《儒行》「世亂不沮」同義，彼釋文云：「徐在呂反。」則此或如盧説矣，其正義本，無以言之。

蚯蚓結　岳氏《沿革例》曰：「孟夏，丘蚓出。仲冬，蚯蚓結。同此『蚯蚓』也。而有「丘」「蚯」之異，既諸本皆然，不敢輕改。」今案：正義中字作「蚯」，是其本如此也。唐删定《月令》皆作「蚯」。前經釋文作「丘」字，而此經無文，蓋其本皆作「丘」，或但依見於釋文者改之，故錯出耳。嘉靖本、十行以來本則又皆作「蚯」矣。《周書·時訓解》皆作「蚯」，《淮南·時則訓》皆作「丘」，而《呂氏春秋》亦「丘」「蚯」錯出，蓋後人又依《月令》改耳。

此所以助天地之閉藏也　十行以來本脱「所」字。

注兵亦軍之氣　山井鼎曰古本「軍」作「畢」。今案：「亦」者，亦上「畢好雨」，「畢」字蓋是。鄭於仲春注曰「畢，又爲邊兵」，本《元命包》，亦見《史記·天官書》，其義也。其孟秋注云「營室之氣爲害也」，句例與此「畢之氣」又同。各本作「軍」，但形近譌耳。通志堂校刻衛湜《集説》改作「金」字，大誤。毛斧季、何屺瞻皆言《集説》妄改甚多，乃吴江顧伊人所爲，洵然矣。近黄蕘圃氏收得宋槧，惜未有津逮之者。

雉雊雞乳　案：正義本如此，引《通卦驗》同。釋文以「雉雊」「雞始乳」作音，蓋其本誤多一「始」字。《周書·時訓解》「鵲始巢」「雉始雊」「雞始乳」三句，以文不相屬，故每句言「始」，唐刪定《月令》亦然。此經中無「後五日」云云隔之，故下二句蒙上不更言「始」，正義本爲是也。《淮南》作「雞呼卵」，《吕氏春秋》此句今本舛譌，皆不可取證。

注此所以與同姓共也　山井鼎曰古本作「此所與同姓共者也」。今案：依前後句例，蓋是矣。

曾子問

注告生也　各本與此同。山井鼎曰古本「生」作「主」。案：此因正義「唯有主在，故告於主」云云故也。或此注正義本作「主」與？

曾子曰不以輕服　唐石本初刻「曰」上有「問」字，後改同此。

注婦有共養之禮　各本「共」作「供」，此撫本之誤。釋文云：「有供，九用反。」

有司弗辯也　唐石本「辯」字磨改，蓋初刻作「辨」也。案：注云：「辯，猶正也。」蓋經用「辨」字，而注用「辯」字，初刻爲是，後刻誤依注改經也。其注用「辯」字者，因注之「徧」字已不用「辯」也。凡《三禮》中經古字，注今字，而爲人所改者，往往有之。

注畢獻祝而後止　俗注疏本作「祝畢獻」，誤也。注以「畢獻祝」解經之「祝畢獻」，誤改轉同經文，全失其意。

曾子問曰父母之喪　十行以來本脱「問」字。

注禮當言誄於天子也　案：鄭所謂「言誄」者，《曲禮》之「言謚」也。彼注及正義具有其事，故此正義云：「則諸侯理當言誄於天子。」十行本正義未誤也。俗本妄改「言」作「請」，而山井鼎乃曰：「宋板疏『請』作『言』，正、嘉同，恐非。」此不解鄭語之過也。或又因此並欲改注「言」字作「請」，則可謂不思甚矣。

注比謂君已大斂　「比」當作「此」，此撫本之誤，各本不如此。

君大夫士一節也　毛居正曰：「作『君大夫主節』，誤。」彼謂監本也，此撫本初刻蓋亦然，其後剜改「主」作「士一」，今痕迹尚可驗。

注謂與祭者留之共燕　案：「謂」當作「諸」。釋文以「諸與」作音，正義複舉亦是「諸」字。各本與此同，唯山井鼎所據宋板作「諸」，今未見。

可以祭乎　唐石本初刻「可」作「何」，後改同此。

殤不祔祭　唐石本初刻「祔」作「附」，依釋文本也，後改同此。釋文云：「本或作『祔』，亦同。」正義本即或作本，而各本所自出也。

祭殤不舉　俗注疏本「舉」下有「肺」字。唐石本以下至十行本皆與此同。案：此經云「不舉」，注云「舉肺脊」，以「舉肺脊」解經之「舉」也。正義云「謂祭此殤時不舉」，又云「以經云『不舉』『無肵俎』『不告利成』，此三者」云云。今本正義「舉」

下皆有「肺」字，衍耳。俗本又取以添經，誤也。「肺脊」二字連文，皆是鄭據《特牲》《少牢》而爲注，並非經言「肺」而注乃言「肺脊」也。或更謂正義本經有「肺」字者，於注及正義皆失其讀。

自卿大夫士之家　嘉靖本、岳本、十行本皆無「士」字，此處撫本剜改，蓋初刻亦然。案：唐石本有，正義複舉有，有者是也。俗注疏本與此後刻同。

注若今縣官宮也　俗注疏本「宮」作「舍」，誤。

注武王時賢史也　各本「武」作「成」。案：「成」字非也，正義複出此注作「武」，又云「史佚，文王、武王時臣」云云，唯撫本尚存其舊，而十行以來本此脱去正義，遂無知其誤者。又《玉藻》正義同。服虔注《左氏》云：「周成王大史。」與此不同，不可相證也。

殷人既葬而致事　撫本此下有「周人卒哭而致事」七字，以行字計數，剜改添入也，初刻無之。唐石本及各本皆與初刻同。岳氏《沿革例》云：「注中『周卒哭而致事』一句，獨興國本大書而爲經文，曰『周人卒哭而致事』，視注復添一『人』字。」然則岳所見撫本未剜添也。今案：正義云：「注『致事』至『致事』。」可見其本「周卒哭而致事」一句在注也，其下云「知『周卒哭致事』者」，又云「以此推之，故知周卒哭也」，說皆出於皇侃疏，可見經文自來無此一句也。興國本改注爲經，而撫本乃依之剜添，失之矣。又案：興國本經有「周人卒哭而致事」七字，注無「周卒哭而致事」六字。他本則皆注有而經無，故岳氏云云，剜添乃兩有，亦不可通。山井鼎曰古本經有七字，足利本同。彼非剜添而亦兩有，尤誤。其正義下又云「孔子既前含周人卒哭而致事，則無從金革之理」者，以子夏再問，仍是據周，故取注義合和説之。今正義「含」作「荅」者，誤字耳。或因此謂正義本有者，誤。唯今何休《公羊·宣元年》注乃有之，本非一家，難以爲據者矣。

注則卒哭而致事　嘉靖本、十行以來本皆同。《沿革例》曰：「及考舊監本注，『周』字乃作『則』。」是其誤久矣，岳本及山井鼎所據宋板作「周」，以正義證之，是也。

文王世子

注四時各有宜學　俗注疏本「有」下衍「所」字。案：誤用正義文添也。

注掌以美詔王　俗注疏本「美」作「媺」，非也。《周禮》自作「媺」，鄭此注自作「美」，所謂古今字，故釋文無音。正義云：「引『師氏以美詔王』以下者」云云，亦作「美」字也。俗本並正義中盡依《周禮》而改之，誤甚。此固十行本之所未誤者。

注若唐虞有夔伯夷　俗注疏本「夔」下衍「龍」字，誤依正義添，其實正義亦長字耳。

注乃息司正　岳本「正」下衍「云」字。

注爲小技能也　案：正義云「謂小小技術」，則「爲」當作「謂」，各本皆誤。下注「爲後復論説也」同。凡古書「爲」「謂」多互譌。

正室守大廟　唐石本「大」下有「、」，似刻之誤也。凡經用「大」字，其刪定《月令》乃用「太」字，彼一篇中餘字所用亦迥然有別，此讀經者所當知也。

注纖讀爲殲殲刺也　案：二「殲」字，釋文本作「鍼」，釋文音經云「則纖，依注音『鍼』，之林反，刺也。徐子廉反，注本或作『纖讀爲殲』者，是依徐音而改也」。下又以「鍼刺」作音。《九經古義》云「今本皆從徐音誤爲殲」，是矣。正義無文，未詳其本。

注説合樂之所美　十行以來本「説」作「諸」，誤。

反養老幼于東序　此無誤，唐石本以下盡然，或欲去「幼」字者，非也。《郊特牲》云：「春饗孤子，秋食耆老。」正義引熊氏云：「春饗孤子，亦饗耆老，秋食耆老，亦食孤子。」通於彼經，可得此連言「幼」字之義。鄭以彼既有明文，故此注略而不復及。《通典》引此注無「幼」字，脱去耳。凡書不可輒改，而經爲甚，其例視諸此。

禮運

夏則居橧巢

山井鼎曰：「古本『橧』作『櫓』，足利本同。謹案：《家語·問禮》篇亦作『櫓』。《句解》本音『魯』。」今案：古、足利二本大誤。鄭注云：「暑則聚薪柴居其上。」正義云：「『夏則居橧巢』者，謂橧聚其薪以爲巢。」釋文云：「橧，本又作『増』，又作『曾』，同則登反。」合而觀之，可知「橧巢」者，橧之而爲巢，猶上句是營之而爲窟也。鄭意如此，孔、陸讀之，了然無誤。至於《家語》，今汲古閣所刻出於宋板者，仍作「橧」，但注「橧巢」二字分解爲兩事。王肅以此與鄭立異而已，初非改「橧」爲「櫓」也。即使必以《句解》爲辭，而《家語》不能據以改鄭所記之注又明矣，山井鼎蓋未識此。或又據《太平御覽》引作「櫓」，以爲今作「橧」者，傳寫之誤，更非也。此經之作「橧」，決以孔、陸所讀之鄭注，苟云傳寫誤，豈鄭傳寫經已誤耶？將孔、陸傳寫鄭而誤也，何《御覽》獨不得有傳寫誤乎？斯不然矣。唐石本及各本皆作「橧」，亦並不誤。

注五曰齎號　嘉靖本、十行本同此。岳本「齎」作「齍」，俗注疏本同。案：作「齍」者是也。

注上通無莫　案：正義云：「《孝經緯》文。言人之精靈所感，上通元氣寂寞。引之者，證『莫』爲虚無。正本『元』字作『無』，謂虚無寂寞，義或然也。」各本與此同，皆出於彼，正本屢見，未詳也。

注陳靈公與孔寧　各本「寧」作「甯」。案：釋文云：「孔甯，本又作『寧』。案《左傳》作『寧』，公羊作『甯』，各依字讀。」正義云：「此宣十年《左傳》文。」是其本作「寧」，與又作者同，即撫本所自出也。

注以取弒焉　岳本脱「焉」字。

和而后月生也　唐石本初刻「后」作「後」，其改者同此。

十二食還相爲質也　此無誤，各本盡然，唐石本損，正義自如此。或欲依《五經筭術》引，改「質」爲「滑」者，非。凡書以所引改本書，及以本書改所引，而其弊有不可勝言者。顧千里持此論，予以之爲然。

注終於南吕　案：正義「云『終於南吕，更相爲宫，凡六十也』者」云云，又云：「以此言之，則『南吕』爲是。然諸本及定本多作『終於南事』，則是京房律法。」釋文云：「南事，律名。京房律始於執始，終於南事，凡六十。」今各本皆與正義本爲合，無作「事」者。

故事有守也　十行以來本「有」作「可」，誤。俗注疏本並正義中盡改作「可」，而十行則未誤也。

卜筮瞽侑　唐石本「卜」畫通於左，似刻之誤也。

而固人之肌膚之會　俗注疏本「人」下脱「之」字，因十行本脩補者損缺此字而致誤。

注窮斯盗　嘉靖本「盗」作「濫」。岳本、十行以來本「斯盗」作「則濫」。案：「斯盗」是也。《坊記》云：「約斯盗。」注云：「約，猶窮也。」此取彼文，當依撫本。

禮器

先王之立禮也有本有文　唐石本無「有文」二字。案：此於正義、釋文未有明文。但石本既無，必相傳如此，詳下經云「無本不立」，此經云「先王之立禮也有本」，八字作一句讀，上下相應矣，無者是也。其禮之文也，無文不行，則以禮本既立，又須文乃行，故連而説之，實非於此先爲對舉，且立禮與文亦爲不貫。今各本多「有文」二字，蓋唐以後本誤衍。幸石本尚存，得以取正。

衆不匡懼 唐石本、岳本、十行以來本皆同此。嘉靖本作「恇」。案：作「恇」者依釋文改也，十行正義中是「匡」字。

注謂杭木 嘉靖本、十行本同此。岳本、俗注疏本「杭」作「抗」。案：「杭」當作「抗」，此撫本之誤。下「杭木」及「杭席」皆同。十行本正義中亦誤「杭」，《既夕》可證也。

注或因名云耳 案：正義云：「今定本無『世人』二字。」蓋當時本有長「世人」二字，在「或」字上者。賈氏《鄉飲酒禮》《特牲·記》二疏亦載是説，今各本則皆無也。

注士用𣘻禁 案：正義解經云「『大夫、士𣘻禁』者，謂大夫用𣘻，士用禁。」解注云：「《玉藻》云『士用禁』，又《士冠禮》《士昬禮》承尊皆用禁，是士用禁也。」據此則其本注作「士用禁」，無「𣘻」字。而賈氏《鄉飲》疏引仍作「士用𣘻禁」，且云「故《禮器》大夫、士揔名爲𣘻禁」云云，是賈本有「𣘻」字也，蓋當時兩本並行耳。今各本皆有，則與賈合，而與正義爲不合也。

注惰長 嘉靖本同此，岳本、十行以來本「惰」皆作「隋」，釋文作「隋」。「惰」蓋「隋」之誤也。十行正義中字作「隨」，當是其本如此，俗注疏本並改之爲「隋」，則誤之甚者。《史記·天官書》：「前列直斗口三星，隨北端兑。」《索隱》：「隨，音他果反。」《漢書·天文志》同。隨、隋字異義同，斯其證矣。

犧尊疏布鼏 案：釋文作「幎」，云：「本又作『冪』，又作『鼏』。」唐石經以下皆作「鼏」，即又作本也。正義引《冪人》，是其本作「冪」。「冪」者，「幎」之或體。今正義中「『疏布鼏』者」「鼏，覆也」，二「鼏」皆「冪」之譌。冪者，以巾蓋尊彝。鼏者，以茅蓋鼎。雖皆訓覆而有別。據《儀禮》釋文，則隋唐間已亂之矣。

注皆猶誠也 毛居正曰：「『由』作『猶』，誤。」案：以正義證之，是也。山井鼎曰足利本「猶」作「由」。

注至今語猶存也 岳本「也」作「焉」，誤。正義可證。

注無常若孝子之爲也 撫本「常」下空二字，蓋初有衍字，刻既成而去之也。又十行本「無」作「者」，誤。

注或爲韶囿 十行以來本「韶」作「詔」。案：釋文：「詔圜，音圓，本亦作

『詔圓』。」十行本所附釋文云：「本亦作『詔圓』。」皆當有誤，未知其審。山井鼎曰古本「圓」作「圜」，足利本同，依釋文爲之耳。

注呼池嘔夷　嘉靖本、岳本、十行本「嘔」皆作「漚」，非也。此正義、釋文及《周禮》釋文，無不作「嘔」者。俗注疏本與此同，蓋已改正矣。

注皆爲温藉重禮也　正義於注「皆爲」下云「皇氏云：『緼，謂承藉』」，又云「今定本作『温』字」。釋文云：「温之，紆運反，注同。」是與定本同也。今案：皇本經作「温」，古字；注作「緼」，今字。如《毛詩·小宛》箋之「蘊藉」，正義引「舒瑗云：『包裹曰蘊。』經中作『温』字者，古字通用」云云，其説爲至當不易矣。而彼釋文、定本亦經注皆作「温」，尤可證也。山井鼎於此經曰古本「温」作「藴」，乃作古本者，未知此正義所云定本作「温」字，實言注而非言經耳。

注月出西方　各本「出」作「生」。案：下注云：「月出西方而東行也。」與此相承接，不當改爲「生」。山井鼎曰古本作「出」。

而風雨節寒暑時　唐石本無「節」字。案：正義複舉經文無「節」字，《月令》正義孟春引此無「節」字，《郊特牲》正義引亦然。唐石本依正義本，是也。各本皆有，蓋因正義下云「風雨應節」而衍耳。俗注疏本並複舉者亦添之，誤甚。

注將以見觀　嘉靖本、十行以來本「見」皆作「是」，岳本與此同。案：十行本正義解經云：「言將以見觀之。」即本注文。作「見」者是矣，俗本並正義亦誤改。

注各以其所貢寶爲摯　嘉靖本、岳本、十行本皆同此，俗注疏本「貢」作「貴」。案：正義云「近者，謂近其貢寶也」，與其上句所云「非因貢而來，故云近之」，語相承接，又其上文引《周禮》云「各以其所貢寶」，語亦相承接，是其本作「貢」明甚。唯與今《周禮》爲不同，不妨當日《周禮》自有此本也。俗注疏本並改作「貴」，但欲取合於今《周禮》，而不知轉致此正義文理不順，失之矣。

郊特牲

注賔爲苟敬　嘉靖本、岳本皆同此。十行本初刻亦然，後並正義中盡剜改「苟」作「尊」。俗注疏本仍之，誤也。在《燕禮·記》有明文。山井鼎曰古本作「苟」，足利本同。又其所據宋板注及正義俱不誤，但此於彼所據爲缺卷，而仍稱宋板，與其餘自卷三十三至四十中間所稱者，未知究指何本耳。

不敢用褻味　唐石本與此同，下文作「褻」爲錯出也。「褻」是當時俗作，各本不如此。

以鐘次之　唐石本初刻「鍾」，後改同此。案：《五經文字》云：「今經典或通用『鐘』爲樂器。」以今考之，《毛詩》《周》《儀禮》例用「鍾」，而《禮記》例用「鐘」，此磨改之意也。凡羣經之中，其字之偏旁，每經爲不同，有如此者。

注至季春火出而民乃用火　正義複舉此注「火出」作「出火」，或依之改者，非也。此非《司爟》成文，乃承上注「建辰之月，火始出」而言，今正義誤倒耳。

注嗇所樹蓺之功　岳本「蓺」作「藝」，誤。

以戒諸侯曰　唐石本初刻「日」，後改同此。

而后萬物興焉　唐石本初刻「后」作「後」，其改刻者同此。

注同姓或則多相褻也　十行以來本「則」作「取」，誤。

婦盥饋　正義本無此三字，釋文有，云「一本無」。唐石本以下皆有，出於釋文也。

注洗肝于鬱鬯　嘉靖本及十行以來本「洗」皆誤「先」。

注以隋于主人　各本無「人」字。案：依正義複舉此注訂之，「人」當是「前」字之譌也。蓋或因主非主人而輒刪之，各本遂皆少一字耳。

注倞或爲詠　岳本同此，嘉靖本、十行以來本「詠」皆作「諒」。

注㳎之以茅　十行以來本「㳎」作「藉」，誤。

内則

注自佩也　山井鼎曰：「足利本『自』作『目』。」今案：詳鄭意，謂此經佩用之用目下諸物，作「目」蓋是也。

注拭物之巾也　十行本初刻誤重「巾」字，脩板改上「巾」爲「佩」，俗注疏因之衍，誤甚。

注適之　岳本「之」下衍「也」字。

注牟讀曰鍪也　嘉靖本、岳本同此。十行以來本「鍪」作「堥」。釋文以「如堥」作音，十行本正義中亦是「堥」字，乃其所以據改也。案：釋文云：「字又作『鍪』。」此及嘉靖、岳本皆從之出。今釋文云「字又作『蝥』」者，譌耳，可不必改也。其「曰」字則與釋文作「如」不同，正義未複舉，不詳何作。

注當以善者㠯宗子也　毛居正曰：「『與』作『㠯』，誤。」是監本同此也。案：

「乌」者當時俗作，各本不如此。

析稌　嘉靖本、十行本皆同此。唐石本「析」作「折」，岳本、俗注疏本亦皆作「折」。案：釋文云：「折，之列反。」是其本作「折」也。正義云：「謂細析稻米爲飯。」是其本作「析」也。唐石本依釋文，但各有所出，仍不得以「折」改「析」。

柹　唐石本、岳本同此。嘉靖本、十行以來本作「柿」，誤也。釋文作「柹」，《五經文字》：「柹柹，上芳吠反，見《詩》注。下音仕，從木從朿聲。朿，音姊。」亦可證也。《詩》注在《伐木》。

膏用薤　唐石本、岳本、十行本皆同此。嘉靖本、俗注疏本「薤」作「韰」。釋文作「韰」云：「俗本多作『薤』，非也。」故依之改耳。其實亦相承作，可不改也。下文「切葱若薤」，各本及正義中複舉仍皆作「薤」，《少儀》有此文亦然。

注脾𦙶也　山井鼎曰古本「𦙶」作「肶」。案：今釋文作「肶」，古本誤取之改也。嚴州本《儀禮·既夕》注云：「『脾』讀爲『雞脾𦙶』之『脾』。」今本及釋文亦作「肶」。其實「肶」非也。「脾𦙶」，《説文》作「膍胵」，而以「肶」爲「膍」之或字，則不得以當「胵」，明甚。宋時釋文已誤，故《集韻》六脂、《類篇》肉部，「胵」下重文，皆不收「𦙶」，而《禮》注所用之字僅存矣。

注遠夾室　「遠」當作「達」。此撫本之誤，各本不如此。

凡自七十以上　唐石本初刻「以」作「已」，後改同此。

注史孝厚者也　「孝」當作「惇」。此撫本之誤，各本不如此。十行以來本「者」誤「是」。

編萑以苴之　岳本、十行以來本皆同此。唐石本初刻「藿」，後改「萑」，下「編萑」同。嘉靖本此作「萑」。案：《五經文字》艹部云：「萑，户官反。從卄下萑。今經或相承隸省草作萑。」唐石本後改是也。卄部：「萑，音隹。」各本皆誤。

注牝羊也　各本「牝」作「牡」，誤。釋文「若將」下云「牝羊也」，不誤。

注謂夾之室　「夾」當作「夫」，此撫本之誤。嘉靖本、十行以來本誤與此同。唯岳本作「夫」爲是也。

記有成　唐石本「記」字磨改，其初刻不可辨。

師[一]**辯告諸婦諸母名**　唐石本初刻「婦」作「父」，後改同此。案：初刻誤也。

注以禮見問　十行以來本「見」作「聘」，誤。

[一]「師」，醒園本、《清經解》本上有「子」字。按撫州本《禮記注》經言：「子師辯告諸婦諸母名。」見《中華再造善本》影印國圖藏宋淳熙四年撫州公使庫刻《禮記注》第三册，卷八第二六頁B面第九行。

玉藻

此篇，岳本後附興國于氏改正本。案：此既不當改，又其所改亦並非注及疏所云之次第，最爲誤也。今不具論，《樂記》《雜記》《喪大記》亦不更論。

注各一篋而已　十行以來本「一」作「二」，誤。

注殷則闕恒譏而不征　十行以來本「恒」誤「但」。正義中亦誤。

注所受君命也　各本「命」下衍「者」字。

注黨鄉之細者退謂旁側也辟君之親黨也　案：釋文云：「黨鄉之細也退謂傍側也，一本或作『黨鄉之細者謂傍側也避君之親黨』。」正義本與一本或作者同。今各本之所自出，又添「退」字及末「也」字耳。其「避君之親黨」一句，詳一本或作之意，似謂鄭於此經「黨」字兩解之，「黨，鄉之細者，謂旁側也」，爲一解也，「辟君之親黨」，爲又一解也。當以釋文本無此一句爲是，但釋文有「退」字則非。

注以少爲尊也　岳本同此。嘉靖本、十行以來本「尊」皆作「貴」。

入大廟説笏非古也　俗注疏本「古」誤「禮」。

注必象裳色裳色　各本不重「裳色」，非也。讀以「必象裳色」句絶，重「裳色」

逗，下屬也。

紳居二焉　唐石本與此同。各本「二」誤「一」。

注移之言靡匜也　嘉靖本、岳本「匜」作「迆」，釋文以「靡迆」作音。此撫本之誤，十行以來本誤與此同，正義中亦然。

注儀形貌也　案：正義云「以義斷割，使義形貌」云云，是其本作「義」。今各本作「儀」者譌也。

注若陽氣之休物也　嘉靖本、岳本同此。十行本「休」誤「髹」，俗注疏本改爲「體」，更誤。又岳氏《沿革例》音釋條内載此無「氣」字，而今岳本仍有之，似彼脱去也。正義云：「呴勃，如盛陽之氣。」

公子曰臣孽　岳本「孽」作「孼」，岳所改也。今案：釋文及唐石本皆從艹，「孽」爲經典相承隸變，見《五經文字》子部。岳所改偏旁之字，皆此類。至汲古毛本而更不勝枚舉。

明堂位

注并五五二十五　十行以來本「并」誤「井」。

載弧韣　唐石本初刻「戴」，後改同此。案：釋文：「『載』音『戴』。」又《曲禮》釋文：「則載，本亦作『戴』。」此初刻改刻之意也。

下管象朱干玉戚　唐石本初刻「象」下有一字不可辨，後改同此。

注刻薄櫨爲山也　各本「薄」作「欂」。案：釋文作「欂」，十行以來本正義亦皆作「欂」。而《集韻》十九鐸云：「通作薄。」是撫本乃相承如此，未必正義不本作「薄」也。又《雜記》注各本皆作「薄」。

注今浮思也　各本「浮」作「桴」。案：釋文作「桴」，音浮。十行以來本正義亦皆作「桴」。唯山井鼎所據宋板與此同，其所據正義中又全作「浮」字，是正義本作「浮」，不與釋文同，撫本乃相承如此。

夏后氏之鼓足　山井鼎曰足利本「鼓足」作「足鼓」。案：《詩・有瞽》正義引此作「足鼓」，故依之改也。此釋文、正義無可考，但唐石本自作「鼓足」，未可輒改。其《毛詩・那》傳云「夏后氏足鼓」，又《廣雅》鼓名有足鼓，當各依本文。

注三皇承宓羲者　岳本「羲」作「戲」。案：釋文作「戲」，前《月令》注亦作「戲」，岳所改是矣。《月令》正義作「戲」，而此正義作「羲」，或合刻注疏時，此依注改正義耳。

注戴以辟　俗注疏本「戴」作「載」。案：釋文作「載」，音戴。正義中字作「戴」，是其本不與釋文同。詳以「載」爲「戴」者，經用古字也，注自當用「戴」。俗本依釋文未是也。

喪服小記

注謂以無主後者　「以」當作「爲」。此撫本之誤，各本不如此。

注言服之所以隆殺　岳本「隆」作「降」，山井鼎所據亦然。案：作「降」者非也。正義釋經云：「不言卑幼，舉尊長則卑幼可知也。」正解經言服之所隆以包殺，與鄭兼「隆殺」爲注之意。十行以來本正義中「降」字，皆「隆」字之誤耳。

注别貴賤　「别」上當有「不」字，正義有明文。此撫本之誤，各本不如此。

注正親緦小功不税矣　岳本與此同，嘉靖本、十行以來本脱「正」字。

麻同皆兼服之　山井鼎曰：「謹案：此經文六字及注，正、嘉、萬曆三本皆脱，唯崇禎本具矣。又案疏意，『麻同』作『麻葛』似是。」今案：作「葛」者，其所稱崇禎本，汲古毛氏所刻也，「葛」字誤。唐石本、嘉靖本、岳本皆作「同」，十行本正義中複舉此經亦未誤，山井鼎不得疏意耳。又《間傳》有此文，亦可證。

注以不貳隆　各本「隆」作「降」。案：釋文云：「不貳降，一本作『隆』。」正義云「論婦人不貳隆之義」，是正義本與一本同，即撫本所自出也。山井鼎所據亦作「隆」。

注目所爲禫者也　嘉靖本及山井鼎所據同此。岳本、十行以來本「目」皆誤「自」。

而后之墓　俗注疏本「后」作「後」，誤。案：與上句「而後之家」歧出。唐石本以下至十行本皆上「後」下「后」，蓋相承如此。

帶澡麻不絶本　唐石本以下皆同此。案：釋文作「不絶」，云：「本或作『不絶本』，非也。」正義釋經云：「故云『帶澡麻不絶』，不絶，謂不斷本也。」是釋文、正義皆無「本」字。注所云「帶不絶其本」者，鄭以「不絶其本」解經「不絶」也，或作本誤以注字入經，而唐石本用之，故各本皆衍。

注文不縞　岳本「縞」作「縟」。《沿革例》云：「諸本多作『縞』，惟興國本及釋文作『縟』。」又云：「今從疏及釋文。」案：所説是也。《喪服》「殤大功」章有明文，又《服問》注「爲殤未成人，文不縟耳」，不誤。

大傳

注紕猶錯也 各本「紕」下有「繆」字。唯山井鼎所據無，與此同。案：釋文見「錯也」於「紕」字小注中，可見鄭此注本無「繆」字，各本衍也。

注亦無之宗 岳本同此，嘉靖本、十行以來本「無」作「莫」，誤。正義複舉此注兩見，皆是「無」字，作「莫」者涉經文而誤耳。

少儀

注嫌勝故專之 十行以來本「專」作「薄」，誤。

注易以汙澤 此「汙」字撫本有脩改痕迹，乃初刻作「汗」也。嘉靖本、十行本作「汙」，岳本、俗注疏本作「汗」。釋文以「汗澤」作音，云：「户旦反，一音烏。」案：「一音」即「汙」字也。

注恃知而慢 各本「慢」下衍「也」字。

爲喪主則不手拜　唐石本初刻「手」作「肅」，後改同此。案：初刻誤也。

注及卿大夫各如其命之數　各本脱「及」字，唯山井鼎所據與此同。

弓則以左手屈韣執拊　唐石本初刻「柎」，後改同此。下文「削授拊」亦然。

穎　唐石本、俗注疏本作「穎」，岳本、十行本作「熲」，嘉靖本誤作「頴」。岳氏《沿革例》曰「疏本作『穎』，釋文及建諸本作『熲』，監本及興本作『穎』。但疏則以爲兩『穎』字，字同而義異。釋文以『警枕』之『熲』，其旁下從火，音京領反；以『授穎』之『穎』，其旁下從禾，音役頂反，則字異而音亦異。又未知監本、興國本『穎』字，其旁下從木者，以何本爲據」云云，所言最爲明晰。詳此經「警枕」之「熲」，當如《困學紀聞》所説，取義於憬然覺悟，而其字假借訓火光之「熲」爲之，與下經刀本之「穎」，取義懸絶，判然二字，釋文得之矣。正義本此亦作「穎」，蓋涉下而相亂。監本、興本及撫本作「穎」，又傳寫之譌。《六經正誤》於釋文云：「穎，警枕也。諸本皆作『熲』。」毛居正之意，謂「警枕」監本從「木」爲是。又《集韻》三十八梗、四十靜、《類篇》木部，皆云「穎，警枕」，據監本也，皆失之。今撫本釋文亦作「穎」，唯傳校葉鈔出於潭本者，尚是「熲」，不誤。通志堂所刻，竟依正義改釋文「熲」爲「穎」，繆之甚矣。葉鈔出於潭本者，顧千里所定。

注謂編束萑葦　嘉靖本、岳本同此，十行本初刻亦同此，脩改「萑」作「萑」，俗注疏本仍之。案：正義作「萑」，釋文作「萑」。十行脩改但知有釋文，不知有正義，非也。

刀卻刃授穎　唐石本「穎」作「潁」，各本多同。嘉靖本誤作「潁」。《六經正誤》云：「『穎』作『潁』誤。」是監本同此，《集韻》《類篇》亦然。案：「穎」是「潁」非。「穎」者，刀本也，刀鋒連於本，猶禾實連於穎，故取義名之。而鄭云「穎，鐶也」者，指穎首以曉人也。《釋名》「刀其本曰環，形似環也」，是其證矣。劒首亦曰鐶，見《莊子》釋文、《曲禮》正義。正義謂「穎是穎發之義。刃之在手，謂之爲穎」，字自不誤，而説殊未了。

注僎或爲馴　嘉靖本及山井鼎所據同此，岳本、十行以來本「馴」作「騶」。案：正義複舉此注作「馴」，釋文以「爲騶」作音，云：「本又作『馴』。」

注謂爲君授幣　各本「授」誤「受」，唯山井鼎所據與此同。

祭左右軌　「軌」當作「軓」，此撫本之誤，當時俗作也。唐石本作「軓」。嘉靖本、十行本誤同此。岳本、俗注疏本已改正。

注祭軌乃飲　案：「軌」字誤也，當作「範」。此《周禮》文，彼作「軓」，注云：「故書『軓』爲『範』。」其實「軓」爲正字，「範」爲假借，其又省則作「軋」。彼經自從正字，而此注仍引爲「範」，欲見與「范」聲同也。正義云云見下，即此注作「範」之明證。且此注若作「軓」或作「軋」，釋文皆不容無音，可見釋文本之與正義，初無所異，後來或依《周禮》改「範」爲「軓」，又傳寫譌爲「軌」，遂不可通。各本誤盡與此同。

注範與范聲同　嘉靖本、岳本及山井鼎所據皆與此同。十行以來本「範」誤「軌」。正義云「此云『范』，《大御》云『軓』，兩事是一，聲同字異，故云『聲同』。謂式前之『範』，與此『范』俱是式前也。但式前之『軓』，車旁著凡，或作『範』字。雖作『範』字，聲同而字異」云云，然則正義本作「範」，無疑矣。

注亦爲柄尺之類也　十行以來本「柄尺」作「尺柄」，誤。案：上經「取俎進俎，不坐」注及正義，有明文也。

其未有燭而有後至者　唐石本、岳本同此。嘉靖本、十行以來本脱下「有」字。

折九个　十行以來本「个」誤「箇」。

撫本禮記鄭注考異上

撫本禮記鄭注考異下

陽城張敦仁

學記

注所以扑撻犯禮者　十行以來本「扑」誤「撲」，正義中亦誤。

注以游暇學者之志意　案：「暇」是「假」之誤。釋文云：「假，户嫁反，舊古雅反。」正義云：「謂優游縱假學者之志，不欲急切之。」正義所讀，即舊音也。與下經「遊焉」注「遊，謂閒暇無事於之遊」義有别。今各本此注及正義作「暇」字者，皆非。

注官居官者也　俗注疏本脱首「官」字，因十行脩改此字缺而誤也。

教人不盡其材　唐石本初刻「材」作「才」，後改同此。

注情欲未生　各本「欲」作「慾」，下注亦然，唯山井鼎所據與此同。案：釋文作「慾」，正義作「欲」，十行本正義中「欲」「慾」錯出，後人亂之也。

注孫順也　此三字有脩改痕迹，蓋初刻無「也」字耳。

燕譬廢其學　唐石本及嘉靖本同此。岳本、十行本「譬」作「辟」。案：正義云「『燕譬廢其學』者，譬，譬喻也」云云，是其本作「譬」。釋文云：「燕辟，音譬，注及下『罕辟』同。」是其本作「辟」。唐石本出於正義本，而岳及十行乃依釋文所改也。但其注中「譬喻」並下文「罕譬」，仍皆作「譬」，則於釋文亦爲不合。

注廢滅　十行以來本「滅」誤「弛」。

唯其師　十行以來本「唯」誤「惟」。

注西折而南　此四字有脩改痕迹，蓋初刻無「南」字耳。正義云：「此『西折而南』，『南』字亦鄭所加。」故初誤去。

善待問者如撞鐘　唐石本初刻「鍾」，後改同此。

注醜或爲計　十行以來本「爲」下衍「之」字。

樂記　凡此篇，文與《荀子·樂論》、《史記·樂書》及裴駰《集解》引鄭注有出入者，皆不取以相亂。

注比猶同也　「同」字有脩改痕迹，蓋初刻誤作「司」耳。《六經正誤》曰：「『同』作『司』，誤。」

感於物而動性之欲也　唐石本初刻無「於」字，後改同此。案：今正義複舉此經有「於」字，初刻未詳所出也。

化物也者　「化」上當有「人」字，此撫本之誤，各本不如此。

注異謂別貴賤　十行以來本下衍「也」字。

注舉事在其時也　俗注疏本「舉」作「爲」。案：涉下注而誤。

其治辯者　案：釋文云：「治辨，本又作『辯』，舊音遍。案《廣雅》：『辨，偏也。』薄莧反。」陸此言，其意從「辨」也。正義複舉此經作「辯」，是其本與又作同。詳禮文例用「辯」爲「遍」，鄭此注「辯，偏也」，舊音以「遍」音「辯」，皆是謂「辯」即「偏」字也。《廣雅》所言，義亦得通，但準禮文之例，實爲乖違，或別有出。唐石本以下皆從作「辯」之本，是矣。又《史記·樂書》作「辨」，徐廣曰：「『辨』，一作『別』。」字義皆異，而《集解》引此注「辨，偏也」，裴順史文耳，未必本與陸同。

而禮制行矣　唐石本初刻「矣」作「焉」，後改同此。案：初刻涉下句誤。

注奮迅也　岳本同此。嘉靖本、十行本「迅」作「訊」。案：釋文以「奮訊」作音，云：「本又作『迅』。」正義云「奮迅而出也」，是其本與又作同。「訊」「迅」古今字，下經「訊疾以雅」，以正義本言之，經用古字，注用今字也。

順成和動之音作　唐石本初刻「成」作「誠」，後改同此。案：今正義中複舉此經是「成」字，其唐石初刻未詳也。

廣樂以成其教樂行而民鄉方　唐石本初刻「教」下有「故」字，後磨改去「其」字「故」字。案：今正義中複舉此經，有「其」字，無「故」字，唐石初刻及磨改皆未詳。

然後樂氣從之　唐石本損，嘉靖本、岳本同此。十行以來本「氣」誤「器」，又十行本正義中複舉此經，及下云「是故『然後樂氣從之』也」，皆尚作「氣」，俗注疏本並改爲「器」，誤甚。

注送之以禮　十行本「送」誤「既」，俗注疏本改作「報」，亦誤。

注熹猶烝也　各本「烝」作「蒸」。案：釋文以「猶蒸」作音，故各本依之改也。正義云「熹謂烝動」，又云「是使二氣烝動」，十行本皆作「烝」，是其本如此。俗注疏本盡改爲「蒸」，非矣。

注殈裂也 山井鼎曰古本「殈」下有「猶」字，足利本同。案：釋文「不殈」下云「猶裂也」，是其本有「猶」字。正義曰：「云『殈裂也』者，卵體多裂，又齊語稱裂爲殈，故以殈爲裂也。」是各本無者出於正義本明甚。古本、足利本但知有釋文，不知有正義，非矣。《史記集解》引亦有，或作古本者兼取於彼耳。

注合奏擊拊 山井鼎曰：「謹案：《周禮》『合』作『令』，下『合奏』同。」今案：此注中二「合」字，皆「令」字之誤。鄭《周禮》注云：「擊拊，瞽乃歌也。」「鼓楝，管乃作也。」是令奏之義。而此注引彼經者，正以「令奏」證「會守」，上云「言衆皆待擊鼓乃作」，謂待令奏乃作也，誤爲「合」字，失鄭意矣。又正義中諸「合」字今本皆同，但義亦多不可通，蓋本皆是「令」字，孔本此注，其未誤與？

注鏗鎗之類 各本「鎗」作「鏘」，誤。

注當謂樂不失其所 案：正義云：「『此之謂大當』者，當，謂不失其所。如上所謂，是大得其所當也。」無「樂」字明甚，有者衍耳。《史記集解》引亦無。

注聞讙囂則人意動作 「囂」當作「嚻」。《六經正誤》曰：「『嚻』作『囂』，誤。」此撫本之誤，與監本同，各本不如此。

非聽其鏗鎗而已也　唐石本、岳本、十行本同此。嘉靖本、俗注疏本「鎗」作「鏘」，誤。又正義中，十行本亦未誤。

注事伐事也　岳本及山井鼎所據同此。嘉靖本、十行以來本「伐」誤「戎」。

五成而分周公左召公右　山井鼎曰古本「分」下有「陝」字。今案：古本非也。鄭注云：「五奏，象周公、召公分職而治也。」然則鄭本此經固未嘗有「陝」字。正義云：「『五成而分，周公左，召公右』者，從第二位至第三位，分爲左右，象周公居左，召公居右也。」解經絶不及「陝」，是其本無「陝」字。釋文不爲「陝」字作音，以《曲禮》注「陝」有音，及《王制》《玉藻》注無不有音相決，是其本亦無「陝」字。又唐石本亦無之，可見此經自來用鄭氏注者，並無「陝」字也。《史記·樂書》則有「陝」字，詳彼之與此，文句違互甚多，難以同諸鄭本。《集解》引王肅曰：「分陝東西而治。」或王所注《禮記》之語，而其本之經乃有此字也，故於私定《家語》中又特著之，其無與於鄭本亦明矣，作古本者未審乎此也。又案：《曲禮》：「是職方。」鄭注云：「職，主也，是伯分主東西者。《春秋傳》曰：『自陝以東，周公主之；自陝以西，召公主之。』」《王制》：「分天下以爲左右，曰二伯。」注引《春秋傳》同。《玉藻》注亦云：「伯，上公九命分陝者。」然則此注「象周公、召公分職而治」者，意含自陝東西矣，正以經無

「陝」字，故不取「自陝」，而用「分職而治」立文也，又何容因他書多言「分陝」，遂欲輒增此經乎？

注象觀兵盟津時也　岳本「盟」作「孟」。案：此岳依釋文所改。

注至于商郊牧野　岳本、十行本同此。嘉靖本、俗注疏本「于」作「於」，誤。案：《尚書》字作「于」，故依而引之，注自爲文則用「於」字。《大學》注云：「于，於也。」「于」「於」二字，在鄭爲有分别，俗本混而一之，非也。又《禮記》一經中，「于」「於」互見，撫本與唐石本同，乃相承如此，而俗本多亂者，今不悉出。

注文王之廟爲明堂制　案：《覲禮》賈疏云：「《樂記》注云『文王廟爲明堂制』者，彼本無『制』字，直云文王廟爲明堂。」與此正義有「制」字者異，又此釋文不見，未詳有否。

而易慢之心入之矣故樂也者　唐石本初刻無「者」字，後改同此。案：初刻誤。

故德煇動於内　唐石本初刻「德」作「得」，後改同此。案：初刻誤。

故人不耐無樂　唐石本初刻「耐」[一]作「能」，後改同此。案：初刻誤。

下如隊　唐石本「隊」作「墜」，各本同此。

注上下同美之也　嘉靖本、十行本同此。岳本「同」作「目」，以「上下目」爲句。山井鼎所據亦作「目」，案：「目」字是也，「上下目」者，「子贛見師乙而問焉」是上目，「子貢問樂」是下目。

雜記上

注與使有之　各本「與」作「予」，唯山井鼎所據與此同。案：釋文作「予」，正義複舉作「與」。

注今大夫喪禮逸　各本「喪」下衍「服」字，唯山井鼎所據與此同。案：此對士喪存言之也，正義複舉無。

緇布冠不蕤　唐石本初刻「蕤」作「緌」，後改同此。

[一]「耐」，嘉慶十一年本訛作「而」，據《清經解》本、醒園本改。

則史練冠　唐石本初刻「史」作「使」，後改同此。

注筮史筮人也　案：「史」上「筮」字衍也。經云「則史練冠長衣」，《少牢》云：「史朝服，左執筮。」注云：「史，家臣，主筮事者。」賈疏云：「案《雜記》大夫士筮，亦云『史練冠長衣』，是史主筮事也。」其不當有，明甚。山井鼎曰：「古本經『史』上有『筮』字。」據今本注之誤以改經，最謬。

注夫所附之配　十行以來本同此。嘉靖本、岳本「附」作「祔」。案：經「附」，注「祔」，此撫本之誤。

大子號稱子　唐石本初刻「大」作「太」，後改同此。

注某甫旦字也　「旦」當作「且」，此撫本之誤。《六經正誤》曰：「『且』作『旦』，誤。」各本不如此。案：毛居正此校是也。

主妾之喪則自附　唐石本、岳本同此。嘉靖本、十行本「附」誤「祔」。

注載所包遺奠　「遺」當作「遣」，此撫本之誤。《六經正誤》曰：「『遣』作『遺』，誤。」各本不如此。

注齊東曰武　俗注疏本「東」作「人」，誤。

率帶　嘉靖本、岳本同此。唐石本、俗注疏本「帶」作「帶」。案：釋文如此，其實俗作耳。

注大夫而以繐爲之緣　案：此「大」乃「丈」之誤。「丈夫」對「婦人」，下句云「唯婦人繐紼」是也。其下文注云「又大夫服」，與此不相涉。「又」者，又婦服，謂婦服非所應襲，已譏，大夫服亦非所應襲，宜又譏，而經無譏文，故曰「未聞子羔曷爲襲之」，正言未聞子羔之爲大夫也。各本乃因下注並改此作「大」字，失之甚矣。

注君所作離宫館也　各本「館」上有「别」字，唯山井鼎所據與此同。案：《曾子問》正義載《鄭志》鮑遺問此注有「别」字，蓋有者爲是。

注既鋪絞紟衾君至此君升乃鋪席　俗注疏本無「君至此君升」五字，因十行本錯入次行音義中而誤删。案：「君至」句絶，以上《喪大記》文。「此」者，此經中之「公升，商祝布席」也。

注喪無接賓　各本「賓」下有「也」字。

介立于其左東上　唐石本以下至十行本皆同此。俗注疏本「其」作「門」，誤甚。

雜記下

注王父既附則孫可祔焉　嘉靖本、十行本同此。岳本「祔」作「附」。案：作

「附」者非也。注自用「祔」字，不用經之「附」字，上句亦當作「既祔」，正義複舉之曰「故云『王父既祔，則孫可祔焉』」可證也。餘鄭注所用「祔」字例亦然。

注散等衆階　「衆」當作「栗」，此撫本之誤，嘉靖本、十行本誤與此同。岳本作「栗」，是也。

視君之母與妻　俗注疏本「與」下衍「君之」二字。

注謂王父母以下之親諱　案：「謂」當作「爲」。上經「皆爲疑死」，釋文云「注『爲食』『父爲』『爲王父母』」云云，「爲王父母」指此句也。各本作「謂」，誤耳。又釋文「父爲」者，指上注，今釋文不重「爲」字者，脱，當補。

注已大功卒哭而可以冠子　案：「子」，衍字也。冠者，己身加冠也。經文「冠子」「取婦」，據父言之；「冠」「取妻」，據己言之，分別極明。此注「己大功卒哭，而可以冠」，即上注「父大功卒哭，而可以冠子」。正義所謂「今鄭同之」，得其義矣。而今本正義中複舉此句，亦衍「子」字，乃後人妄添，非其舊也。

世柳之母死　俗注疏本「世」作「泄」，下及注同。案：釋文以「世柳」作音，但云：「良九反。」而不音「世」字，是陸如字讀。《孟子》作「泄」，「世」「泄」同字也。十行本正義中尚作「世」，俗注疏本盡改爲「泄」，非矣。

注皆爲嫁於國中者也　「爲」當作「謂」，此撫本之誤，各本不如此。

宦於大夫者爲之服也　十行以來本「宦」誤「官」，注及正義中亦然。

宗人視之　十行以來本「視」誤「祝」。

注一兩五尋　各本「一」作「五」，皆誤也。

注會謂上領縫也　岳本及山井鼎所據與此同。嘉靖本、十行本「上領」作「領上」。案：上者，與「在旁」「在下」相對，其「領縫」連文，作「領上」者誤。

喪大記

注或爲北墉下　各本同此。唯山井鼎所據宋板無「北」字。案：釋文以「爲墉」作音，是其本無也。

士士之妻皆死于寢　唐石本與此同。各本不重「士」字，誤也。案：正義云：「『士、士之妻皆死于寢』者，亦各死其正室也，夫妻俱然，故云『皆』也。」重「士」字可知矣。十行以來本正義亦誤不重。

捲衣投于前　俗注疏本「捲」誤「卷」。案：十行本正義中作「捲」，俗本亦改

「卷」，誤甚。

男子出寢門見人 俗注疏本「門」下衍「外」字。

注謂舉之不以柱地也 俗注疏本「柱」誤「拄」，正義中亦然。

子大夫公子食粥 俗注疏本「食」上衍「衆士」二字。案：下文云「士疏食」，「士」即上文「衆士」也。不知者誤因上文輒添於此，謬甚。

注關大夫君也 岳本、山井鼎所據皆與此同，古本亦然。嘉靖本、十行以來本「夫」下有「及」字，衍也，正義可證。

不辟 唐石本初刻「辟」作「擗」，後改同此。案：正義云：「『不辟』者，辟，擗也。」又云：「但古字假借，讀『辟』爲『擗』也。」初刻非。釋文以「不辟」作音。

大夫士猶小斂也 毛居正曰：「缺『也』字。」案：此有改刻痕跡，蓋初與監本同缺「也」字耳。唐石本有。

先入門右 山井鼎曰足利本無「門」字。謹案：「與注意合，似是。」今案：注云：「先入右者，入門而右也。」但正義複舉此經及唐石本皆有，未敢專輒，又下文此句兩見。

巫止于門外 山井鼎曰足利本無「于門外」三字。今案：正義複舉此經有三字，釋文云：「『巫止』，本或作『巫止門外』，『門外』衍字耳。」唐石本以下皆有，出於正義本，故與釋文本不合。足利本依釋文刪之。又下文此句，各本亦皆有，而不見於釋文，故足利本亦不刪也。

杜楣　俗注疏本「杜」誤「拄」，正義中亦然，又《間傳》文同，亦然。

注禫踰月而可作樂　案：正義：「云『祥踰月而可作樂者』，《檀弓》云『魯人有朝祥而暮歌者』，孔子曰『踰月則其善也』，是祥踰月而可作樂也。」又云：「定本『祥踰月作樂』，『祥』字作『禫』字，禫之踰月，自然從吉，樂作可知，恐『禫』字非也。」今本皆承定本之誤，又十行以來本正義中多譌字，不可通，今訂而引之。

君裏棺用朱緑　正義云：「定本經中『緑』字皆作『琢』。」今案：皆者，皆經三「緑」字也。正義之意，以定本爲非。蓋經末云「士不緑」，若依定本則作「士不琢」。苟士棺有裏，不琢何以貼著，明不當作「琢」，定本涉注而誤。又鄭下文注云「此緑，或爲『籑』」，特言此「緑」，所以别於上文三「緑」，則鄭自作「緑」可知。釋文「椓」字之音，次第在注不在經，其本與正義同。唐石本亦全是「緑」字，當時固無從定本者。

注所以琢著裏　岳本「琢」作「椓」，依釋文也。十行本正義中字作「琢」，與釋文又作者同，撫本及嘉靖本等所自出。山井鼎曰古本作「掾」。

注上四注如屋　山井鼎曰古本「注」作「柱」。案：此不解「注」字之義而妄改也，義具正義。

注所以惑蚍蜉　岳本同此。嘉靖本、十行以來本「惑」誤「感」。

注又曰設熬旁各一筐　案：正義云「又引《士喪禮》云『設熬，旁一筐』者」云云，是其本無「各」字，與《儀禮》本文非有異也。至下文云：「當以士喪四筐，設熬旁各一筐。」乃正義解義之文，「各」字其所添也。今各本皆有「各」字者，因此致誤耳。

注則手足皆一　案：「手」當作「首」。正義云：「則兩旁有兩筐，首有一筐，足有一筐也。」作「首」甚明。下又云：「兩筐在首足以外，皆設於左右旁也。」亦可證。《士喪》賈疏引此注正作「首」字，亦云「首足各一筐，其餘設於左右」。今各本皆誤。

注形如爪分然　「爪」各本作「瓜」，此撫本之誤。案：正義引皇侃作「爪」，云「事恐不合」。正義自作「瓜」，解爲：「如瓜內之子，以穰爲分限然也。」釋文亦云：「瓜，古華反。」撫誤但與皇偶合，非出於彼。

注綴貝落其上　俗注疏本「落」作「絡」，誤。

注是以又誤爲國　岳本同此。嘉靖本、十行以來本「又」誤「文」。

君命毋諱 唐石本初刻「毋」作「無」，後改同此。

祭法

注下有禘郊宗祖 岳本同此。嘉靖本、十行以來本「宗祖」誤「祖宗」。

注當爲禳祈 案：十行本正義中「禳」作「攘」，傳校葉鈔《釋文》作「依注讀爲『攘』」，蓋轉寫誤也。此祭名，字當從「示」，《周禮·小祝》《儀禮·聘》皆從「示」。「禳」之爲言「攘」也，鄭注《小祝》云：「禳，禳卻凶咎。」注《聘》云「禳，祭名也」，「禳之以除災凶」。此注云：「禳，猶卻也。」可互相證。

注猶卻也 嘉靖本同此。岳本、十行以來本「卻」作「郤」，誤。

禘郊宗祖 俗注疏本「宗祖」作「祖宗」。案：正義云：「上先『祖』後『宗』，此先『宗』後『祖』，故鄭上注云『祖、宗通言耳』，又引此以證之。」然則鄭據此經「宗祖」立義，俗本不知而倒之，謬之甚矣。

注大夫適士鬼其顯考而已 正義「云『適士鬼其顯考』者」云云，又云：「諸本或云『大夫、適士』者，若大夫鬼其顯考，於義不合。庾氏云：『諸侯之大夫。』」是正義本無「大夫」二字。今案：正義本非也。經文但有大夫有祖考者，鄭又廣説大夫無祖考者之事。上文云其無祖考者，下文云：「大夫祖考，謂别子也。」此言大夫之無祖考者，既非繼别子，則鬼其顯考而已，與適士同，於義非不合也。庾據注「别子」而云「諸侯之大夫」，其解自通。今各本皆不從正義本，是矣。

注皆當室之日　「日」當作「白」，此撫本之誤，各本不如此。

此有功烈於民者也　「有」上當有「皆」字，此撫本之誤，各本不如此。

注能刑謂去四凶　各本與此同。唯山井鼎所據宋板無此六字，足利本亦然。今案：無者是也。以正義證之，其解經云：「五刑有宅，是能刑有法也。」使有此注，必不違之而别爲説，是其本無此六字也。以釋文證之，其音經「去民」云：「起吕反。」使有此注，即當附出於下，是其本亦無此六字也，但未知各本皆有者之所出。

祭義

疏則怠　岳本「則」誤「所」。

注猶祭也饗也　山井鼎曰：「足利本『饗』作『鄉』，謹案：釋文作『鄉』，足利本似是。」今案：足利本正依釋文耳。各本無如此者，又正義不見，未知其本何作也。

注謂夜而至旦也　　十行以來本無「而」字，誤。

濟濟者容也　　《沿革例》曰：「容也，容以遠。諸本間作『客』字，及考石經、舊監本、蜀大字本及越中注疏並作『容』，今依疏義及石經等本並改作『容』。」今案：正義云：「王肅以『容』爲『客』，皇氏用王肅。」又云「或『容』爲『客』字」，又云：「王肅爲『客』字破鄭義，明鄭義『容』字也。」釋文云：「客也，口白反，賓客也，下『客以遠』同。」陸本與或及皇侃同耳。其正義所言王、鄭之異，必自不誤，此正義本是，而釋文非也。岳氏得之矣。

注言想見其仿佛來　　俗注疏本「仿佛」誤「彷佛」。

注及早涼脆採之　　嘉靖本、十行本同此。岳本「脆」作「脃」。案：岳依釋文也，「脆」乃俗作。

嘉而弗忘　　俗注疏本「嘉」誤「喜」。

注君問則廣　　「廣」當作「席」，此撫本之誤，各本不如此。案：注複經也。

注兄黨鴈行　　撫本「行」下空一字，蓋初有衍字，刻既成而去之也。

注所檐持也　　各本「檐」作「擔」，此蓋撫本之誤。案：「擔」或假借作「檐」，見《毛詩音義》及《羣經音辨》木部，但非此注所用。

注雖貧且無子孫　十行以來本「且」誤「見」。

注四學謂周四郊之虞庠也　顧千里《思適齋筆記》曰：「『四郊』之『四』當作『西』。正義釋經云：『「天子設四學」者，謂設四代之學：周學也，殷學也，夏學也，虞學也。』又云：『天子設四學，以有虞庠爲小學，設置於西郊，是天子設四學，據周言之。』正義所釋，據鄭此注，最得其解。鄭注四學爲四代之學，與四郊迴不相涉，其云『謂周西郊之虞庠也』者，『周』即正義所謂『據周言之』者也。上至虞四代，周立虞庠在西郊，是設四代之學，含夏、殷也。注文『周』字在上，『虞庠』在下，故正義自『周學也』逆數至『虞學也』。不用虞、夏、殷、周順數，用意下語，極是精當。而下云『以有虞庠爲小學』至『據周言之』云云，即複申其義也。然則正義本此注是『西』字，非『四』字，決然無疑。後來本誤改作『四』，並正義中『設置於西郊』亦改之，非是。上節注『西學，周小學』，正義明云『虞庠爲小學者，則在西郊』，何得此節又作『四』，皆當訂正。其所以致誤者，因正義釋此注曰：『皇氏云：「四郊虞庠，以爲四郊皆有虞庠。」』故遂改之耳。不知此正義但廣異説，即《文王世子》『凡語於郊者』正義所謂『或偏在四郊者』耳，皆不取爲義。彼説從『西郊』不從『四郊』已詳，此可互見，不假更説矣，改者未識厥旨也。皇侃之義，以《北史·劉芳傳》證之，實出於王肅，或肅義作四郊，正義序已言皇氏時乖鄭義，無足怪者，崔靈恩亦以肅義解鄭，與皇同，見《通典》，乃或又據《芳傳》所引，並欲改《王制》『虞庠在國之西郊』亦作『四』，致爲巨謬。《王制》此文，與《内則》文同，既不容有誤，況彼鄭注曰『或上西』，又曰『或貴在郊』，又其下凡三言『西郊』，苟如所改，無一可通，而彼正義以及賈《儀禮·鄉射》疏等所言，亦無一可通矣。禮是鄭學，賈、孔具有家法，難以他文强生同異，淺人多所不憭，故條説之。」今案：顧説是也。正義兩存皇義者，蓋以《樂記》注「郊射」爲「射宫於郊也。左，東學也。右，西學也」故耳。其實彼注，仍當依熊義言爲射宫於郊者，據《大學》云云，爲得鄭意，於諸經注疏皆可通，其皇氏所云「於東郊」者，固無足取矣。諸疏文繁，不能具録，今載顧説，俟學者詳焉。

祭統

注齊或作粢　各本「作」作「爲」。

注謂有事於君之祭者也　「君之」二字脩改，初刻無「之」字也。嘉靖本、十行以來本皆無，唯岳本有。

而下有涷餧之民也 唐石本初刻「涷」，後改同此。下「無涷餧者矣」亦然。

注一獻酳尸也 俗注疏本「獻」下有「二」字。案：十行本正義標起止有「二」字，衍耳。上經「尸飲五」節正義云「此謂上公九獻，故以酳尸之一獻爲尸飲五也」云云，可證也。不知者反據正義衍字添注，誤甚。

夫人受尸執足 十行以來本「受」誤「授」。

夫祭有畀煇胞翟閽者 唐石本初刻「翟」作「狄」，後改同此。

注傅著於鐘鼎也 岳本及山井鼎所據與此同。嘉靖本、十行以來本「傅」作「傳」。案：釋文、正義本皆作「傳」，又皆載作「傳」之本於下，但嘉靖本及十行等本非出於彼，自是形近而又譌耳。

注得孔悝之立己 俗注疏本「得」作「德」。案：十行本正義複舉作「得」，又云「是得孔悝之立己也」。俗本並正義亦改之。

興舊嗜欲 唐石本同此。各本「嗜」作「耆」。案：此字，釋文皆作「耆」，唐石本皆作「嗜」，撫本亦皆作「嗜」，各本互有出入，不盡著。

施于烝彝鼎 唐石本「彝」字改刻，其初刻不可辨。

注刻[一]**著於烝祭之彝尊也**　各本「彝」下有「鼎彝」二字，此撫本之誤，因複字而脱也，「彝尊也」别爲句。

注略取此一以言之　各本「此」誤「其」。

經解

故德配天地　撫本「配」下空一字，蓋初有衍字，刻既成而去之也。

則有環佩之聲　唐石本初刻「珮」，後改同此。

發号出令　各本「号」作「號」。案：「号」俗作耳，非也。

哀公問

願聞所以行三言之道　俗注疏本「言」誤「焉」，並正義中亦改作「焉」，誤甚。

[一]「刻」，醒園本、《清經解》本上有「又」字。按撫州本《禮記注》注曰：「言我將行君之命，又刻著於烝祭之彝尊也。」見《中華再造善本》影印國圖藏宋淳熙四年撫州公使庫刻《禮記注》第五册，卷十四第六頁A面第十行。

如此國家順矣　俗注疏本「此」下衍「則」字。案：正義複舉無，又云「故云『國家順矣』」，可證。

注爲謙辭　俗注疏本「爲謙」誤「謂讓」，十行本作「爲讓」，已誤其一字矣。

仲尼燕居

注子貢辯　岳本「辯」作「辨」。

注而車梁不成　各本皆同此。山井鼎所據宋板「車」作「輿」，其古本亦然，云「但疏同今本」。今案：作「輿」非也，依今《孟子》改耳。

作鐘鼓　唐石本初刻「鍾」，後改同此。

孔子閒居

敢問何如斯可謂參天地矣　十行以來本「參」下衍「於」字。

嵩高惟嶽　俗注疏本「惟」作「維」，誤也。正義、釋文中皆是「惟」字，下

「惟嶽」「惟申」同。又「惟周之翰」，「惟」作「爲」，更誤。

必先其令聞 唐石本初刻「問」，後改同此。案正義、釋文皆是「聞」字，初刻非。

坊記

注士有爵命之級也 岳本及山井鼎所據皆同此。嘉靖本、十行以來本無「也」字。

注恒多爲亂 各本「爲」作「作」，唯山井鼎所據與此同。

至于己斯亡 唐石本、岳本同此。嘉靖本、十行本「己」誤「已」，注同。案：此注云「以至亡己」，彼毛《傳》云「求安而身愈危」，皆可證也，今俗本《毛詩》作「已」者誤。凡唐石本「己」「已」二字，截然不亂，此撫本亦然，足知其善。但「已」字在偏旁者，或與「巳」無别耳，今皆存舊，無所改也。俗注疏本作「於已」，更誤。

注交猶更也 嘉靖本及山井鼎所據同此。岳本、十行以來本脱「也」字。

民猶有薄於孝 十行以來本脱「有」字。

示民不淫也　十行以來本脱「民」字。

注而獻酬之　俗注疏本「酬」作「醻」，正義中亦然。案：此亦誤依字書改相承也。

殺其君之子奚齊　唐石本初刻「弑」，後改同此。釋文以「殺其」作音，云「注及下同」，是其本並下文亦作「子猶有殺其父者」。其正義中皆是「弑」字，唯首一字作「殺」，或後來所改。唐石本初刻，蓋出於正義本，而但改刻其上字，今各本仍之耳。

注謂若鄭叔叚者也　《六經正誤》曰：「『段』作『叚』，誤。」是也。嘉靖本、十行本誤與此同。岳本、俗注疏本已改正矣。此釋文作「叚」，誤同。通志堂所刻亦改正，但未詳葉鈔何作。

而後禄也　俗注疏本「禄」誤「樂」，下注「言務得其禄」、正義「『而後禄也』者」誤皆同。

注大故喪疾　各本「疾」作「病」，唯山井鼎所據與此同。十行本作「也」，更誤。

民猶淫泆　俗注疏本「泆」作「佚」，釋文云：「泆，本又作『佚』，同。」案：古書多作「泆」，或本蓋非。

中庸

注易以進人 十行以來本「人」誤「又」。

注素讀如攻城攻其所傃之傃 嘉靖本、岳本同此。十行本闕，俗注疏本「如」作「爲」。案：正義複舉，十行本亦闕，據下注「素，讀皆爲『傃』」，與此相承，改作「爲」者是也。其十行以來本下注倒「讀」「皆」二字，誤。

注由此故歟 「歟」當作「與」。此撫本之誤，各本不如此。

注則魚躍於淵 嘉靖本同此。岳本、十行以來本「於」作「于」。案：「於」字是也，此蓋注用今字。

注人尚遠之 各本重「人」字，非也。唯山井鼎所據與此同。

注晝曰正 俗注疏本「晝」下衍「布」字。

注瑟琴聲相應和也 各本「瑟琴」作「琴瑟」。案：各本非也。山井鼎所據本並經文亦作「琴瑟」，更誤，其古本、足利本亦然。云「謹案：似非」者，得之矣。

注栽或爲滋 嘉靖本及山井鼎所據同此。岳本、十行以來本「滋」作「兹」。

注殷之賢與　「賢」當作「胥」，此撫本之誤。《六經正誤》曰：「『胥』作『賢』，誤」。是也。釋文以「胥與」作音，云「直救反」。各本不如此。

注若司徒羞牛　俗注疏本「羞」作「奉」。案：此因正義用《文王世子》注作「奉」而誤改，不知此「羞」正與彼「奉」互見。

注夫官不可私也　「夫」當作「天」，此撫本之誤，各本不如此。

必有妖孽　岳本、俗注疏本「孽」作「孼」。案：此等皆依字書改耳。

可壹言而盡也　嘉靖本、俗注疏本「壹」誤「一」。十行本正義複舉此經作「壹」，未誤也。注作「一」者，蓋如《表記》「節以壹惠」讀爲「一」，故用「一」字。此不言「讀爲『一』」者，與彼互見。

鮫　唐石本初刻「鮫」，後改同此。釋文云：「『鮫』，本又作『蛟』。」岳本「鮫」，嘉靖本、俗注疏本「蛟」，十行本闕。

注本由撮土　俗注疏本「由」誤「起」，十行本闕，脩改臆補，後來承之耳。

注本從一勺皆合少成多自小致大　十行本「從」字至「小」字在闕處，俗注疏本多承其臆補字，今不更論。

注亦如此乎　十行以來本「亦」誤「以」。

惟天之命　唐石本初刻「唯」，後改同此。下「不顯惟德」亦然。《表記》「惟仲山甫舉之」「惟德之基」「惟此文王」，《緇衣》「惟作五虐之刑」亦然。

注君子以順德　岳本、十行以來本同此。嘉靖本「順」作「愼」，山井鼎所據亦然。案：正義複舉是「愼」字，是其本作「愼」也。釋文云：「愼德，如字，一本又作『順』。」又案：《易》釋文云：「以順德，如字，本又作『愼』。」是皆有兩本也。

注積小以高大　岳本同此，山井鼎所據亦然。嘉靖本、十行以來本「以」下有「成」字。案：有者衍也。《易》釋文：「以高大，本或作『以成高大』。」乃因此添耳。

待其人然後行　俗注疏本「然」誤「而」，承十行本闕處臆補也。

注徵或爲登　俗注疏本「登」作「證」，下同。案：此如《尚書》「徵庸」，鄭讀「登庸」也。俗本輒謂「徵」解作「證」而改之，誤矣。

考諸三王而不繆　唐石本初刻「謬」，後改同此。

注想思若其將來也　俗注疏本「想」誤「相」。

注浸潤萌牙　嘉靖本同此。岳本、十行以來本「牙」作「芽」，非。

爲能聰明叡知　唐石本、岳本同此。嘉靖本、十行以來本「叡」作「睿」，非。

霜露所墜　唐石本同此。各本「墜」作「隊」，《聘義》「垂之如墜」亦然。

注人人自以被德尤厚　嘉靖本同此。岳本首衍「而」字，十行以來本衍「故」字。

注讀如誨爾忳忳之忳忳　各本此下更有一「忳」字，唯山井鼎所據與此同。

注言聖人雖隱遁　嘉靖本同此。十行以來本「遁」誤「居」，岳本「遁」作「遯」，依釋文改。

君子所不可及者　俗注疏本「子」下衍「之」字，正義複舉亦無。

注[一]此顯也　各本「顯」作「頌」。唯山井鼎所據與此同，其云「恐非」者是也。此蓋亦撫本之誤。

詩云予懷明德　嘉靖本、十行以來本「云」誤「曰」，十行本正義複舉作「云」字，未誤。《表記》「《詩》云：『溫溫恭人。』」亦然。

表記

欲民之毋相瀆也　唐石本初刻「毋」作「無」，後改同此。下「欲民之毋相褻也」

[一]「注」，嘉慶十一年本、醒園本脱，據《清經解》補。

「樂而毋荒」亦然。

注怢於無敬心也　各本「怢」誤「忕」，後注「以本忕於鬼神虛無之事」同。釋文未誤，撫本正與之合。

注瀆之言褻之　嘉靖本、岳本同此。十行以來本末「之」作「也」。《六經正誤》曰：「作『褻之』，誤。」蓋作「也」者，依毛居正改正。

皇恤我後　唐石本初刻「後」作「后」，改刻同此。

注何暇憂我後之人乎　俗注疏本「後之」誤「之後」。正義云：「言我有何閒暇能憂我後世子孫之人乎。」可證也。

注取數多者　各本無「者」字，山井鼎曰古本有。

注移讀如禾氾移之移　岳本及山井鼎所據同此。嘉靖本、十行以來本「禾」誤「水」。

注鵜胡　各本盡同。唯山井鼎所據「胡」作「䴀」。案：作「䴀」者誤也。釋文於「鵜」字下云「鵜胡」，而不爲「胡」字作音，是鄭自作「胡」，其義與《詩・候人》正義引陸機疏云「頷下胡大如數升囊。若小澤中有魚，便羣共抒水滿其胡而棄之」者同也。郭氏《爾雅》乃作「䴀」，易其義爲「沈水食魚」，則意全不主「胡」字，故彼釋文以「鶘」字作音也。此正義引郭語，《詩》正義亦兼引郭語，皆就此鳥之大概説之，而不復細分「胡」「鶘」有異義耳。其此正義下云「今鵜胡在水中」，則必順此注文，而不仍用郭氏之字，今本相涉致誤。若以此並注文改爲「鶘」，則全非鄭意矣。凡彼所據宋板與此歧者，每誤，不悉出也。

注使聲譽可得而尊言也　十行以來本「言」誤「信」。

注節以其行一大善者　各本「節」作「即」。唯山井鼎所據與此同。案：此解經之「節」也。正義云「但限節以一箇善惠」，其作「節」無疑，作「即」者誤也。

注謂君受之　各本「謂」作「爲」。唯山井鼎所據與此同，其古本、足利本亦然。案：釋文以「爲君」作音，此蓋撫本之誤。

靖共爾位　俗注疏本「共」作「恭」。案：此注云「靖，治也」，又云「言敬治女位之職事」，然則鄭蓋讀此「共」爲「恭」之假借，故釋文云：「共，音恭，本亦作『恭』，同。」《緇衣》「靖共」釋文亦如此，必三家《詩》説也。其《毛詩》傳云：「靖，謀也。」箋云「共，具」，又云「有明君謀具女之爵位」，讀「共」爲「供」之假借字，全不相同。此正義依彼箋説之，蓋不得鄭意，而釋文得之者，但無庸如亦作本之竟改爲「恭」字耳。

則不問其所費　唐石本初刻同此，後改去「所」字。案：正義複舉云「『則不問其所費』者」，釋文以「所費」作音，未詳唐石改刻所出也。

亦已爲哉　唐石本初刻「已」作「以」，後改同此。

注此皆相爲昏禮　各本「相」下有「與」字。

注共儉者之祭　十行以來本「共」誤「恭」，正義云「供儉薄之祭」。案：正義用「供」字，所讀是也，此不得改作「恭」。

緇衣

注言此緇衣者　「緇」上當有「衣」字，釋文以「衣緇衣」作音。此撫本之誤，各本不如此。

則民有孫心　《六經正誤》曰：「作『民有愻』，誤。」案：撫本「孫心」二字有脩改痕跡，初刻當與監本同也。釋文云：「孫心，音遜，注同。」指注「孫，順也」言之。唐石本亦作「孫心」二字，不作「愻」一字，極完好可驗。計宋時經注各本，必更有如唐石作「孫心」者，但誼父之書不詳耳。今所有各本，則固無不分二字，近惠氏

《九經古義》謂：「《緇衣》猶存古字，毛居正從而改之。」其實誼父之説，合於釋文、唐石，乃其是者。至於《説文》心部有「愻」，自是《堯典》「五品不愻」古文，而非此所用，未可傅合也。正義本亦必是「孫心」，但正義中不見釋此經之文，蓋今本有脱落，無從取證矣。

甫刑曰一人有慶 唐石本同此。各本「曰」誤「云」，正義中複舉未誤。

不僭于儀 《六經正誤》曰：「作『僭』誤。」案：毛説非也。釋文、唐石本皆如此作，今各本作「僭」者，依毛改耳。

注二不一也 十行本同此。嘉靖本、岳本「二」作「貳」，「一」作「壹」。案：此撫本之誤也。俗注疏本「貳」字改正，「一」字仍誤。又山井鼎所據並正義中皆作「壹」，不誤。大凡「齊壹」、「專壹」，皆正字作「壹」；數之一二，正字作「一」。《表記》正義已具説之，而古書有互假借爲之者，以後書又多轉寫相亂者，當分别觀之也。下注「賤者無壹德也」，十行以來本作「一」誤，又「政教當由壹也」同，嘉靖本亦誤。

有國者 俗注疏本「國」下衍「家」字，最誤。案：正義云「言爲國者」云云，無「家」明甚。唐石本至十行本皆未誤也。

章義癉惡 唐石本初刻「義」作「善」，後改同此。案：釋文云：「義，如字，

《尚書》作『善』。皇云：『義，善也。』」然則《禮記》自作「義」，東晉僞書乃作「善」耳。皇侃以彼解此，或又依之改，故唐石初刻致誤，後刻者是矣。岳本與此同，不誤。嘉靖本、十行以來本皆誤作「善」，正義本亦必是「義」字，云「有義以賞章明之」，今本作「有善」，則又不學者依誤本經以改之，其謬甚矣。

注言臣義事則行也　岳本及山井鼎所據同此。嘉靖本、十行以來本「事」下衍「君」字。

惟王之邛　唐石本同此。各本「邛」誤「卭」，今本釋文亦誤，通志堂所刻又譌爲「卬」。

可違也　唐石本初刻作「猶可違也」，後改同此。

不可以逭　唐石本初刻無「以」字，後改同此。案：此二句初刻皆依東晉僞書之誤，後刻是也。釋文可證，正義複舉亦可證。

資冬祁寒　唐石本、岳本同此。嘉靖本、十行以來本「祁」誤「祈」，正義中亦然。

昔在上帝　俗注疏本「昔在」作「在昔」，誤也。唐石本「□在上帝」，「昔」字損，以字數計之相當。下至十行本經，及正義中複舉者，皆未誤，俗本乃盡倒之，謬甚。

注今博士讀爲厥亂勸寧王德　各本「王」下有「之」字。案：正義中複舉有，此蓋撫本之誤。

奔喪

有先後至者　「先」當作「賔」，此撫本之誤。唐石本此處損，而各本不如此也。

注成其喪服杖於序東　岳本及山井鼎所據同此。嘉靖本、十行以來本「其」下衍「服」字。

注逸奔喪禮説不及殯日　嘉靖本、十行以來本同此。岳本及山井鼎所據「日」作「曰」。案：作「曰」者是也。

而後之墓　唐石本初刻「后」，改刻同此。

既除喪而后聞喪　唐石本、岳本、十行本同此。嘉靖本、俗注疏本「后」作「後」。案：其餘「后」「後」二字，他本尤錯出，今以撫本與唐石本合者不更出。

問喪

注二日乃去笄纚括髮也 各本與此同，山井鼎所據宋板「二」作「三」。案：「三」字最誤。正義曰：「云『二日乃去笄纚』者，以《士喪禮》云小斂髻髮，是死二日，故云『乃去笄纚』也。」山井鼎不舉此以正其非，失之矣。

以鬼饗之 俗注疏本「饗」誤「享」。

注免冠之細 各本「細」下有「別」字。案：釋文云：「冠之，古亂反。」「別」字無明文。正義複舉有「別」字，又云：「言免是冠之流別也。童子當室，亞次成人，故得著免也。」據此讀於「別」句絶，下云「以次成人也」五字一句，蓋其本當云「免，冠之別」，而無「細」字。今本正義複舉有「細」字，又「流」下「別」作「例」，皆非也。其異本「別」作「細」，亦讀於「細」句絶。云「免，冠之細」者，如《玉藻》注云「黨，鄉之細也」，《投壺》注云「投壺，射之細也」之例。校者記作「別」之本於旁，因而誤入，故他本皆「細」「別」兩有，撫本猶存異本之舊，故有「細」無「別」，而不與正義本合。

辟尊者之處也堂上不趨　唐石本後刻改「尊」至「堂」添一字，其初刻不可辨。

服問

注首絰除矣爲父既練　俗注疏本誤重此八字，嘉靖本亦誤。

注母既葬衰八升　案：正義云：「此言『八升』者誤，當云『七升』。故《間傳》云：『爲母疏衰四升，受以成布七升。』是既葬受時，爲母衰七升也。」又云：「熊氏云：『爲母既葬，衰八升，言父在爲母也。』今鄭云『爲父既練，衰七升；爲母既葬，衰八升』矣，又經云『三年之喪既練』，皆爲父卒爲母。今熊氏云『父在爲母』，其義非也。」今案：此注孔讀改「八」爲「七」，其説非也，熊讀「八升」無改字者是也，但以「父在爲母」説之，亦非也。此注之義乃《喪服》傳「父卒則爲母」，賈疏所謂「父卒三年之内而母卒」者也。彼賈疏云：「直云父卒爲母足矣，而云『則』者，欲見父卒三年之内而母卒，仍服期，要父服除後，而母死乃得申三年，故云『則』以差其義也。」下又云：「又《服問》注曰：『爲母既葬，衰八升。』亦據父卒爲母，與父在爲母同五升衰裳，八升冠。既葬，以其冠爲之受。」下又云「《間傳》云『爲母既虞卒哭，衰七升』者，乃是父服除後，乃爲母申三年。初死，衰四升，冠七升；既葬，以其冠爲之受衰七升，與此經同」云云，賈之所言，最爲明晰。然則此注自是言父卒爲母與父在爲母同者，經文「有期之喪」内，包此一種期，其衰八升，而經云「服其功衰」，則還服父七升衰也，故須言此以明之。其注下句所云「齊衰既葬，衰或八升，或九升」者，又廣陳凡期也。尋檢上下，此義實安，孔氏之意，當解父卒三年之内母卒即申三年，故於此經及注，義多難通，遂以「八」爲「七」之誤，殊嫌專輒。今但宜從賈，不煩改字。

注期既葬之葛帶　案：「期」當作「其」。「其」者，其大功也，故正義曰「云『其既葬之葛帶』者，謂大功既葬葛帶」云云也。今各本「其」作「期」者，誤字耳。十行以來本並正義中亦作「期」，而無由知注之爲誤字矣，今特訂正之。

間傳

此哀之發於容體者也　唐石本「容體」二字改刻，其初刻不可辨。山井鼎曰足利本「容體」作「體容」。未知初刻同彼以否。

注不言包特而兩言者　山井鼎曰古本「兩言」作「言兩」。今案：「兩言」者，謂經之言「麻葛兼」也，倒者非是。

注此竟言有上服 山井鼎曰古本「竟」作「章」。今案：「竟言」者，終言之也，改爲「章」，最誤。

三年問

注最有知而恩深也 各本「最」上有「人」字，此蓋撫本之誤。

深衣

要縫半下 唐石本「要」字改刻，其初刻不可辨。

注衣袂當腋之縫也 各本「腋」作「掖」。案：釋文云：「掖，本又作『腋』。」

故易曰 唐石本「曰」字改刻，其初刻不可辨。

注或低若仰 各本「若」作「或」。案：作「或」者誤。釋文以「若卬」作音，《六經正誤》載此句是「若仰」，可見監本亦不作「或」也。俗注疏本又依釋文改「仰」

爲「卬」，不知釋文固曰「本又作『仰』」矣。

五法已施　唐石本初刻「以」，後改同此。

可以擯相　唐石本初刻「以」下有「爲」字，後改同此。山井鼎曰古本「以」下有「爲」字。案：彼不見唐石，未詳其所出也。

投壺

注其他如右獲　俗注疏本「他」作「它」。案：依釋文改耳。

請行觴　十行以來本「觴」作「觴」。案：釋文云：「觴，字或作『觴』。」唐石本作「觴」，蓋相承如此耳。下「奉觴」同。

注當其所釋筭之前　俗注疏本「之前」作「時也」，承十行脩板之誤。

注一黨不必三勝　俗注疏本「必」作「得」，承十行脩板之誤。

注握素也　俗注疏本「素」誤「數」，此《鄉射·記》有明文。

注矢大七分或言去其皮節　俗注疏本此注，承十行脩板而多誤，今不出。

鼓　唐石本此一字提行，下「○□」又提行，下「取半」又提行，下「魯鼓」又提行，蓋相承如此也。此本唯「取半」連，餘俱與唐石本合，各本盡連者非也。又十行以來本，後段「魯鼓半」以下，作「○□○○□」，誤重一「○」，衍耳。唐石本以及嘉靖本、岳本皆無，與此正同。

儒行

注席猶鋪陳也　俗注疏本自此至「舉，見舉用也」句，承十行脩板而多誤，今不出。

注字從鳥鷙省聲也　案：「鷙」當作「摯」。正義曰：「云『字從鳥，摯省聲也』者，言鷙蟲既是猛鳥猛獸，但獸摯從『執』下著『手』，鳥鷙從『執』下著『鳥』，今一『鷙』包兩義，以獸摯從鳥，故云『省』也。『執』下著『鳥』，『執』下著『手』，俱是『鷙』聲，故云『聲』也。」正義此言，不當鄭意。鄭言此從「摯」省聲者，謂其字不從「執」聲也，但其本作「摯省聲」，則明甚。釋文音「鷙」云：「與『摯』同，音至。」是亦作「摯省聲」，與正義本同也。郭忠恕《佩觿》云：「鄭注《儒行》『鷙』從鳥，摯省聲。」全不可信，果爾，不特於正義所説難通，釋文不見「摯」字，亦難通矣。今本正義中譌作「鷙省聲」，而獸摯未譌，依以訂正而引之。其言「獸摯從『執』下著『手』」者，指「前有摯獸」。「鳥鷙從『執』下著『鳥』」者，指「鷹隼蚤鷙」也。

慕賢而容衆　唐石本同此。案：正義云：「『慕賢而容衆』者，以見賢思齊是『慕賢』也。」作「慕」明甚。嘉靖本、岳本、十行本作「舉」，最誤。俗注疏本作「慕」，當是據正義改正也。

慎靜而寬　唐石本「而」作「尚」，各本「而」下有「尚」字。岳氏《沿革例》曰：「『監本及諸本有無『尚』字者，建大字本、興國本、余仁仲本則有『尚』字。及考疏，則曰『既慎而靜，所尚寬緩也』，今從之。」案：岳所説非也。此經本是「慎靜尚寬」，有唐石本可據，監本及撫本皆誤「尚」作「而」，建大字等本當因校改「而」作「尚」，遂誤兩有耳，不當從也。唯山井鼎所據宋板無「尚」字，與此同。又曰「疏放此」者，言正義複舉「慎靜而寬」者云云也。十行本正如此，「而」亦「尚」之譌，俗注疏本並於正義「而」下添「尚」字，誤甚。

注此兼上十五儒　各本「十」下有「有」字，唯山井鼎所據與此同。

注充詘喜失節之貌　俗注疏本「喜」上有「歡」字。山井鼎曰：「崇禎一本爲然。」案：此妄添也。釋文「充詘」下載「充詘，喜失節之貌」，並無「歡」字。正義所云「歡喜」，乃自以己意加「歡」字說之耳，並非複舉注也，崇禎本校者乃誤取之。凡正義有複舉經注如其文者，有自說義而增減以順文勢者，非可一例，讀正義者最當知此也。

注哀公就而以禮館之　各本無「以」字，唯山井鼎所據與此同。

大學

注諟猶止也　「止」當作「正」。此撫本之誤，各本不如此。

惟民所止　嘉靖本、十行以來本同此。唐石本、岳本「惟」作「維」。

注或爲寔　俗注疏本「爲」作「作」。案：此因釋文改耳，其實釋文所出「作」「爲」二字，與各本多互異。張忠甫《儀禮識誤》即欲畫一之，頗失之泥，當各依其舊。

人知其所親愛而譬焉　唐石本、嘉靖本及山井鼎所據同此。岳本、十行以來本「譬」作「辟」，下文盡同。案：作「辟」者依釋文所改也，注「譬，猶喻也」，皆仍未改。

雖不中　唐石本改刻去一字，其初刻不可辨。

惟石巖巖　各本「惟」作「維」，唐石本「維」字左半磨改，或初刻作「惟」也。

又上文引「其命惟新」仍作「惟」而不磨改，他篇亦多作「惟」，豈相承歧出與？

注爲政者也言民皆視其所行而則之　俗注疏本承十行脩板而多誤，今不出。

注則有大刑　俗注疏本多誤，今不出。

若有一介臣　唐石本、岳本及山井鼎所據同此。嘉靖本、十行以來本「介」作「个」。案：釋文云：「个，古賀反，一讀作『介』，音『界』。」正義云「羣臣若有一耿介之臣」，見山井鼎所補。今十行脩板此正義殘缺，乃無以知正義本與一讀同矣。

亦曰殆哉　唐石本「殆」字改刻，其初刻是「大」字。今案：注有「殆，危也」，正義解經亦云「殆危」，則作「大」者非矣。但其本似以「大」作「泰」，而注無「殆，危也」之文，今無以言之矣。

注秦誓尚書篇名也　俗注疏本多誤，凡此節注所誤，皆承十行脩板，今不出。

注佛戾賢人所爲　岳本、十行本及山井鼎所據同此。嘉靖本、俗注疏本「佛」誤「拂」，釋文以「佛戾」作音，可證。案：「佛戾」者，當是鄭以「佛」爲正字，《曲禮》「佛其首」注云「佛，戾也」及此注是也。其「拂」者，以爲「拂拭」之正字，「進几杖者拂之」是也。於「佛戾」則假借字，即此下文「是謂拂人之性」是也。又假借「費」字爲之，「君子之道費而隱」是也。注多自用其正字，俗本改者甚非。經多假借，故《曲禮》釋文經以「拂其」作音，云「本又作『佛』」也，若於《説文》，則「佛」亦假借字。

冠義

遂以摯見於鄉大夫鄉先生 此無誤。近盧召弓氏謂當作「卿大夫」，其説以爲見大夫不當遺「卿」，注於「鄉先生」始釋爲「同鄉」，則上本不作「鄉」[一]可見。今案：此説最誤。鄉大夫者，鄉人之在朝爲大夫者也。諸侯之上大夫卿，故言大夫而闕卿矣，非遺之也。鄉先生，仍是鄉人爲大夫者，但致仕耳。故鄭注就下句爲解，以上經已見大夫，其人自明，下經不知先生何人，故須明之也。且其解貫通上下，云「同鄉老而致仕者」者，即謂鄉大夫之致仕者也。《儀禮·士冠》此文注云：「鄉先生，鄉中老人爲卿大夫致仕者也。」其解亦貫通上下，而又補説經之「大夫」兼「卿」也。《鄉射》注云：「鄉先生，鄉大夫致仕者也。」以此中兼「卿」義具前注，故但取「鄉大夫」成文也。彼此相兼，鄭注通例，以此言之，絶無疑義。即以相承之本言之，此釋文云：「鄉大夫鄉先生，並音『香』。」《儀禮》雖無音，決與此同，可證者一也。此正義複舉「遂以摯見於

[一]「鄉」，嘉慶十一年本訛作「香」，據《清經解》本、醒園本改。

鄉大夫」，云「見於鄉大夫，謂在朝之鄉大夫也」，可證者二也。《冠禮》賈疏云「經云『鄉大夫』」，可證者三也。以及唐石本此及《儀禮》，字甚完好，皆並作「鄉」。然則自來不聞異説，唯俗本《儀禮疏》「鄉」誤「卿」，不過鈔胥刻工，因形近舛錯而已。倘專據之，傅會成説，始則誣賈，繼則誣鄭，不亦傎乎？顧千里校吴門黄氏北宋本《儀禮疏》，作「鄉」不作「卿」，已破其所專據之譌矣。今詳加辨析，附袪學子之惑。

昏義

和於射鄉　俗注疏本「射鄉」誤倒。

棗栗叚脩　「叚」當作「段」，唐石本作「段」，岳本已改正。餘本或作「叚」，或作「段」，皆非。

注謂女妐女叔諸婦也　岳本、十行本及山井鼎所據同此。嘉靖本、俗注疏本「妐」誤「姑」。正義云：「女妐，謂婿之姉也。」俗本并改「姑」，謬甚。注及正義皆謂《爾雅》云：「夫之姉爲女公。」「公」「妐」同字。彼釋文云：「兄妐，音『鍾』，本今作『公』。」是也。陸氏此不作音，蓋其本作「公」與。

注教之者女師〔一〕**也**　嘉靖本、十行以來本「教」下衍「成」字，岳本「教」上衍「其」字。唯山井鼎所據與此同，是也。正義複舉者如此，可證。

后聽内職　十行以來本「職」誤「治」。

注有象天數也　十行以來本「天」誤「大」。

鄉飲酒義

斯君子之所以免於人禍也　十行以來本脱「之」字。

注君子謂卿大夫也　岳本同此。嘉靖本「夫」下有「士」字，十行本有，「卿」誤作「鄉」，俗注疏本承之。山井鼎所據宋板無「士」字，「卿」亦誤「鄉」，其古本亦然，云：「二本恐非，當作『君子謂卿大夫士也』。」其説是矣。今本正義中「君子者，謂卿大夫也」，蓋脱「士」，與注同耳。注下句「卿大夫、士飲國中賢者」，唯俗本「卿」誤「鄉」，各本及山井鼎所據即不誤也。

〔一〕嘉慶十一年本、醒園本「師」下有「者」，據《清經解》本删。按撫州本《禮記注》注曰：「教之者，女師也。」見《中華再造善本》影印國圖藏宋淳熙四年撫州公使庫刻《禮記注》第六册，卷二十第四頁A面第四行。

注不敢專大惠 山井鼎曰：「釋文『鄉人、士、君子』至『諸侯則三鄉』百八字，宋板與注『不敢專大惠』連接爲注，古本本無，但後人依宋板誤補入之，非亦甚矣。」今案：山井鼎此論甚是。宋板注疏附此釋文，誤連注末，既釋文元書及經注各本具存，即十行以來本注疏亦不接連，便非難辨，古本補入注中，最爲巨謬。試思此百八字，首五字乃釋文標題，其不得越之而下取《周禮》云云入注，明矣。乃陸自引《周禮》解鄭此注之「鄉」「州」「黨」，如其上在「于庠」之下，先引鄭注，後自引《學記》以解庠序，同是一例，無煩遠舉，何至認作鄭注，生此轇轕乎？校古本者，亦可謂不善讀書矣。或謂山井鼎所據不附釋音，故此當作注，不知不附釋音而又間載一二條，在宋刻書中，最多如此者。今山井鼎所據，既無由驗果不附以否，而況用此又不足決其必注乎？凡書必博稽而後知其例，知其例而後是非無惑，否則隨所見而懸揣之，正難免於因誤立説也。

射義

士以采繁爲節 唐石本、嘉靖本、十行本同此。岳本、俗注疏本「繁」作「蘩」，依釋文改也。其實「緐」即「蘩」之假借。

注謂騶虞曰壹發五豝　「豝」當作「豝」，俗注疏本誤與此同。嘉靖本、十行本作「豝」，岳本作「豝」。案：釋文作「豝」，岳所改是也。但《集韻》九麻出「豝」「豝」二文，云「或從『犬』」，豈當時經注本，有作「犯」字者與？

公罔之裘揚觶而語　案：正義云「案經下云『公罔裘』，上云『之裘』，故知『之』是發聲」云云，是正義本此經無「之」字也。唐石本有「之」字，不與正義本同，蓋意謂鄭言凡人名中有「之」者，皆爲發聲，不以上有下無相決而知也。釋文此經無明文，未詳何作，或與唐石同，而爲各本之所自出也。

注百年曰期頤　毛居正曰：「多一『頤』字，釋文亦然。蓋《曲禮》自『十年曰幼』至『八十、九十曰耄，七年曰悼，百年曰期』皆以一字爲目，自『學』至『頤』皆言作用奉養之義，非名百歲爲『期頤』也，詳見《毛詩正誤》。」今案：毛所說大誤。《曲禮》「七十曰老」以上，上舉其名，下舉其事。「八十、九十曰耄」「七年曰悼」「百年曰期頤」三句，但有名而無事。所以然者，以事須十年學而始有，至七十傳爲已了也。上下句法，判然有別，可見古人文字之精密。但其餘以一字名，「期頤」以二字名者，一字足盡，則以一字名之；一字不足盡，則以二字名之，凡名皆然也。至此經「旄」「期」

不連「頤」者，古人之語自有如此者耳。鄭彼經連讀，而引之爲此注，正是言「期」者「期頤」也，若去之，於彼經此注，皆不可通矣。毛又於《詩》釋文云：「蓋人生以百年爲期，至此則唯頤養之而已，不可勞也。」洵如所言，「八十、九十曰耄」者，既惛忘矣，尚可勞乎？孝子尚不當唯頤養之而已，而必待其至百年乎？離經畔道甚矣。乃知鄭君連讀「期頤」，解爲「不知衣服食味，孝子要盡養道」者，真至當不可移易者也。

注稱猶言也行也　《沿革例》曰「監、興、余本注云『稱，猶言也，行也』，越本、建大字本注云『稱，猶言也，道，猶行也，言行也』。以越、建本比監、興、余本，上多『道猶』二字，下多『言行也』三字。參而論之，互有得失」云云。又云：「與其逸『道猶』二字，寧若衍『言行也』三字，今姑依越、建本。」今岳本，正如其說，而山井鼎所據亦然。他本皆與此同。案：岳所說非也。釋文以經「稱道」作音，云：「如字。稱，言也，行也。」可見此之合於陸本也。正義云「年雖甚老，行道不亂」云云，初未嘗以「稱」爲「言」，以「道」爲「行」，可見正義本與釋文，非有異也。越、建本失其讀，而妄加五字，有失無得。岳氏反謂越、建本所謂「道，猶行也」爲是，不知「言行也」三字固非，而「道猶」二字又甚不是也，今訂正之。

故射者各射己之鵠　《六經正誤》曰：「作『各己之鵠』，欠『射』字。」此「者各射己」四字，有改刻痕跡，是初刻監、撫同脱「射」字也。凡撫改刻而知其所以然者，詳言之，於其所不知，蓋闕如也矣。

求反諸己而已矣　唐石本同此。各本「求反」誤倒。

注畫曰正　俗注疏本「畫」下衍「布」字。案：正義複舉云「畫曰正」云云，無「布」字甚明。俗本並正義亦添之，最誤。此與《中庸》注可互證也。

燕義

司馬弗正　唐石本初刻「征」，後改同此。案：釋文云：「弗正，音『征』。」正義複舉作「正」，云：「正，役也。」此唐石磨改之意也。《周禮》注云：「凡其字或作『正』，或作『征』，以多言宜從『征』。」鄭所言「或作正」，即如此經之屬是也。於此注不破「正」爲「征」者，「正」自是「征」之假借，且具在彼注故也。

聘義

注賔至廟門主人請事時也　案：正義云：「鄭解『三讓而後傳命』之節，正當賔至主人大門，主人請事之時。案《聘禮》賔至大門，主人陳介而請事。此云『廟門』者，有『廟』字者，誤也。」案：正義所言，最是，其衍者久矣。釋文無明文，不詳有否也。

注公當楣再拜拜聘君之恩惠　十行以來本不重「拜」，誤脱也。「再拜」句絕，次「拜」下屬。

勇敢强有力而不用之於禮義戰勝　唐石本初刻「力」下有「者」字，後改同此。

圭璋特達　俗注疏本「圭」作「珪」。案：「圭」「珪」雖同字，而此經以唐石本及各本決之，則相承自作「圭」，不容改也。

注惟有德者　案：「惟」當作「唯」。凡鄭注例用「唯」，無有用「惟」者，各本皆誤。

喪服四制

三年而祥　唐石本初刻「而」下有「大」字，後改同此。

皆可得而察焉　俗注疏本脱「皆」字，「可」下衍「以」字。

經九萬七千七百五十九字　唐石本末題云「九萬八千九百九十四字」，案：互異者，數標題與不數耳。

注一十萬四千二百三十三字　岳本皆無字數，嘉靖本無此揔計，其每卷有，但小異，今不出。

撫州公使庫新刊注禮記二十卷並釋文四卷〔一〕　案：或目此爲宋監本，最誤。蓋不知此一葉元連二十卷尾，其別出在釋文首者，特工人裝時錯之耳，今訂正。凡此撫本與宋監本，有同有異，略見毛居正《六經正誤》中，玆於其異者未悉出，因毛所舉大槩

〔一〕按嘉慶二十五年本此條與下條合併爲附識：「案：或目此爲宋監本，北宋刻，南宋脩改，不知其爲南宋撫州公使庫本，南宋孝宗淳熙四年丁酉刻，最誤。今訂正。凡此撫本與宋監本，有同有異，略見毛居正《六經正誤》中，玆於其異者未悉出，因毛所舉大槩皆監之誤，而此多不誤故也。」

皆監之誤，而此多不誤故也。

淳熙四年 案：孝宗丁酉也。或目此爲北宋刻而南宋脩改，亦誤，當據此訂正。

撫本禮記鄭注考異下

撫本禮記鄭注考異跋〔一〕

往者，家從兄抱沖收善本經籍，將次第刊行之，不及而没。其收得各種，皆廣圻預審定者也。去年，廣圻道過揚州，時陽城張古餘先生在郡，見詢羣經轉刻源流，廣圻因歷舉凡先後所見以對。此撫州《禮記鄭注》，其一也。先生借而校之、鈔之，遂復刻之。恐是非莫決，又附《考異》二卷。專慮壹志。唯爲古人來者計，而不知其他。賢者之用心，弗可及也。已乃覆校，未得其人，仍以屬廣圻，於是廣圻又何敢辭？今刻成矣，承先生前命識其後，深感此書得託先生以傳之幸，而私痛家從兄之有志未逮也。兄名之逵，元和廩貢生，没於丁巳春，年四十五。嘉慶十一年十月顧廣圻謹書。

〔一〕按：《撫本禮記鄭注考異》卷末附有顧廣圻跋，今録於此，擬題爲「撫本禮記鄭注考異跋」。

禮記正義校勘記

潘宗周撰　李佩整理

整理前言

潘宗周（一八五六—一九三九），字明訓，廣東南海沙瀛人。少時供職洋行，居上海，充租界工部局總辦，以經商發家。張元濟（一八六七—一九五九），字筱齋，號菊生，浙江海鹽人。清末中進士，入翰林院任庶吉士，後在總理事務衙門任章京，歷任商務印書館經理、監理、董事長等職務。潘氏財力充足，好藏書，且專重宋刻，二十餘年間得宋版一百〇七部、元版六部，計一千〇八十六册。潘宗周與張元濟交往甚密，在古籍鑒賞收藏上有共同的興趣。二十世紀三十年代左右，袁世凱次子袁克文以資斧不繼，持八行本《禮記正義》售與潘氏。恰逢潘氏新居落成，遂顔之曰「寶禮堂」。爲顯揚此八行本《禮記正義》，潘氏延請張元濟作校勘記，即今《禮記正義校勘記》一書。

《禮記正義校勘記》署名潘宗周的書後識語曰：「余既得是書，不敢自秘，願出巨貲以公諸世，用新法玻璃板影映作爲樣本，與原書上板無絲毫之異，仍爲悉心讎校，以驗其與世行諸本之異同，計校出前人所未校及者數千條。」[一] 潘氏以作者自居，實則決不能抹殺張元濟先生的功勞。

一九八六年，江蘇廣陵古籍刻印社重印《禮記正義校勘記》，潘宗周之子潘世兹作《重印〈禮記校勘記〉弁言》，曰：

曩者，是書之成篇，端賴菊生世伯弗辭勞瘁，悉心教正。先君未敢掠美，特乞一併署名，無如固辭不許。菊生世伯以畢生精力傾注於整理國粹，與夫發展現代文化事業，其勳績早爲世人景仰，區區數語，誠不足以表其萬一，聊志感戴之忱云爾。[二]

[一] 行文簡潔計，所引潘校内容，祇在引用時標注其在書中的卷數等大致位置，不標頁碼，下同。
[二] 潘世兹：《重印〈禮記校勘記〉弁言》，《禮記正義校勘記》，一九八六年江蘇廣陵古籍刻印社重印本。

潘世茲明言，《禮記正義校勘記》之撰作張元濟居功至偉，潘宗周出版此書時擬一併署名，然而張元濟辭而不受，故僅署潘氏名。

潘宗周身爲商賈，却傾心藏書刻書，邀學者編寫《寶禮堂宋本書録》《禮記正義校勘記》，確可稱爲儒商。其在《寶禮堂宋本書録・自序》中稱自己「少時入塾，挾童子書數册，他無所睹」，「稍長，來上海習賈，日與駔儈伍，思卒業童年未讀之書，且碌碌未逮」，聲稱自己所學不多。張元濟與潘氏關係密切，潘氏藏書秘不示人，但張元濟却享有特殊待遇，當時學術文化界與潘氏聯絡，往往要通過張元濟。另一方面，潘氏買書也要經過張元濟鑒別之後纔能放心購買，張元濟可以説是潘宗周在版本收藏方面的智囊。一九三〇年八月十三日潘宗周致張元濟信中説：

劉聚卿之書現在孟德蘭路劉子鶴公館，日前已經看過，但弟屬門外漢，不能決其真贋，俟下次約定日期，再請閣下枉駕至劉府鑒定一切也。[一]

二人過從甚密，潘氏於學多仰賴張元濟。署名潘宗周的《寶禮堂宋本書録》，實際亦出自張元濟之手。一九八四年十二月江蘇廣陵古籍刻印社影印此書，潘世茲撰序，曰：

先君生時與張菊生世伯友善，每收藏一書必向張世伯請教，否則寧可割愛。如

[一] 張人鳳、柳和城編著：《張元濟年譜長編》下卷，上海：上海交通大學出版社，二〇一一年，第八五九頁。

此許多珍本選入寶禮堂，當首推張世伯鑒定、辨其真贋之功。

先君以寶禮堂所藏宋槧宜有書録方能傳之久遠，特懇張世伯纂輯書目行世。世伯以年老體弱之身難以應命，但爲文物流傳義不容辭，慨然允諾。歷時數載，費盡心血，方告脱稿，不啻集宋刊之大成，亦是中國印刷出版史之巨著。〔一〕

《禮記正義校勘記》問世不足百年，共有兩個版本。潘世兹《重印〈禮記校勘記〉弁言》言之甚詳：

《禮記正義》雕版，繼亦獻出，而《校勘記》版片，則因闕損甚多，仍留寒齋。動亂頻仍，早年印行之書，竟已不可多得。今中國書店有重印《禮記正義》之舉，聞之曷勝忭慶。惟《校勘記》未予付印，致令人嘆惋。幸有江蘇廣陵古籍刻印社以整理古籍傳布民族文化爲己任，願設法補鐫所有闕損版片，於焉新印《禮記正義校勘記》終以問世。〔二〕

《禮記正義校勘記》印過兩次。第一次民國十七年（一九二八）印了一百部，附於《景宋本禮記正義》之後，國家圖書館、北京大學圖書館、上海圖書館、南京圖書館、復

〔一〕張元濟：《張元濟全集》第八卷《古籍研究著作》，北京：商務印書館，二〇一〇年，第九頁。

〔二〕潘世兹：《重印〈禮記校勘記〉弁言》，《禮記正義校勘記》，一九八六年江蘇廣陵古籍刻印社重印本。

旦大學圖書館等皆有藏。第二次印刷於一九八六年，由廣陵古籍刻印社主持，利用潘氏藏板進行了補板工作。這兩次印刷間隔五十餘年，總的來説，二者相差不大，廣陵重印本總體不如一九二八年刻本，多是缺蝕致誤。

二

《禮記正義校勘記》（爲簡潔計，下簡稱「潘校」）首列卷次，其次逐一排比該卷校記。每條校記先標明頁碼和前後，「前」指每頁前半頁，即A面；「後」指每頁後半頁，即B面。次注明行數和所校字之位置，「雙」字下所標上、下字，「上」指雙行小字之右邊一行，「下」指雙行小字之左邊一行；「上」「下」字下之數字，代表所校字之位置，即從本行上端往下數之第幾字，下接所校字及校勘内容。例如：（卷二）十前三雙上三「扶」，阮作「杖」。「十前三雙上三」即指第十頁A面第三行右邊行第三字。

潘校以八行本爲底本，對校阮刻本《禮記注疏》，參以阮元《禮記注疏校勘記》（下簡稱「阮校」），得校勘記共二二九一條。據統計，其中指出八行本錯誤八百餘條，指出阮刻本錯誤一千餘條。阮校是集衆家之所長，却也有不足之處，潘校多有闡發。另外，潘校還主要比較了八行本與惠棟所校宋本（簡稱「惠棟宋本」）、《考文》所校之宋本（簡稱「《考文》宋本」）之間的關係。據統計，阮元校刻《十三經注疏》本《禮記注疏》附有校勘記七三八一條，二〇〇八年上海古籍出版社所出吕友仁先生整理的《禮記正義》有校勘記二六〇二條，二書都是彙校諸本。而潘校衹是與阮刻本的校勘，就有二二九一條，共計六四九〇〇字，潘氏謂「悉心讎校」，所言不虛。

潘校的内容主要有以下幾個方面：

（一）指出八行本訛脱衍倒諸類錯誤：

（卷二）六後一注雙上十「若」，當依阮作「苦」。

佩案：八行本第二卷第六頁B面第一行有注文「謝猶聽也，君必有命，勞苦辭謝之，其有德尚壯，則不聽耳」。八行本作「若」，誤，當從阮刻本作「苦」。此一條阮未出校語，潘於前校語中言「凡今所舉，皆前校所未及，以下不更注『前無校語』字」。閩、監、毛本不誤，八行本形近而訛。

（二）指出阮刻本訛衍脱倒諸類錯誤：

（卷九）三後二雙上二及六「祿」與「身」兩字，阮誤互倒，致與下文無别。

佩案：八行本第九卷第三頁B面第二行有疏文「《韓詩外傳》云：『曾子仕於莒，

得粟三秉。方是之時，曾子重其禄而輕其身。親没之後，齊迎以相，楚迎以令尹，晉迎以上卿，方是之時，曾子重其身而輕其禄。』」阮本第一處「禄」與「身」誤倒，與文義相違。

（三）考辨前人校勘之是非：

（卷六十）三十三前二雙上十二字「二」，阮校據浦鏜從《周語》改作「三」。按：《周語》實亦作「二」，浦誤。

佩案：八行本第六十卷第三十三頁A面第二行有疏文「案《周語》云：『幽王二年，三川皆震。』」潘説是，應作「二」。浦鏜誤引《周語》改作「三」，非。

（卷四十）十三前一雙上首「是也」下，阮誤贅校語一大段，以爲宋本皆誤脱，當從閩、監、毛本補之，其實非也，已見上節疏中，蓋疏原移入上節。

佩案：阮校于「立于房中是也」下出校語：閩、監、毛本此下有「注『三寸』至『爲衿』。《正義》曰：知『三寸，約帶紐組之廣』者，以帶廣四寸，此云『三寸，長齊於帶』，承上『紐約用組』之下，故知是紐廣也。云『言其屈而重也』者，解垂帶名紳之意。申，重也。云『宜承約用組，結』者，以此經云『三寸，長齊於帶』，非發語之端，明知有所承次，故以爲宜承『約用組』之下」一段，此本誤脱。阮校所謂誤脱的這一段，已見於上節的疏文中，是順序錯亂，並非有脱文。阮元校語有誤。八行本、阮本此段疏文位置皆誤，閩、監、毛本不誤。

（四）比較八行本《禮記正義》與惠棟宋本、《考文》宋本之異同：

（卷十一）十三後六雙上十五「而」，阮作「禮」。阮校引惠校宋本「禮」下有「而」字。《考文》宋本「禮」作「而」，下屬，與惠校本不同。案：此可見惠與《考文》所據兩宋本各不同，而此本則同《考文》本，非惠校本。

佩案：八行本第十一卷第十三頁B面第六行有疏文「然公西赤爲志，偏用三王，而子夏謂葬聖人與凡人不異者，今謂聖凡相葬，禮儀不殊」。此條明辨三種宋本之異同，八行本同《考文》宋本作「而」，不同惠棟宋本作「禮」。

潘校從不同角度分析了八行本與阮本所校出的異同，改正了八行本、阮刻本的錯誤，辨析了前人校語，對三種宋本相互關係進行了比較，内容詳實，分析全面。

三

潘校中很重要的一個内容，就是考察惠棟宋本、《考文》宋本與潘氏所持八行本之間的關係。惠棟校宋本於毛本之上，此本已佚，現今我們能看到的惠棟宋本的内容，基本是出自阮元《禮記注疏校勘記》所引。《考文》宋本現藏日本，《考文》其書收入《四庫全書》，二〇一六年國家圖書館出版社亦有影印，很容易看到。

潘校中，我們可以看到大量的篇幅提及「阮校引惠校作」「《考文》宋本作」等。潘氏還重點列出了三個版本之間的差異，想從校勘中考察惠棟及《考文》所據二宋本與自己所持八行本是否爲同一宋本。在潘校最後，跋曰：

書末附惠跋云「此爲北宋本」，而前一葉原刊板人黄唐識語，明載紹熙辛亥鋟諸本，次年壬子八月作識。紹熙爲光宗號，辛亥壬子爲其二、三兩年。檢阮校所引惠校多與此本不合，此本惠跋爲僞，惠校實另有北宋本。惠跋言以北宋本校毛本，得是正共萬餘字，可謂快矣。顧今爲覆校，據阮校例言所引宋本，一以惠校爲主，惠所漏者乃據日本之《考文》本，則就阮氏所據知惠漏校已多，而細勘更多有阮校所未及，知校書正自不易。又《考文》所據之宋本與本書亦不盡相同，知非一本，但其合處較多於惠本耳。

又曰：

書末有惠定宇跋語，非真蹟，乃從他本傳録作僞。書中異同之處，與惠合者固多，不合者正不少，不合惠校而合《考文》校本者尤多。阮校謂《考文》之宋板《禮記注疏》，與惠校宋本是一書，「間有不合處，不及千分之一，亦傳寫之譌，非二書有不同也」云云，亦殊未確。惠本與《考文》本，的是兩本，其證據多在逐條校語中。至黃唐本，則與其冒託爲惠校本，無甯謂其大致合於《考文》宋本。凡此皆於校語中證明之。

這兩段跋文，陳述了潘校中關於三種宋本的觀點：（一）惠棟宋本與此八行本不合較多，《考文》宋本與此本不合的較少；（二）惠棟宋本與《考文》宋本亦非一本，糾正了阮元的説法；（三）八行本後的惠跋爲僞，惠棟宋本另有北宋本。

首先，我們可以確定惠棟宋本並不是北宋本。關於這一點，汪紹楹先生在《阮氏重刻宋本十三經注疏考》一文中，有《惠松崖校〈禮記正義〉據本考》節，考證詳細，茲不贅述；其次，八行本、惠棟宋本、《考文》宋本並非一本。通過潘校文本的統計研究，我們發現，校出的八行本與惠棟宋本有差異的校勘記有二百一十條，其中八行本正確的衹有十六處，占所有不同的百分之七点六，而惠棟宋本有六十八處，占了百分之三十六点九，可以看出惠棟宋本在文字上優於八行本。筆者猜測，惠棟宋本可能是在八行本之後進行重修或翻刻，在此過程中，對有的錯誤進行過修正。所以我們認爲，惠棟宋本可能是潘宗周手持八行本之重修或翻刻本。

八行本與《考文》宋本比較，相同的有近二百處，不同之處有三十一處。在三十一處差異中，十二處是八行本正確，十二處是《考文》宋本正確。兩本之差異不多，對錯數目也相當。《寶禮堂宋本書録》序中説道：

往余校刊是書時，以惠定宇所校宋本與《考文》多有不合，定爲兩本，嘗以所見跋附卷末。按《考文》所據宋刊《禮記正義》藏日本足利學，至今猶存。余友張君菊生曾往展閲，歸後語余，確爲黄唐刊本。其與是本有不合者，爲原版、補版之別，即同一補版亦有先後之殊。其書法端凝、筆意渾厚者，當爲最初刊本。補刊較早者，字體雖尚方嚴，而鐫法已露棱角。再後則用筆纖弱，鋟刻粗率，與初版相較，截然不同。余詳加檢校，原刊之葉，版心均記刻工姓名，而記字數者甚少。補刊之葉則刻工姓名與字數互有完闕。因以所記刻工姓名區爲兩類，不能謂一無淆混，然大致當不誤也。〔一〕

張元濟前往日本親自觀看了日藏宋本，並與潘宗周所藏之八行本比較，認爲《考文》

〔一〕〔清〕潘祖蔭著，潘宗周編，佘彦焱、柳向春校點：《滂喜齋藏書記 寶禮堂宋本書録》，上海：上海古籍出版社，二〇〇七年，第一百五十二頁。

宋本確是黄唐八行本，與潘藏八行本有不合之處，是原版和補板的差别，這一點根據字體和補頁刻工署名、計數方式的差别能推測出來。這種推測，再加上我們根據潘校的統計，可以認爲「其（《考文》宋本）與是本（八行本）有不合者，爲原版、補版之别」是值得肯定的，也是接近真相的。

對於三種宋本同異問題，歷來學者皆有爭論。二零一四年，喬秀巖先生出版《影印南宋越刊八行本禮記正義》一書，影印收録了潘宗周所藏之八行本和足利學校所藏之《考文》宋本（喬書中稱爲「足利本」），方便讀者進行比較差異，且附有日人常盤井賢十所著之《宋本禮記疏校記》一文，載《考文》宋本與潘八行本異同甚詳。喬氏前言中亦論及潘宗周八行本和惠棟宋本的關係，認爲惠棟所據即潘氏宋本。他主要從缺頁、原刻本版面狀態等方面進行辨正，認爲「惠校文字與八行本不符，或當由於過録者之失」[一]。姑作一説。

[一]〔日〕喬秀巖、葉純芳：《編後記》，〔唐〕孔穎達：《影印南宋越刊八行本禮記正義》，二〇一四年，第一七一〇頁。

四

在褒揚其學術價值的同時，我們也必須注意到，因時代和學術資料所限，潘校存在著一些不盡如人意的地方，兹陳述如下。

（一）對於阮校的版本選擇不精。阮校有兩個版本系統，分别是單行本（如《清經解》本）和經過盧宣旬摘録過附於阮刻《禮記注疏》後的版本。盧宣旬在摘録阮元校勘内容時，删除了大量的校勘記，大概有三千多條[一]，其中包括不少惠棟的校語。通過檢校潘校，我們可以看出，其所用的是經過删節的阮校，這於校勘工作是有所妨害的。如：

（卷六）十前六雙上二十「年」字下，阮衍「常食」二字。

佩案：此條校記未引阮元校語，因爲此處阮校内容已被盧宣旬删去。《清經解》本曰：「非凶年常食殺牲之事：閩、監、毛本同，惠棟校宋本無『常食』二字。」[二]如若

[一] 井超：《阮元〈禮記注疏校勘記〉研究》，南京師範大學二〇一五年碩士學位論文，指導教師：王鍔教授。
[二] 〔清〕阮元校刻：《禮記注疏校勘記》，《清經解》第五册，上海：上海書店出版社，一九八八年，第六百六十四頁下欄。

潘校參考《清經解》本阮校，則會見到更多的關於惠棟校本的信息。

（二）參校版本較少。潘校多採用對校方式，衹是和阮本對校、參照阮校，版本簡單，與匯校有區别。如果阮校中未引别本，如閩、監、毛、衛湜《禮記集説》等，潘校亦皆無。如若引他本，則可以增加其判斷的正確性。如：

（卷六十六）六前六雙上十「往」，阮作「自」。當作「往」，於義爲長。「鷙蟲攫搏」，未必身自爲之。

佩案：此條校記，阮校不出，潘校徑直判斷，不據他本。其實檢校他本，閩、監、毛本皆作「往」。

（三）參校本内容皆引自阮校，産生一定的偏差。潘氏没見到《七經孟子考文》原書，故利用阮校中所引之《考文》進行校勘，産生了自己無法解釋的情況：

（卷五十八）二十六後一雙下「言禮畢徹器之時」，阮「畢」字下衍「通」字。阮校閩、監、毛同，《考文》云：「惠棟校宋本無『通』字。」衛氏《集説》亦作「禮畢徹器」。據此則《考文》尚有據惠校作校語者，殆《考文》不見此卷之宋版原文而惠校及之。惠語不爲阮所逕引而轉從《考文》引之，此不可解。惠與山井等同時，惠跋宋《禮記》之年則在《考文》出書之後，殆校語先已流傳至日本耶？

佩案：阮校於「言禮畢通徹器之時」條下出校：閩、監、毛本同，《考文》云：「惠棟校宋本無『通』字。」但《考文》一七二九年成書，惠校是一七四九年完成，《考文》是不可能引用到惠校的內容。查檢《七經孟子考文補遺》卷一六二的內容，校語作「言禮畢通徹哭之時：（二十八葉右二行）無『通』字」〔一〕，並沒有引惠校的內容，是阮本校語有誤，潘校沿其誤而生疑。如果作者當時有條件利用到《七經孟子考文補遺》的原書，這種問題就不會發生了。

（四）漏校。如：八行本第三卷第二十二頁A面第五行經文「共食不澤手」下注「爲汗生不絜也」，阮本「生」作「手」，潘校漏校。阮校有校語，潘氏亦未曾採用。

（五）按斷有誤。如：

一、（卷七）二十四前七雙下十一「又」，阮作「書」。　案：此蒙上「尚書云」而來，應作「又」。

佩案：疏文作「《倉頡篇》云『考妣延年』，《書》云『嬪于虞』」。《書》即《尚書》，「嬪于虞」出自《尚書·堯典》。八行本「書」作「又」，意指上文之「倉頡篇」，非《尚書》，八行本誤。

〔一〕〔日〕山井鼎輯，〔日〕物觀補遺：《七經孟子考文補遺》，北京：國家圖書館出版社，二〇一六年，第六百五十二頁。

二、（卷十八）十四後二雙下末「被」，阮作「斷」，非。

佩案：原疏作「按《漢書·地理志》文，越俗斷髮文身，以辟蛟龍之害」，今《漢書·地理志》卷二十八有「文身斷髮，以避蛟龍之害」，與阮本合。八行本「斷」作「被」，誤。

（六）潘校有文字訛誤。《校勘記》在說明校勘文字的位置時，用數字表示在第幾頁、第幾行、第幾個字，用前後、上下來表示A面B面、左邊行右邊行，對照著八行本，十分明確清晰，但也有誤標的時候。另外，在出校記時偶爾會發生校字誤出的現象，統計有五十餘條，已用腳註的方式標注於《校勘記》整理本中，茲不另舉。

潘校，利用阮刻本《禮記注疏》校勘八行本《禮記正義》，逐一指出八行本《禮記正義》之訛脱衍倒等問題，是較早系統研究八行本《禮記正義》的著作，具有重要的學術價值。其校勘成果，部分在潘宗周《景宋本禮記正義》中已經吸收，但其所揭示的八行本與阮刻本在經、注、疏文字上的差異，值得當今從事《禮記》研究、文獻學和版本學研究者關注，但是到目前爲止，還沒有此書的整理本問世，不能説不是一個遺憾。

今將潘校全文點校整理，以供學者參考。我們以民國十七年（一九二八）南海潘氏寶禮堂刻《禮記正義校勘記》爲底本。凡原文中繁簡並存者，保留舊式。異體字、避諱字在不影響原文意思的基礎上，改爲常用字。潘校爲避免歧義，多以空格相間隔，今皆予以保留。潘校行文有錯誤或刊刻有誤之處，一律沿其舊，不作改動，另出校記説明。

整理本正文用小四號字，文中小字用小五號字，以示區別。

禮記正義校勘記卷上〔一〕　用阮文達公校勘記覆校

一、序一後七行十四字「延」，當依阮本作「廷」。

二、二後十二行一字墨釘，阮本作「玄」。

卷第一〔二〕

一、三前八雙上廿一「哉」，阮誤作「故」。以前無校語。

二、三後七雙下十「二二」，此是壞字，當依阮本作「云」。

三、五前一雙上四、五「仁孫」二字，阮本倒作「孫仁」。阮校引惠校及《考文》宋

〔一〕此書卷端所題原無卷次，今依尾題增「卷上」二字。「卷下」仿此。

〔二〕此爲八行本《禮記正義》分卷，共七十卷。

本皆作「仁孫」，而皆據《漢・儒林傳》定爲宋本之誤。

四、五前一雙上末「始皇深惡之」，此本「始」字缺右上角，「皇」字誤作「星」，「之」字缺。阮校引惠校云：「宋本『皇』誤『星』，『之』字脱。」則此譌脱之迹，此本亦與惠校本相合，宜可以信爲即惠校本矣。然全書可證明其非惠校本者甚夥，此處之相合殆爲黄唐本出於北宋祖本之證。

五、七後一雙下五「末」，當依阮本作「未」。

六、八前七雙下六「戒」字上，阮多「故」字。不必有「故」字。以前無校語。

七、九前二雙下八「彼」，阮作「皆」，前無校語。凡今所舉，皆前校所未及，以下不更註「前無校語」字。

八、九前七雙下「不歸晉」句，阮作「不欲歸晉」，多一「欲」字。

九、九後七雙上「分無多求者」句，「多求」阮作「求多」，當從阮。

十、十一前一雙下十九、前二雙上八、十三、十九〔一〕、前三雙上二 共五個「齊」字，阮皆作「齋」。阮本與經文及上文各「齊」字不一律，非也。前三雙上二之「齋」字尤誤，所引爲《玉藻》「足如履齊」句，此「齊」字釋文音咨，一本作「齎」。断不能作

〔一〕「十九」應作「十七」。

「齋」也。

十一、十二前四雙下「是決嫌疑者」句，阮校云：「閩、監、毛本同，惠校宋本『嫌』下有『也』字，無『疑者』二字，是也，衛氏《集説》同。」據此則此文作「是決嫌也」，與下文「是決疑也」爲對文。今此本不然，則非惠校之宋本。

十二、十三前三行「禮記正義卷第一」，阮校於「禮聞來學不聞往教」句下校語云：「惠棟校宋本此節以上爲第一卷，卷末標『禮記正義卷第一終』。」以下各卷之末皆有此行，皆有「終」字。今此本無「終」字，可知非惠校本。

卷第二

一、一前八注雙上六「宧」　二後二雙上十二「宧」　雙下二、六「宧」　後三雙上十八「宧」　雙下三「宧」，又雙下十一「宧」　阮本皆訛作「官」。而末一「官」字，阮有校語云：「惠校宋本『官』作『宧』。案此本注、疏中『宧』字皆作『官』，即經文『官』字亦爲有修改，疑初是『官』字，後改作『宧』。若閩、監、毛本，則皆作『宧』，唯此一字尚仍作『官』也。」阮校之語如此，據此則十行本所誤作「官」字，惠校毛本已多改正，故以前「官」字皆不著，惟末一「官」字有校語耳。此本則一律作「宧」，正與惠校宋本合。

二、四後一雙下十二「則」字下，阮多「以」字。　不必有「以」字。

三、五前六雙下十二「寞」，阮作「莫」。

四、五後七雙下六「王」，阮作「主」。此本「王」上亦畧有空地，可著一點，但蝕去耳。

五、六後一注雙上十「若」，當依阮作「苦」。

六、六後四雙上四「貪」，阮本同。阮校云：「閩、監、毛本同，岳本同。惠校宋作『尊』，嘉靖本同，《儀禮經傳通解》同。案《考文》引古本、足利本亦作『尊』。」則此非惠校本，在宋本中但與十行本、岳珂本同，岳本僅據武英殿覆刻本。或言日本足利書院所藏有黄唐本《禮記》，《考文》於《禮記》所云足利本當即同此本。觀此校語則又不然也。

七、六後八雙下一「義」，阮作「禮」，惠校宋作「義」，正同此本。阮云：「『棄尔幼志』四字見《儀禮・士冠禮》，《禮記・冠義》無之，宋本非也。」

八、七前一雙下二「至」，阮作「〇」。阮本之「〇」，此本應作空格。據文例應作空格。

九、七前四雙下十一「其」，阮作「具」。此本此字亦有蝕後修補痕跡，但作「其」亦可通。

十、七前六雙上十四「曰」，阮本脱。阮校以意定爲脱「曰」字，不云他本有之，則前人校者皆未及。

十一、七後七雙下七「全」，阮作「至」，誤。

十二、八後二雙下八「旄」，阮作「耄」。應從《周禮》本文作「旄」。

十三、十及十一兩葉原缺而係鈔補。據阮校引惠校宋本正缺此兩葉，此亦與惠校本相合之證。鈔補之文蓋爲毛本而去其釋文，其與宋本異同，可據阮引《考文》訂正之。

十四、十前三雙上三「扶」，阮作「杖」。阮校閩本同，監、毛本作「扶」，衛氏《集説》同。

十五、十前三雙下八「持」，阮作「將」。阮校閩、監、毛本作「持」，《考文》引宋板作「將」。

十六、十前四注「安定其牀衽也」句，阮本「衽」誤「在」。阮校閩、監、毛本作「衽」，《考文》引宋板「安定」作「定安」，岳本、嘉靖本同，《通典》六十八同。案「以安其牀衽」訓「定」字，與「以問其安否何如」訓「省」字文法同，正義亦云「定，安也」。

十七、十後一雙上二十「有」，阮作「存」。　雙下二十，阮空格下多「注」字。

十八、十後三雙上十八「角」，阮作「角」。阮校閩本同，監、毛本作「角」。盧文弨《禮記音義攷證》云：「『角』係俗字，宋本作『角』。」李匡乂《資暇録》有詳辨。

十九、十後五雙上二　後六雙上一　兩「成」字，阮作「城」。阮校閩本同，監、毛本作「成」。「建成侯吕澤」，《史記》《漢書》「城」字俱無土旁。

二十、十一前四雙上十六「車」字上，阮校《考文》引古本、足利本有「受」字，衛氏《集説》同。十行本、閩、監、毛本、岳本、嘉靖本皆無「受」字。

二十一、十一前七注雙上「不敢重受賜者心也如此」，阮校閩、監、毛本如此，十行本同，而「賜」又誤作「暘」、「此」又誤作「北」。《考文》引宋板、古本、足利本「重受」作「受重」，岳本、嘉靖本同。案「受重」與疏合。

二十二、十一前八雙下十「友」字下，阮校《考文》引古本、足利本有「執」字。案「執志同者」與疏合。十行、閩、監、毛、岳、嘉靖各本均無「執」字。

二十三、十一前八經文「見父之執」句，阮同。阮校閩、監、毛同，《石經》、岳本同，《考文》引古本、足利本「執」下有「友」字。案疏云「父之執謂執友」，是正義本亦無「友」字。

二十四、十一後二疏下「夫爲至行也」句，阮校引惠校宋本無此五字。案：此文尚在惠校本之缺處，惠有校語，殆據全書體例而言之。

二十五、十一後五雙下三「日」，阮同。阮校閩、監、毛同，《考文》引宋板作「目」。

二十六、十一後六雙上十四、十五「不及」二字，阮同。阮校閩、監、毛同，《考文》引宋板作「三命」。

二十七、十一後六雙下二十四、二十五「相將」二字，阮作「將相」。阮校閩同，監、毛作「相將」。

二十八、十五前八雙上十二字「一」，當依阮作空格。

二十九、十六後一雙上十字「二」，阮作「一」。　於義皆通。

卷第三

一、一後四注雙上二「干」，阮誤作「于」。

二、二前三雙下六「爲」，阮作「言」。

三、二前六「教於州里鄉射注云先生鄉大夫致仕者」，阮本「州里」誤作「周禮」。阮校閩本同，監、毛作「教於州里儀禮鄉射注云」，《考文》引宋板無「儀禮」二字。盧文弨云：「《儀禮·鄉射》無此注，惟《鄉飲酒》注云『先生，鄉中致仕者』。」案：此本正同《考文》之宋本。自十行本譌「州里」爲「周禮」，閩本因之，監、毛本以「鄉射」爲《儀禮》篇名，遂改「周禮」爲「儀禮」，又據文義補「州里」二字，此本出而始見宋本真面。凡疏引《儀禮》各篇，但舉篇名足矣，原不必有「儀禮」字，至盧文弨又生疑義，其實不然。《鄉射》經文「以告於鄉先生君子可也」句下注「鄉先生，鄉大夫致仕者也」，正本文所引。惠以宋本校毛本，於此條失校。

四、三前七雙上十一「入」，阮作「人」，誤。

五、五前一雙上三「軹」，當依阮作「軹」。

六、五前一雙上十三「疾」，阮校引惠校云：「《詩》疏及《論語》邢疏皆作『前侯』，此獨作『前疾』，非也。」案：此爲惠氏校正文字，不據宋本而據《詩》疏、《論語》疏定之。「立當前疾」，見《周禮・大行人》，賈疏已莫能辨正。惠士奇《禮説》乃據《詩》及《論語》疏，參合鄭注，定「疾」字爲「侯」字之誤。《詩》疏見《小雅・蓼蕭》篇，《論語》疏見「鄉黨君召使擯」節。定宇本其家學爲説，原文具詳《禮説》中，文繁不具録。定宇《九經古義》亦詳之，又段玉裁《周禮漢讀考》亦據爲説。

七、五前三雙下二「入」，阮作「人」。義俱可通，但《鄉黨》疏引此亦作「人」，則當從阮本。

八、五前四雙下四空一格，阮不空。案：此處不應有空格，或是下字因其已闕，後出之本遂去之也。

九、八後二行「自鄉而扳之注扳讀曰吸」，「扳」阮作「扱」，是也。阮校於注中「扱讀曰吸」之「扱」，引惠校宋本作「扳」。當是阮氏誤會，其實惠係指宋本經文中「扳」字之誤。

十、八後八雙下首空格，當依阮補填「厥」字。

十一、十前一行首「坐」字，注文署有空格，當從阮補二字。其經文云「客踐席乃坐注云客安主人乃敢坐也講問宜坐」，今缺「客」字、「坐」字。蓋此板右上角已缺一大「坐」字、兩小「客」字及「坐」字，補板時補經文「坐」字太大，而遺其注文兩字耳。

十二、十前四雙下首「遂」，阮作「遽」。阮校引惠校宋本作「遂」，惠所見之北宋本與此同。但阮引釋文及本疏皆作「遽」，則「遂」字實誤。

十三、十前六雙上二「客」，當依阮作「容」。

十四、十後三雙上〔一〕二「去」，當依阮作「云」。

十五、十後六雙上首「人」，當依阮作「之」。

十六、十後七雙上十九「文」，當依阮作「云」。

十七、十一後末字「雙」，阮作「簡」。「雙」字必誤，但「簡」字必係意改，未知確是此字否。

十八、十二前五雙上四「怍」，阮誤「作」。

十九、十五後五雙上五「梢」，當依阮作「稍」。

二十、十七後八雙下首墨釘，阮作「未」。當可從。

二十一、十八前一雙下首「人」，當依阮作「宗」。

〔一〕「上」應作「下」。

二十二、十八前二雙上二「慱」，當依阮作「傳」。

二十三、十八前四首墨釘，阮作「住」。未知確否，但必有字。

二十四、十八後一雙下四「子」字下，阮衍「者」字。

二十五、十八後四雙上「白虎通云娶妻不告廟者示不必人女也」，阮本同。阮校閩本同，《考文》引宋板同。監、毛本「告」上有「先」字，「人女」二字併作「安」字，與今《白虎通》同。案：惠校漏，故阮引《考文》。《白虎通》文見《嫁娶篇》。

二十六、十九首空格，阮作「類」。

二十七、二十葉缺，鈔補。阮校引惠校宋本缺，則與此本同。

二十八、二十前三雙下十一「既」，當依阮作「即」。

二十九、二十前五〔一〕雙上六「謂」字上，當依阮添「注」字。

三十、二十後二雙下三「鯉」字上，阮多「曰」字。此葉補一「注」字、一「曰」字，而前二行「疏」字應占小字四格，「疏」下「名子至山川」五字及一空格當去之，又前五雙下多擠二字，恰合。

三十一、二十前六雙下四「迎」，阮本同。阮校閩、監、毛本同，惠校宋本作「逆」，

〔一〕「五」應作「六」。

與宣二年《傳》同。案：惠既云宋缺此葉，又云宋有異同，則惠所校之宋本似非一本，此《考文》所以亦引惠校歟？

三十二、二十後六雙上十「知」，當依阮作「如」。

三十三、二十二後八雙下首空格，阮作「粱」。案：據所引《儀禮》原文作「粱」。

三十四、二十四前二雙上七「云」，阮本無。依文例不當有。

三十五、二十四後一雙下十九「齊」，阮作「齏」。《醓人》原文作「齊」，但鄭於《醓人》注云：「『齊』當作『齏』。」

三十六、二十五前一雙上二十一「醓」，阮誤作「醢」。《公食大夫禮》原作「醓」。

三十七、二十五前四雙上十「飲」，阮誤作「飯」。

三十八、二十五前七雙下八「析」，阮誤作「折」。

三十九、二十五前八雙下二十一、二十二「右右」，阮本同。阮校引惠校宋本作「左右」，而斷之云：「是也。」案：據此可見此本不同惠校本，但惠校宋本殊誤，阮反以爲是，則阮之誤也。經言「右末」，故疏釋之云「末邊際置右右手取際擘之便也」，「置右」自爲句，「右手」字屬下句，文義甚明，安得作「置左」？

四十、二十五後一雙下「注亦便食者右手取際食之便也」，此十三字阮本作「注亦便至便也」。阮視爲正義標明起訖之通例，不知「亦便食者右手取際食之便也」乃釋注文「亦便食也」句耳。宋本「注」字不作陰文，即非以此標起訖。阮所據之十行本强作解事而改之至不可通，阮校竟不能辨正，得此本乃恍然悟其非。此本可貴。

四十一、二十六前四雙下五「飧」，阮誤作「飱」。下文尚三見「飧」字，阮校惟一處不誤。

四十二、二十六後八雙下首空格，當依阮作「鄭」。雙下四「去」，當依阮作「云」。

卷第四

一、一前六雙下十六「汗」，阮本同。阮校毛本同，當依閩、監二本正作「汙」。

二、二前一雙下四「足」，阮作「和」。

三、二後二雙上二十「至」，當從阮作「置」。

四、二後四雙下四「南」，阮誤「面」。

五、二後六雙上四、五「佐助」，阮作「所使」。「佐助」是釋「相者」，阮本妄改，蓋缺蝕後以意妄補字也。

六、三前四雙上「東西列尊」句，阮作「賓主共之」，阮本妄改。下有「以西爲上尊」句，正應此句。此本可貴。

七、三前六雙上二十一「卿」，當依阮作「鄉」。

八、三前八雙上「拜受尊若所嚮長者之證也」，阮本「尊」字下多一「所」字。阮校閩、監、毛同。惠校宋本無此「所」字，則此本同惠校本。但經文原作「拜受於尊所」，則當云「拜受尊所若嚮長者之證也」，宋本誤倒，後來各本遂添一「所」字，而不去下「所」字耳。

九、四前二雙下末「汙」，阮誤「汗」。

十、六前三行六「手」，當依阮作「首」。正義引經作「首」。

十一、八後一雙上十六「鄭」字下，阮多「注」字。當是。

十二、八後六雙上「所以知是執於弓下頭」句下，阮多「者下頭」三字。可以不必有此三字。

十三、十後四雙下九「不」，阮誤作「下」。

十四、十一前一雙上八「知」字下，阮校云：「惠校宋本有『苞』字。」則此非惠校本。

十五、十一前一雙上二十一「苟」，當依阮作「苞」。

十六、十一前四注雙下五字似是「君」字，然上半有缺蝕修補痕跡，阮本作「君」，阮校各本皆同，惟《考文》引宋本作「若」。浦鏜、齊召南皆云從《聘禮》原文當作「若」，而惠校於本句别有校語，獨不及此字，殆已認此爲「君」字。

十七、十一後六雙下首「旹」，當依阮作「晉」。

十八、十二前一首「問」，當依阮作「門」。

十九、十二後七至後八「作記之者」，阮本同。阮校閩本同，監、毛本「者」作「人」，衛氏《集説》無「之」字，惠校漏。

二十、十七後二末「正義」下，阮有「曰」字。

二十一、十七後八雙上二「饑」，當依阮作「飢」。

二十二、十八前一雙上末「言」，當依阮作「哀」。

二十三、十八後一雙上二「之」字下，阮有「者」字。亦可無有。

二十四、十九前一雙上十四「書」字下，阮本多「不與賢者犯法其犯法則在八議輕重不在刑書」十九字。阮校閩、監、毛本同，《考文》引宋板無。案：不引惠校，豈惠校本同毛耶？然此十九字可以無有。

二十五、十九後三雙上十六「祓」，阮誤「彼」。

二十六、十九後四雙上十九「使」，阮無此字。

二十七、二十一前一　「前有至貔貅」句，阮作「前有水則載青旌者」。阮本誤改此處疏文，實以全段爲起訖。

二十八、二十一前五雙下三「晝」，當依阮作「畫」。

二十九、二十一前七雙上十九、二十「但經」二字，阮誤倒作「經但」。

三十、二十一後六　「行前至其怒」句，阮作「行前朱鳥而後玄武左青龍而右白虎者」。阮本誤改，同前。

三十一、二十一後六雙下十二「禮」字下，阮多「也」字。後七雙上十「西」字下，阮少「也」字，皆係阮本之誤。「西」字下，惠校已云宋有「也」字，「禮」字下無「也」字則未校及。

三十二、二十二後一雙上十五字「四」，阮作「此」。當從阮。

三十三、二十三前五雙上十一「土」，阮作「干」。阮校引惠校宋作「土」，誤。

三十四、二十三前五雙下十三「矣」，阮作「也」。皆可通。

三十五、二十三後一雙上十一「此」，當依阮作「比」。

三十六、二十四前五雙下十七空格，阮本同，作「〇」。阮校引惠校宋本不隔斷文句。

卷第五

一、一後末墨釘　二前首墨釘，阮作「也〇注」三字。　案：一後末墨釘當作空格，二前首墨釘當作陰文「注」字。

二、三後二雙上「逮事至父母」句上下皆有空格，阮本作「逮事王父母者」，而上下皆連文。阮校毛本「逮」上有墨丁，惠校宋本無「者」字，十行本「王」誤「至」，今正。　案：毛本句上有墨丁，即是留一空格。惠校宋無「者」字，即上下皆空格，惠校之宋本與此本同矣。惟毛本「至」字作「王」，惠校不言宋本之不同，則惠校本尚有誤。十行本作「至」字，與此本同，實不誤。而阮反據閩、監、毛本正作「王」，則大誤矣。

此本之所以可貴。

三、四前六雙下十六「前」字，阮本脱。

四、五後三雙上十九「戌」，當依阮作「戊」。

五、七後七雙上十四字「十」，當依阮作「卜」。

六、八前八雙上空格，阮本作「者」。案：阮本於標明起訖句下往往加「者」字而不隔斷，以無關文義，不復校正。但此句係渾括一節之標語，不應綴「者」字。

七、八後七雙上第二字「二」，阮本誤作「三」。阮校閩本同，監本「三」字僅留下畫，毛本遂作「一」，非也。案：作「三」亦非也，阮校殊誤。「士命龜二」，上已再見，本句申説其義。

八、十前一雙上二「我」，阮本妄改作「或」。《穀梁傳》原作「我」，之謂魯也。

九、十二後六疏雙下七「隨」，阮本作「依」。

十、十二末字墨釘，阮本作「駕」。

十一、十三前二雙下二十「轊」，阮本作「靻」。案：此因釋文作「靼」而改之，「靻」又「靼」之誤字。正義引盧説作「轊」，釋文亦引盧説作「靼」。古書傳世久遠，未易武斷畫一，且轄頭正是轊之所在，非施靼之地。靼爲柔革，無從施之車轄以外也。此本可貴。

十二、十三後八雙上十三「最」，阮本妄改「至」，與下句相犯。

十三、十四後六雙下十四「而」，阮本無此字。

十四、十四後七雙下十三「靮」，阮誤作「勒」。

十五、十五前四雙下十二「悖」，當依阮本作「勃」。

十六、十五後八雙下四「挫」，阮本誤作「坐」。

十七、十七前三雙上十七「縈」，阮本作「榮」。阮校閩、監、毛本作「縈」。案：宋與毛同，故惠無校語，惟注本作「榮」，此處述注當依阮作「榮」，釋文亦作「榮」。下句「縈」字，兩本皆同，又皆不合。

十八、十七後六雙上一「猶」，阮本誤作「獨」。

十九、十九後八雙上十六「令」，當依阮作「令」。

二十、二十前三雙上一「據」，阮誤作「者」。案：阮本難解，得此本乃知其誤。

二十一、二十後八雙下十二墨丁，阮本作「好」。

二十二、二十一前八雙上十二「覲」，阮誤作「周」。案：此實《儀禮・覲禮》「乃朝以瑞玉有繅」注文。此本可貴。

二十三、二十一後七雙下九「云」，阮本脱。

二十四、二十二前一雙上二「晝」，當依阮作「畫」。

二十五、二十二前一雙上十七「常」，阮作「當」。　二十二「有」，阮作「者」。

二十六、二十二前五雙下廿二「子」，當依阮作「于」。

二十七、二十二前六雙下廿二「飵」，阮作「餘」，是。

二十八、二十二前七雙下九「帿」，阮作「侯」，是。

二十九、二十二後一雙上廿二「楊」，阮作「裼」，是。

三十、二十三前二雙上二空格，當依阮作「或」。

三十一、二十三前七雙上四墨丁，阮本作「昏」。

三十二、二十三前七雙下四墨丁，阮本作「子」。

三十三、二十三後一雙下三「某」，阮本誤作「其」。

三十四、二十三後八雙下一「殺」，當依阮作「穀」。

三十五、二十五後五疏雙下首字「隨」，阮本作「依」。

三十六、二十六前三雙上十二「墟」字，土旁係添出，阮本亦作「虚」。阮校引惠校宋本作「虚」。

三十七、二十六前七雙下十六「泣」，阮誤作「位」。
三十八、二十六後四雙下十一「在」，阮誤作「有」。
三十九、二十六後六雙下十六「法」，阮作「位」，非。
四十、二十七前五雙上九「是」字下，阮衍「論」字。

卷第六

一、二前八第二注雙上首「謙」，當依阮作「嗛」。
二、四前三雙下末「也」字，阮本無。
三、五前八雙上九「臺」，當依阮作「蠹」。
四、五後四雙下七「履」，阮作「屨」。經文作「屨」。
五、五後四雙下十五「苓」，阮作「笭」。釋文作「笭」，宋本自作「苓」。下各「苓」字同。
六、五後五雙上六「瓜」，當依阮作「爪」，下同。
七、五後七雙下八「不」，當依阮作「而」。

八、六前一雙下七「還」，阮誤作「放」。得此「還」字，乃見疏文本義。

九、六前七雙上十六「又」，阮誤作「不」。

十、六前八雙下二「髮」，阮作「鬚」。「髮髮」二字相連，此本必誤，但未必定爲「鬚」字。注有「鬢」字，或當作「鬢」。下文又有「翦鬚」字，則作「鬚」亦或可信。

十一、六後四雙上廿一「去」字，有修補痕，當依阮作「知」。

十二、六後五雙下十四「鬚」，當依阮作「鬄」。

十三、九前一雙上五「字」字，阮本同。而阮校云：「原作『梁』，惠校宋本及閩本同，監、毛本作『字』，非也。」　案：作「字」字萬無疑義，阮校語殊不可解，但知惠校宋本此「字」字誤作「梁」。

十四、九後三〔一〕雙下首「梁」，當依阮作「粱」，下同。

十五、十前六雙上二十「年」字下，阮衍「常食」二字。

十六、十後四雙下十一字「一」下，當依阮補「也」字。

十七、十後八雙下十「其」，阮本脫。

〔一〕「三」應作「四」。

十八、十一前三雙下廿一「矣」，阮作「也」字。

十九、十一前五雙上三「云」，阮本脱。

二十、十二後三雙下一「是」，阮本少此一字。

二十一、十二後五雙上六「也」下，阮多「者」字。

二十二、十三前四雙上十六「基」，當依阮作「墓」。

二十三、十四後七雙下「踐阼至某甫」阮本「某甫」作「王某」，是也。

二十四、十五前四雙下七「曰」，阮誤作「又」。十一「又」，阮誤作「曰」。

二十五、十六前四雙下廿一「焉」，阮本脱。

二十六、二十前五雙下十九「其」，阮作「共」。《九嬪》注原作「其」。

二十七、二十一後七雙上廿一「萊」，阮誤作「菜」。

二十八、二十三前五雙下〔一〕五「氏」，阮作「師」。阮校閩、監、毛本同，惠校宋作「氏」，非也。案：阮校誤甚，上「甸師之屬是言師者也」，此文「師氏之屬是言氏者也」，文義明甚。

〔一〕「下」應作「上」。

卷第七

一、一前八疏下雙上五字「一一」，阮誤作「二」。

二、一後二雙上首「凡」，阮從監、毛本正作「几」。《覲禮》原作「几」。

三、三前三雙下六「恒」，阮校據衛氏《集説》正作「垣」，是也。

四、六前二雙上三「欿」，阮誤作「歃」。所引係《左・襄二十六》，原作「欿」，且引以證「坎血加書」句，不得作「歃」。

五、六後二至後三「皇氏以爲春秋時盟乃割心取血故定四年鑪金云王割子期之心與隨人盟杜云當心前割取血以盟示其至心是也」。阮校云：「『鑪金』二字不可解，當爲『左傳』二字，但形聲絶不相涉，不知何以誤寫至此。浦鏜云『鑪金云』三字當爲衍文。」

案：定四年《傳》「鑪金初宦於子期氏，實與隨人要言，王使見辭曰『不敢以約爲利』」。王割子期之心，以與隨人盟」，皇氏之意蓋謂「王割子期之心」二語乃因鑪金所言，仍令子期自爲王盟隨人耳。阮氏直疑爲「左傳」二字之誤，浦氏直斷爲衍文。校書之難如此。

六、六後六雙下十一「征」，阮作「伐」。上「伐」，下應作「征」。

七、十前一雙下三「鏘」，阮作「鏘鏘」，阮校引惠校宋作「蹌」。此本則作「鏘」而不重，與各本作「鏘鏘」者不同，與惠校宋本作「蹌」者亦異。

八、二十四前二雙上十四「詁」，阮誤作「古」。

九、二十四前七雙下十一「又」，阮作「書」。案：此蒙上「尚書云」而來，應作「又」。

十、二十四前八雙下十四、十五「考壽」，當依阮作「壽考」。

十一、二十五前二雙下廿一「自」，阮作「有」。

十二、二十五前七雙上三「節」，阮作「界」。「界限」字，文氣不類唐初人。

十三、二十五後六雙下四「止」，阮誤「上」。

十四、二十六前五雙上二十及廿一「論議」，阮作「辯論」。「辯」字於本文無來歷。

十五、二十八首字「鶩」，阮本脱。

十六、二十八後一首「俱」，當依阮作「椇」。

十七、二十八後二雙上八「膊」，阮誤作「搏」。

十八、二十九前六雙上二十「大」字下，當依阮補「夫」字。

卷第八

一、二後一雙下十「止」，阮作「已」。案：所引《儀禮·喪服記》注原作「止」。
二、四後三雙上十三「詩」，當依阮作「時」。
三、八前六雙上二十「士」，當依阮作「七」。
四、九前八「有人弔者而天子拜之」，「天」當依阮作「夫」。
五、十前一雙下四「免」字下，阮誤隔「〇」。十三「結」，阮誤「絶」。
六、十二後二雙下十五「又」字下，阮本作「叔梁紇」。此本省作「梁紇」，非誤。
七、十二後六雙上十一「帷」，阮誤作「惟」。
八、十三前八雙下六「君」字下，阮多「爲」字。不必有。
九、十五前一雙下十五「有」，阮作「帝」。案：「有」字當誤，惟「帝」字亦不可信，當作「又」。
十、十五後六雙上廿一「牡」，當依阮作「牝」。

十一、十六前二雙下二「設」，阮作「謂」。

十二、十八前七雙上首「賜」，阮誤「則」。

十三、十九前二雙上九「卒」，阮作「死」。案：所述注原作「卒」，此本究少意改。

十四、十九前三雙上十二「告」，阮作「言」。凡兩通者，自當從舊本。

十五、十九前四雙下四「年」，阮作「已」。阮本係意改。

十六、十九後四雙下六「緣」，阮誤作「緣」。

卷第九

一、一後四雙下八「也」，阮本少此字。

二、二後六「曾子曰」，當依阮作「曾元曰」。

三、三後二雙上二及六「祿」與「身」兩字，阮誤互倒，致與下文無別。

四、六後三雙上十二字「一」，阮誤作「二」。

五、七後二雙下七「譏」，阮誤作「談」。

六、八後五疏下雙上八「履」，當從經文作「屨」。阮本標起訖句已節去此字。

七、九前三注「謂輕身亡孝也」，「亡」阮作「忘」。

八、十三後五疏雙下「業謂所學習業學業則身有外營」，阮本無「學業」二字。阮校引惠校宋本「習業」下重「習業」二字，然則他本皆無。而惠校之宋本則作「習業」，與此本又不同。

九、十六前四雙上三「壹」，阮作「一」。

十、十七後一注「賵」，當依阮作「賵」。釋文「芳用反」。

十一、二十後三雙下二十「比」，阮作「此」。似當作「此」。

十二、二十一前四雙下首「比」，阮作「此」。必當作「此」。

十三、二十二前一雙下十「曰」，當依阮作「日」。

十四、二十二前三雙下十八「日」，當依阮作「曰」。

十五、二十三前三〔一〕雙下十七「在」，阮本同。阮校閩本同，惠校宋及監、毛本作「則」。可知此本非惠校本。

十六、二十三後七行四「穨」，阮作「頹」。阮校辨各本之作「頹」、作「頽」而未及

〔一〕「三」應作「五」。

「積」字。下文「積」字同。

十七、二十四後五雙上九「而」，阮作「面」。阮本文義較劣。

十八、二十五前二雙下十七空一格，阮作「者」。此處不能有「者」字。

十九、二十五前二雙下十九「既」字下，阮衍「云」字。

二十、二十五前三雙下三「吾」，阮誤作「言」。

二十一、二十五前四雙下六空一格，阮作「者」。此處不能有「者」字。

卷第十

一、一後六雙下十五「無」，當依阮作「緦」。《司服》注原文可案。

二、二前一雙上三及十八兩「哻」字，應作「尋」。

三、二前一雙下二十「璟」，當依阮作「環」。

四、二後五注文「牆之障柩猶垣牆障家」，阮本同。阮校閩、監、毛本同，岳本、嘉靖本同，衛氏《集説》亦有，《考文》古本無此九字。盧文弨云：「九字古本無，乃疏中語。」山井鼎云：「下注『牆柳衣』，此注爲衍文明矣。」

五、二後七注雙下三泐一字，阮本遂無此空格，阮校閩、監、毛本同，衛氏《集説》同。岳本、宋監本重「崇」字，《考文》引古本、足利本同。又云：「宋板『崇牙』上闕字，似脱一『崇』字。」嘉靖本亦作「崇崇牙」。案：此本正同《考文》所引之宋本。

六、二後七注雙下六、七「旗旌」，阮作「旌旗」。案：疏中述注，此本亦作「旌旗」。

七、二後七注雙下十七「杜」，當依阮作「杠」。

八、四後六雙上十二「者」字，阮本無。

九、五前一雙下十八墨丁，阮作「蓋」，是。

十、五前二雙上十七墨丁，阮作「三」，是。

十一、五前三雙下一墨丁，阮作「彼」，是。

十二、五前四雙上十墨丁，阮作「以」，是。

十三、六前三雙下十九「云」，阮作「謂」。

十四、九前八雙下十三「朋」，阮作「明」。所引《喪大記》原作「明」。

十五、十二前七雙上十八「子」，阮本同。阮校監、毛本作「氏」，是也。

十六、十六前二末字「尸」，阮作「户」。據阮校從《石經》、宋監本、岳本、嘉靖本、衛氏《集説》皆同十行本，而閩本始作「尸」，監、毛本因之。又引《石經考文提要》云「上『出户』謂舉尸者，下『出户』謂武叔。宋大字本、南宋巾箱本、余仁仲本、劉叔剛本俱作『户』」云云。則此獨作「尸」，爲嘉靖以前各本所無。據注文以「尸出户」爲句，恐是因注而改作「尸」，遂無覺其本爲「户」者耳。

十七、十六前七雙下十「髻〔一〕」，當從阮作「髺」。《喪禮》原作「髺」。

十八、二十一首行之首「注言神至知」，當依阮作「注言神至所知」，且「注」字依例當用陰文。

卷第十一

一、四前六雙上末字「當」，阮本同。阮校引惠校宋作「常」，此本與惠校本異，但作「常」無可疑，「當」乃誤字。陳成子常即陳恒，亦稱「田常」者也。

二、八後四雙上六〔二〕「用」，阮作「依」。阮校引惠校宋作「用」，盧文弨云：「疑

〔一〕「髻」應作「髺」。佩案：潘《校》所出三字相同，查八行本作「髺」，與阮本相差不大，刻工誤刻。

〔二〕「六」應作「七」。

『周』字。」案：從文例當是空格。

三、十前八雙下十五「注」字用陰文，誤。此云「杜注」，非述本書之注。

四、十後六雙上十一「者」，阮本無。當有。

五、十後七雙下六「非」字下，阮多「禮」字。

六、十三後六雙上十五「而」，阮作「禮」。阮校引惠校宋本「禮」下有「而」字。《考文》宋本「禮」作「而」，下屬，與惠校本不同。案：此可見惠與《考文》所據兩宋本各不同，而此本則同《考文》本，非惠校本。

七、十四後五雙上十五「接」，阮誤「按」。

八、十八後一雙上六「用」，阮同。阮校惠校宋本無此字。此本不同惠校本。

九、十八後二雙下八、九「者絇」二字，阮本無。阮校云：「惠校本作『絇者』，《考文》宋板作『者絇』。」此亦與惠校本不同。此本不同惠校本而同《考文》宋本。

十、十九後六注「椵」，當依阮作「椴」。釋文「徒亂反」。下同。

十一、二十後一雙上十五「也」，阮作「杝」。

十二、二十後一雙下廿一「椑」，阮誤「梓」。

十三、二十後四雙上十七「唯」，阮本同。阮校閩、監本同，衛氏《集説》同，惠校宋作「惟」，毛本「唯」誤「雖」。《考文》引宋板作「唯」。案：同《考文》宋本，不同惠校宋本。

十四、二十一前一雙上十九「叚」，當依阮作「段」。

十五、二十一前五雙下十七「槨」，阮誤「郭」。

十六、二十二後六雙上四「者」，阮本脱。

卷第十二

一、一後六雙上首「推」字，阮作「惟」，誤。

二、三前五雙下一、三「謂」，阮誤「是」。「是」，阮誤「謂」。

三、四前一雙下八「宫」字上，當依阮補「殯」字。

四、六前七疏雙下「大夫弔」下，阮衍「者」字。

五、七前三雙上十三「示」，阮誤作「是」。

六、七後五雙下六空格，阮作「者」。案：標起訖之句下空格，阮往往作「者」字。此處若作「者」，與下句文義相犯。

七、九後四雙下十四「常」，阮誤「當」。

八、十後三雙下三「喪服大功章」上，阮校引惠校宋本有「案」字。

九、十二前二雙下末字「持」，當依阮作「特」。

十、十二後二雙下「稽顙至利也」五字及下一空格，阮作「稽顙至遠利也　正義曰」十字。阮校引惠校宋本無「稽顙至遠利也」六字。　案：惠校宋本無此標起訖之句，而下有「正義曰」句，與此本絕不同。此本與各本亦皆異。

十一、十二後七雙下二十、廿一「埽祭」，阮作「埽除」。阮校云：「惠校宋作『除』，十行本『埽除』誤作『婦祭』，閩、監、毛本誤作『歸祭』。案《考文》但云宋板『歸』作『埽』，不云『祭』作『除』，非。」　案：此本正同《考文》宋本而非惠校宋本。當從惠校本爲定。

十二、十六前四雙上「復盡至義也」，阮同。阮校引惠校宋本無此五字。　案：此本有此五字而少阮本之「正義曰」三字，宋本既不似阮本之分節，自應有此五字而少「正義曰」，從下文各條之例，則此阮校所引惠校殆分節法又不同耶？

十三、十九前五雙上十二「含」，阮誤作「舍」，下同。

十四、十九後八雙下廿一「經」，當依阮作「經」。

十五、二十後五雙上十七「麋」，阮作「麋」。

十六、二十三首墨丁，阮作「虞」。

卷第十三

一、一前七首「所」，阮作「弔」。案：臣喪未襲，君往臨之，不得言弔。古本可貴。

二、一後三雙上二十「云」字，阮作「云士」二字。阮校閩、監、毛本同，《考文》引宋板無「士」字，又引盧文弨云：「或是無『云』字。其下句『又士喪禮大歛而往』，似當作『又大夫士既殯而君往焉』。」案：盧紨本書《喪服大記》文應如此。

三、二後一雙上三「人」字下，阮多「之」字。

四、三後七雙上四「不」，阮作「還」。案：「不可用」即上文所云「以鬼神異於人故物不可用」，阮作「還可用」，意屬下句，係妄改。

五、四前八雙上八　雙下六　兩「識」字，阮皆作「械」，係妄改。

六、五前二雙下九「氏」，阮作「也」。當從此本作「氏」。

七、六前一雙下十二及十三兩「寧」字，阮誤作「靈」。《魯世家》作「寧」，《六國表》注尤明引《系本》悼公名寧，與此同一根據。

八、六後二雙下三「狐」，當依阮作「裼」。前經文「子游裼裘而弔」，並無「狐」字。

九、六後三雙下一「云」字下，阮多「帶凡單云」四字。阮校引惠校宋本無此四字，又引盧文弨云：「宋本脱四字，非也。」案：此本同惠校之宋本，但當依阮本補四字。

十、七後三雙上八「便」，阮誤作「更」。「便」字意義爲長。

十一、七後五雙下十五「旁」字下，阮校毛本多「加折卻之」四字，引盧文弨云：「宋本無，以有之爲是。」案：所引《既夕禮》原文有此四字。

十二、八前四雙下五空格，阮不空。阮校引《考文》云：「宋板作『个』字。」案：此處不應有「个」字，當是辨其爲衍文而刓去之，故此本成空格。《考文》宋本尚未刓。

十三、八後四注雙上三「同」，阮作「司」。阮校閩、監、毛本誤作「同」，惠校宋本作「司」，岳本、嘉靖本、衛氏《集説》皆作「司」。案：十行本尚作「司」，則此本之誤作「同」反爲閩、監、毛各本之所從出，異乎惠校之宋本矣。

十四、八後七雙下十七「同」，阮本亦作「同」，阮校引惠校宋作「司」。案：與上條一貫。

十五、八後七雙下廿一「同」，阮本亦作「同」。阮校引盧文弨云：「此『同』亦當作『司』。」案：盧説非也，惠校於此「同」字即不言宋有異同，觀下文兩見「同處」字樣，此句所云「爾當同此婦人與男子在一處」，即下文「同處」二字所由來。

十六、十四前一雙上六「毆」，阮誤「歐」。阮校閩、監、毛本同，衛氏《集説》「歐」作「毆」。案：所引《穀梁傳》原文作「毆」，音「丘于切」。《説文》無「毆」字。毆，古與「驅」通。

十七、十六前六注雙上九　雙下三　兩「騰」字，阮本同。阮校宋監本、岳本、嘉靖本、惠校宋本皆同，閩、監、毛本作「媵」，衛氏《集説》同。案：鄭既云《禮》「揚」作「騰」，明謂「揚觶」即《燕禮》之「媵爵」；又云「騰，送也」，明謂「媵」訓爲「送」，非「騰」字。

十八、十七後二雙下十四「騰」，阮本同。阮校當作「媵」。

十九、十七後三雙上四「騰」，阮已作「媵」。

二十、十七後三雙下三「騰」，阮本同。阮校當作「媵」。

二十一、十九前二雙上　「故謂至文字」句，阮本作「故謂至文子者」。阮校閩、監、毛本同，惠校宋本無「者」字。案：「字」爲「子」之誤，惠校但訂宋無「者」字，不云「字」字之誤，則惠校之宋本尚未誤。

二十二、二十三前四雙下二十　「妾」，阮作「婢」。　案：注既云「婢子，妾也」，疏又述之於上文，則此處正當作「妾」。

二十三、二十三前六雙下　「晉趙孟孝伯並將死」，阮本同。阮校閩、監、毛本同，齊召南云：「按此引晉趙文子及魯孟孝伯兩事也，『孝伯』上脱『魯孟』二字。」　案：兩「孟」字誤作一，遂并奪中間「魯」字。

二十四、二十四後五雙下八空格，阮作「〇」。阮校以「〇」爲衍。此本空格亦衍也。

二十五、二十五前六「負紼末頭」四字中間空一格，阮本四字相連不隔斷。　案：「末頭」謂紼之末頭，不應隔斷。

二十六、二十六前一雙下十三「温」，當依阮作「溫」。

二十七、二十六前四雙下九「曉」，阮作「能」。當作「曉」。

二十八、二十六前四雙下十四「傷」，當依阮作「傷」。

卷第十四

一、二前五雙上十三「踦」，阮本同。阮校引惠校宋本作「錡」。阮又案云：「此引《左氏傳》作『錡』，不作『踦』也。」案：《檀弓》自作「踦」，上文注與疏所作「踦」字皆不誤，惟此句因引《左傳》，故作「錡」。惟惠校宋本如此。此本已與惠校本不同。

二、二後二雙下九「且」，阮作「但」，非。

三、三首字「也」，阮本無。

四、三前一雙上十一「曰」，阮本同。阮校閩、監、毛本同，《考文》引宋板闕。案：《考文》宋本闕一字，是也，此處應作空格。此「曰」字亦明有羼入痕迹，乃修板時誤填。

五、四後七雙上十「兵」，阮誤作「其」。

六、五前二雙下廿一「及」，阮誤作「是」。

七、五前三雙上十五「之」字下，阮校云：「惠校宋本有『義』字，是也。」案：此本與惠校宋本不同。

八、八前七雙下二十「鼓」，當依阮作「蕢」。所述之注作「蕢」。

九、十後三首字「由」，阮本同，但此本有刓補痕迹。下文有「未葬猶生事」句，此當作「猶」，依他本作「由」者，鑱補耳。由、猶古亦通。

十、十一前一雙上十四「事」，阮誤作「義」。

十一、十一前五雙上十五「故」，阮誤作「政」。

十二、十一後四雙上十四「易」，阮誤作「故」。

十三、十一後四雙上二十「王」，阮誤作「生」。

十四、十二前五雙下七「袒」，阮作「但」。阮校閩、監、毛本同，《考文》引宋板作「袒」，又引段玉裁説「但」爲《説文》「袒」之正。或惠亦因此不校。

十五、十四前八雙上末「柏」，爲「栢」之誤，阮作「桓」。

十六、十四後一行三「墟」，阮本同。阮校引惠校宋本作「虚」，注同。案：注亦作「墟」。此本與惠校宋本異。

十七、十五前八雙上廿一「地」字上，阮多「之」字。

十八、十五後三雙下二十「離」，阮作「疑」。

十九、十六前三「其歛以時服」，注「以行時之服」，阮本「行時」誤倒作「時行」。

疏有「歛以行時之服」句。

二十、十六前四注雙下末空格，阮校閩、監、毛本、岳本、衛氏《集説》此處皆有「所」字，十行本脱，嘉靖本同。案：疏述注標句云「亦節至尺所」，又云「謂『高四尺所』者，言墳之高，可四尺之所」，又云「故云『四尺所』，是不定之辭」。則正義本有「所」字。

二十一、十七前五雙上六「車」，當依阮作「東」。案：所引《覲禮》原作「東」。

二十二、十七前八雙下十四「反」，阮誤作「及」。

二十三、二十後七雙下十八「呼」，阮作「乎」。

二十四、二十四前一雙上末「京非」二字，阮作「非葬」。案：兩本皆誤，當作「京非葬之處」，「葬」字誤作大字混入下經文之上。

二十五、二十五前八雙下十八、十九「生死」，阮作「死生」。

二十六、二十六前二雙上四「故」，阮作「既」。阮校閩、監、毛本同，惠校宋本「既」上有「故」字。案：此本有「故」無「既」，阮閩、監、毛本有「既」無「故」，惠校宋本兼有之。此本與惠校宋本異。

二十七、二十六後五行三「託」，阮作「托」。阮本注仍作「託」。

二十八、二十七前三雙下六「言」，阮無此字。

二十九、二十七後三雙上十六「恒」，阮誤作「桓」。

三十、二十八後六雙上二「云」，阮本同。阮校閩、監、毛本同，惠校宋本作「言」。此本與惠校宋本異。

三十一、二十九後二雙上六「夫」，阮誤「文」。

三十二、二十九後四雙上七「先」，阮本無。

三十三、三十前二末「焉」，阮本無。阮校閩、監、毛本同，惠校宋本「者」作「焉」。此本「焉」下又有「者」字，與惠校宋本異。

三十四、三十前七雙上「繆讀爲木樛垂之樛」，阮本「讀」作「當」。阮校引惠校宋本作「讀」，宋監本、岳本、嘉靖本同，閩、監、毛本作「繆當爲不樛垂之樛」，衛氏《集説》作「繆讀爲不樛垂之樛」。段玉裁云：「『不樛』是也。」《喪服傳》作「不樛垂」。此本與惠本同。「木」字爲「不」字之誤。

三十五、三十一前四雙上十四「木」　雙下三「木」　兩「木」字當依阮作「不」，説見上條。

三十六、三十二前二雙上十七、十八「成人」二字，阮作「正義」，誤。

三十七、三十二後五「曰天則不雨」，「則」阮作「久」，非。

卷第十五

一、一後五雙下十三「者」，阮本同。阮校閩、監、毛本同，《考文》云：「宋板『者』作『等』。」案：此本又與《考文》宋本異。

二、一後六雙上三「者」，阮校見前條，下引盧文弨云：「亦當作『等』，而《考文》不著。」

三、四前八雙下「王者封之」句，阮本同。阮校閩、監、毛本「之」作「國」，《考文》引宋板作「之」，盧文弨以「封之」爲非。案：正義原引《元命包》文斷句，若以文義求其完足，宜乎强改「之」字爲「國」字，盧仍不免此成見。

四、五前五雙上十四「變」，阮作「改」。阮校毛本作「變」。案：惠用毛本校宋本，此處無校語，宋本當亦作「變」。

五、五後八雙下三〔一〕「士」，當依阮作「上」。

〔一〕「三」應作「四」。

六、六後三雙下末「故」，阮誤作「者」。
七、六後六雙上十九「情」，當依阮作「精」。　「周爵五等，法五精」，已見上疏。
八、七後六雙下九「下」字下，阮多「以」字。　可不必有。
九、七後八雙上廿一「大」，阮本同。阮校引齊召南云：「當作『小』。」
十、八前一雙上十四「已」字下，阮校引齊召南云：「脱『小』字。」
十一、八前一雙上二十字「十」，阮校引浦鏜云：「當作『七』。」
十二、八前一雙上末「比」，當依阮作「此」。
十三、十前一雙上十一「士」，阮作「數」，誤。　疏述注作「士」。
十四、十一前四雙上首「十十」兩字之下，阮校引惠校又重「十」字。　案：正義謂俗本脱一「十」字，惠所校本乃非俗。此本與惠校本異，尚是正義所謂俗本。
十五、十一前四雙上十五「與」，阮誤作「其」。
十六、十二前三雙上首「六十也」之上，阮多「言十於六卿」五字。阮校閩、監、毛本同，《考文》宋板無。　案：《考文》所引宋本已同，此本無此五字，從文例當有。
十七、十三後七雙上十二「百」字下，阮校閩、監、毛本多「里」字，十行本脱「里」字，《考文》引宋板同。　案：此本同《考文》宋本。

十八、十三後七雙下十七字「三」，阮誤作「二」。

十九、十七後二雙下三字「二」，阮本同。阮校閩、監、毛本同，惠校宋本作「三」。案：此惠校宋本之誤。

二十、十七後七雙下末「方」，阮同。阮校閩、監、毛本同，《考文》宋本無，非也。

二十一、十七後八雙上六「山」字下，阮多「澤」字。阮校閩、監、毛本同，《考文》引宋本無，非也。案：上兩條「方」字則此本有，與《考文》宋本異，「澤」字則與《考文》宋本同無。此本又非《考文》之宋本。

二十二、二十一前五雙下「鄭答志云」，阮本同。阮校閩、監、毛本同，浦鏜以爲當作「鄭志答某云」，盧文弨以「答」字衍。案：《周禮·天官·敘官·凌人》疏，賈亦引「鄭答志」，則自有此名，非誤也。《鄭志》自有種種分目，如《祭法》首節疏引《禘問志》，《詩·周頌·我將》疏亦兩引《禘問志》，皆是。

二十三、二十一前八雙下十八「立」，阮本同。阮校閩本同，惠校宋本同，監、毛作「云」，盧文弨云：「『立』字非。」

二十四、二十二後三雙下十七「下」，當依阮作「不」。

卷第十六

一、二前二雙上　「下大夫五人士二十七人」，阮作「下大夫五上士二十七人」。阮校閩、監、毛同，惠校宋本「五」下有「人」字，《考文》引宋板「上」作「人」。山井鼎云：「『或作『上』或作『人』，俱脱一字，當作『下大夫五人上士二十七人』。」按此《考文》與惠校不同。案：據阮説惠本獨完全無缺，此本同《考文》本脱「上」字，十行以下各本脱「人」字。

二、三前五疏雙下二「經」，阮作「節」。

三、三後六雙上四「經」，阮作「節」。

四、七前一雙上廿一「皆」，阮誤作「者」。

五、八前二雙下廿一「如」，阮誤作「加」。

六、八後一雙下八字「一」，當依阮作「二」。

七、八後三雙上五「玉」，當依阮作「王」。

八、九後七雙下十「王」，阮作「云」。阮校閩、監、毛本同，惠校宋本作

「王」，非。

九、十後二雙下三字「二」，阮本脱。阮校引惠校宋作「三」，《考文》宋作「二」，與惠校小異。案：惠校宋本最正確。此本同《考文》本。

十、十四前四雙上二「命」，阮誤作「制」。所引《左傳》原作「命」。

十一、十五後五雙下首「制」，阮作「禮」，誤。

十二、二十一前二雙上三「云」，阮本同。阮校惠校宋本同，《考文》宋本缺。此本同惠校本。

卷第十七

一、六前五雙下八「似」，阮誤作「以」。案：得此本乃知誤字之神理不足。

二、七前七至前八「故穀梁桓四年」，阮作「故穀梁淵聖御名四年」。阮校閩本同，惟「故」字作「按」，《考文》作「故」，監本、毛本作「穀梁桓四年」，衛氏《集説》同，下同。案：據阮校監、毛作「桓」，惠無校語，則惠校之宋本不諱欽宗，其板刊在欽宗以前可知。十行本諱「桓」字，閩本仍之未改，而《考文》宋本則與相同，是《考文》

宋本刊在欽宗以後。今此本亦不諱欽宗，知其必用北宋本爲祖本，且或就北宋舊板修刊之故，仍北宋之舊式，猶閩本刊修於明代而仍十行本之諱欽宗也。阮所云「下同」，見下卷。此本缺葉，刓字往往同惠校本，可知一部分板片尚係北宋原刻。

三、八後一雙上末「綏」，阮誤作「緌」。

四、八後二雙上五「緌」，阮誤作「綏」。

五、九後四雙下二十「材」，阮誤作「林」。

六、十一前六雙上十一「唯」，阮誤作「爲」。校勘記中舉此句仍作「惟」。

七、十一後五雙上五「所」，阮作「之」。得此本其意義大不同，所以可貴。

八、十二後三雙下十八、十一〔一〕兩「五」字，阮作「三」。阮校本作「五」，惠校宋本亦作「五」，從閩、監、毛本訂正作「三」。案：阮氏大誤，似并前後文理而茫然矣。

九、十二後四雙下十五「并」，阮誤作「乘」。

十、十四前三至前四「皆數死月死日」兩「死」字，阮作「往」。阮校惠校宋本作「往」，監本作「死」，非。案：此本與惠校本不同，但作「死月死日」並不始於明監本。

〔一〕「十一」應作「二十一」。

十一、十四前四雙下二「及」，盧文弨云：「當是『乃』。」

十二、十四後一首「傳甘」二字，阮作「傳其」。阮校監、毛本同，惠校宋本「其」作「甘」，閩本「其」字闕，盧文弨云：「『傳其』當作『侍其』，覆姓也。宋作『甘』，更誤。」

十三、十五後五雙上二十「下」，阮作「不」。兩字適皆可用，但當從未翻刻之宋本。

十四、十六前四雙下十「丘」，阮作「立」，誤。

十五、十六後二雙上三「祔」，阮校引惠校宋本作「附」。下後二雙上十九「附」字同。此本一作「祔」，一作「附」，與惠本異。

十六、十八後七雙上廿一「武」，阮誤作「文」。《明堂位》「武公之廟，武世室也」，《春秋》「立武宮」在成六年，《左氏》《公羊》皆譏之。

十七、十九後六雙下九「於」，阮誤作「以」。

十八、二十前一雙下十一「注」陰文，阮誤作「廟」。

十九、二十一前一雙上四「破」　十三「破」兩「破」字，阮皆作「改」。當從此作「破」。

卷第十八

一、二後三雙上八「因」，阮誤作「用」。

二、二後五雙上十八「殷」，阮誤作「因」。

三、二後六雙下廿一「夏」，阮誤作「是」。

四、三前四雙上末「堂」，當依阮作「當」。

五、四後五雙上末字「始」，阮作「注」。

六、五後一雙上十五字「二」，阮誤作「礿」。此本可貴。

七、六後五雙上首「其」，阮作「時」。當作「其」，阮本爲妄改。

八、六後五末　後六雙上廿一　兩「桓」字，阮皆作「淵聖御名」。此與上卷同，在阮本同在第十二卷一卷之内，他處亦有「桓」字，不過作「桓」而已。

九、七前五雙下三、四「記閣」，阮作「汜閣」。阮校十行本原作「記」，閩、監、毛本同，作「記閣」，惠校宋本「記」作「汜」，《考文》宋本「閣」作「閤」，《通典》引亦作「汜閤」。案：「汜閤」二字，合惠校及《考文》兩宋本乃成之，此本作「記」，則與惠校本異。「氾閣」又見《月令·孟春》疏。

十、十前三雙下首「外」，阮本同。阮校閩、監、毛本同，衛氏《集説》同，惠校宋本作「内」。此本作「外」，與惠校本異。

十一、十一後一雙上六「當」，阮作「必」。

十二、十一後三雙上八「築」，爲「案」字之誤，有修補脱壞痕跡。阮作「按」。

十三、十二前三第二注「若」，當依阮作「苦」。

十四、十二後七疏雙下九「會」，當依阮作「食」。

十五、十二後七疏雙下十一「別」，阮作「同」。

十六、十二後八雙下十五「王」，阮誤作「五」。

十七、十三前一雙上十一「廬」，當依阮作「盧」。

十八、十四前七雙上十七「竿」，當依阮從監、毛及衛氏《集説》正作「竽」。

十九、十四前七雙上至雙下「二曰咳者首曰焦僥」，阮本及閩、監、毛本、衛氏《集說》作「二曰咳首三曰僬僥」，惠校宋「首」作「者」。案：此可知惠校宋本亦作「咳者」，而此本之「首」字當然係「三」字之譌，所以致譌之故，正由黄氏校刻時注入他本有作「首」字者，遂舛其處耳。

二十、十四前八雙上「或者兇戎」，阮作「戎者兇戎」〔一〕。阮校閩、監、毛本作「戎者兇也」，惠校亦同作「兇戎」。案：「或」字諸家所未見。

二十一、十四後二雙下末「被」，阮作「斷」，非。

二十二、十四後四雙上至雙下「卧則僢足同字」，阮作「卧則僢無同字」。阮校閩、監、毛本同，惠校宋本「僢」下有「足」字。案：詳惠校增「足」字，不改「無」字，則惠校本乃作「卧則僢足無同字」，與此本不同。「同字」當指「浴則同川」句之「同」字，「浴則川」謂浴於川中耳，「無同字」之「無」字不可少，下云：「俗本有『同』字，誤也。」

二十三、十四後六雙下末墨丁，阮作「證」。

卷第十九《王制》

一、二前四雙上末「之」，阮作「成」。下句「能習禮則爲成士」，或當作「成」。

二、二後二注雙下一「待」，當依阮作「術」。

〔一〕「兇戎」應作「兇也」。佩案：潘《校》引阮校錯誤，查檢阮校原文作「戎者兇也」。

三、二後七雙下末墨釘，阮作「重」。

四、三後八雙下五「王」，當依阮作「正」。

五、五前五雙上十七「去」，當依阮作「云」。

六、七後三雙下十八「止」，阮誤作「上」。

七、十後八注雙下五、六「正平」，阮誤倒作「平正」。疏作「正平」，可證。

八、十四前四雙下十「史」，阮誤作「吏」。

九、十四前七雙上廿一「以」，阮誤作「聽」。

十、十四後二雙上廿一「於」，阮誤作「所」。

十一、十四後七雙上首「又」，當依阮作「人」。

十二、十六後八雙上至雙下「幅廣四尺八寸爲尺」，阮校引惠校宋本兩「尺」字皆作「咫」。案：作「咫」字而後可通。此本則明非惠校之宋本。

十三、十六後八雙下九字「三」，阮蝕作「二」。十三字「二」，阮誤作「三」。

十四、十八　惠校原闕此葉，今此本亦係抄補，與相合。此葉内疏文標明起訖語有「天子至國用」一語，阮引惠校宋本無此五字，當係惠據又一宋本。

十五、十八前一注「質王受之」，阮本同。阮校閩、監、毛本同，嘉靖本同，岳本作

「贊」，衛氏《集説》同，《考文》引宋板、古本、足利本同，宋監本亦同。

十六、十八前七疏雙下首「論」字下，阮有「歲終」二字。此鈔補葉脱文，當補。

卷第二十

一、一後四雙下十九「盧」，阮誤作「虞」。

二、四後二雙下二、三「揖君」二字，阮校引惠校宋本作「君揖」。案正義云：「君出揖之」，是君揖，非揖君也。朱子云：「注『揖君』當作『君揖』。」是南宋人所見本已誤倒。此本明非惠校本。

三、五後五疏述注云「大夫士之老者揖君則退」。此「揖君」二字仍承前誤，阮本則作「注大夫至則退」，故其間不涉「揖君」字之誤倒，毛本亦然，故惠亦不須再校。要之此本非惠所校本，此二字則始終互倒，仍當據前惠校語正之。

四、六前七[一]雙上末「正」，阮作「此」。此本「正」字亦有嵌補痕迹，或當從阮，但「正」字亦非不可通。

[一]「七」應作「八」。

五、六後一雙下末墨丁，阮作「四」，或然。

六、六後七雙上末墨丁，阮作「德」。　此與上「凡常有賢德」句不足相別，恐未可信。

七、八後一雙上四「庠」，阮誤作「序」。

八、八後三雙上　「宣謝災之謝」　兩「謝」字俱修改作「榭」，阮本作「謝」。阮校閩本同，《考文》宋本同，監、毛作「榭」、「災」作「火」，衛氏《集説》同，《鄉射》注作「如成周宣榭災之榭」。案《説文》無「榭」字，經、傳通作「謝」，《荀子・王霸》篇「臺謝甚高」，楊倞注「謝與榭同。」《左氏》《穀梁》宣十六年傳「成周宣榭火」，釋文皆云：「『榭』本作『謝』。」　今案：上「榭」字明爲「謝」字所刓改，其言旁尚未泯，下「榭」字木旁亦太小，補嵌之迹較然。其實此本同《考文》宋本，亦同十行及閩本。監、毛乃改「榭」，而「災」字亦改作火。此本「災」字未改。以三傳論，惟《左氏・宣十六》作「火」，《公》《穀》皆作「災」；《公羊》作「謝」，《左》《穀》雖作「榭」，而釋文皆云「本作『謝』」，蓋亦後世改爲「榭」也。

九、九後二雙上二十「與」，阮誤作「以」。

十、十一前一雙下十　前二雙下四　兩「傿」字，阮俱誤作「憔」。

十一、十一前五雙上「父齒者也」句，阮本同。阮校監本作「老」，衛氏《集説》同。此本「老」誤「者」，閩、毛本同。案：阮校大誤。上文「父之齒隨行，兄之齒雁行」，本文「輕任并，重任分，班白者不提挈」，正義以此爲所以待父齒者，不闌及兄齒者也。若作「老」字成何文理？

十二、十三前一雙上廿一「自」，阮誤作「此」。

十三、十五前七雙上八[一]字下，阮多一「里」字。明爲衍文，阮未校及。

十四、十七後五雙上十一「合」，當依阮作「命」。十五「者」，阮作「〇」，非也。

卷第二十一

一、二前三雙下十七「旡」，阮作「無」。此字應作「旡」，與下「無」字别。

二、四後二雙上三「則」字下，阮嵌補「晝」字。從下文例當補，但十行本亦原無「晝」字，擠嵌之迹顯然，又無校語，未知所據何本，抑宋刻十行本時即如此擠入耶？

[一]「八」下缺「十」字。佩案：「十」字爲引文。

三、四後五雙上七字「千」，阮誤作「十」。

四、五後四雙下四「觜」，阮作「訾」。《爾雅·釋天》作「觜」，《左傳·襄三十》作「訾」。《爾雅》亦各本不同，蓋皆不誤。

五、六前二雙下十五、十六「精陽」二字，阮校從浦鏜引《爾雅》疏倒作「陽精」。

六、六前四雙下十五「是」，阮校從浦鏜引《爾雅》疏改作「足」。

七、六前五雙上八「井」，阮誤作「共」。

八、七前一雙上六「爲」，阮作「謂」。據阮校乃從盧文弨説改。

九、七前二首「爲」，阮作「謂」，同上。

十、十前六雙下七「穴〔一〕」，阮本作「宀」。阮校引惠校宋本作「宀」以訂十行，及閩、監、毛各本俱誤作「山」。而此作「宂」，明非惠校之宋本。

十一、十二前一雙上四「主」，阮誤作「爲」。上宮、商、角、徵四項皆作「主」。

十二、十二後六雙下十三「取」，阮誤作「坂」。《律曆志》原文正作「取」。

十三、十三前五雙上五「種」，阮誤作「鍾」。

十四、十五前一雙下末「⿰氵左」，當依阮作「佐」。所述注原作「佐」。

〔一〕「穴」應作「宂」。

十五、十五前五雙下十九「精」，當依阮作「精」。

十六、十五前八雙上七「月」，阮本脱。此處兩「月」字，上一「月」字，阮因十行誤作「日」，有校語。此重一「月」字，十行脱而不校，殆閩、監、毛本皆脱，而阮又漏校耶？

十七、十五前八雙上十八「也」，阮本脱。

十八、十五前末「大」，當依阮作「九」。

十九、十五後一雙上「地數三十所以三十者」，阮脱「所以三十」四字，與上文不一律。

二十、十五後五雙上末字「比」，阮作「厲」。「比」字必誤。

二十一、十六後一雙上末「載」，阮作「取」。

二十二、十七前一雙下十九「最」，阮誤作「祭」。

二十三、十七前四雙上「今文尚書歐陽説」，阮引惠校云：「歐陽之説本諸内經。」則惠非但校文字異同，亦有疏證。

二十四、十七前七雙下六「病」，阮作「疾」。

二十五、十八後七雙上廿一「水」，阮誤作「冰」。

卷第二十二

一、一前八雙下二十「車」，阮誤作「事」。

二、五前四注雙上二「語」，當依阮作「謂」。　疏述注標起訖云「注相謂至兆民」。

三、五後八雙下二「行」，阮本同，阮校從盧文弨説作衍文。

四、六後五「措之于參保介之御間」，阮本同。阮校「于參」，《吕覽》作「參于」，「之御」段玉裁依正義作「御之」。　按：正義「于參」亦作「參于」。

五、七前四雙上十九字「三」，阮誤作「二」。

六、七前四雙下九「漸」，阮誤作「迎」。

七、七後七雙上四「籍」，阮作「藉」，與上下一律。　此本有修補痕，原當作「藉」。

八、八前三雙下十「大」，阮作「天」。　所引《祭義》本作「天」。

九、九後八雙上十「氾」，阮校云：「當作『氾』，惟監本不誤。」

十、十前三雙下「鄭所引農書勝之十八篇」，阮從浦鏜云「鄭所引農書」五字衍、

「鄭」字上當有「氾」字。

十一、十前六雙上十五「令」，當依阮作「令」。

十二、十後六雙上十「此」，阮作「其」。

十三、十二後八雙下七「建」，阮作「逮」。

十四、十三前五雙下廿一「令」，當依阮作「令」。兩俱不協，恐是一律二字之譌。

十五、十三後四雙下十六「皆」，當依阮作「者」。

十六、十四前二雙上　六空格　七陰文「注」字　阮誤作「注云」二字。

十七、十五後五雙上廿一「鬼」，阮誤作「星」。

十八、十六後六雙上十二「鳸」，阮作「鳴」。阮校各本皆作「鳴」，浦鏜校改「鳸」。

案：浦改係據所引《爾雅·釋鳥》原文，今此本正作「鳸」，可知此本之獨善。

十九、十七後二注雙上十三「祖」，當依阮作「祝」。注云「天子所御謂今有娠者於祠大祖酌酒飲於高禖之庭以神惠顯之也」，注所云「祠」即經文之「祠於高禖」，「於祠」即「於祠高禖之所」。若作「大祖」，此時絶與「大祖」無涉，而正義則云「祭高禖既畢，祝官乃禮接天子所御幸有娠之人，謂酌酒以飲之」云云，所云「祝官」正根據鄭注之「大祝」，可知正義本原作「祝」。

二十、十七後四雙下廿一「平」，阮作「正」。下經文自作「正」，則當從阮。阮校十行誤作「平」，惠校宋本同，從閩、監、毛本訂作「正」。然則此本與惠校宋本同誤。

二十一、十八前五雙上十五「牿」，阮作「梏」，非。《易》原作「牿」。

二十二、十八前五雙下末「之」，阮作「尸」。所述注原作「尸」。

二十三、十八前七雙下十七「夘」，當依阮作「卵」。

二十四、十八前八雙下十四「朔」，當依阮作「翔」。

二十五、十八後二末「爲」，阮作「高」。阮校引惠校云宋板「高」誤「爲」。案：此與惠校宋本同誤。

二十六、十八後六雙上三「鳳」，阮校從段玉裁説當改「鳦」。

二十七、十九前六雙下十七「林」，當依阮作「材」。

二十八、十九前七雙上十九墨丁，阮作「何」，或是。

二十九、十九前八雙上十九、二十「天林」二字爲「天材」之誤。

三十、十九後六雙上八「予」，阮作「平」。此「予」字字體散漫，本有嵌補痕跡，疏中自作「平」。當「平」，阮本不誤。

三十一、十九後七雙下七「觀」，當依阮作「概」。

三十二、十九後八行八「備」　注雙上二「猶」　雙上六「蟄」。

三十三、二十一前一雙下十一「未」，阮作「末」。阮校引惠校宋作「未」。　此本同惠校宋本，然此處文義應作「未」。

三十四、二十一前三雙上十六、十七「靜動」，阮作「動靜」。　所述注本作「動靜」，疏上文引注標起訖時仍作「動靜」，則此亦當從阮本。

三十五、二十二後一雙下首墨丁，阮作「人」。

三十六、二十二後四雙下「所以校一月也」，阮校云：「『校』下疑脱『遲』字。」案：「校」猶差也，言校則「遲」「速」等程度字皆括。其上經文「日夜分」句，正義有云「與蔡校一刻也」，與此同義，彼處不疑脱字，何於此疑之？《算術》中有「和及校」。唐人詩薛能《蜀黃葵》云「記得玉人春病校」，李郢《酬友人春暮寄紫花茶》云「相如病渴今全校」。

三十七、二十二後五首「舞」字上，當依阮補「習」字。

三十八、二十三前六雙上末「三」，當依阮作「王」。

三十九、二十三後七雙下八「于」，阮本同。阮校監、毛本、《考文》宋本皆作「干」，閩本作「於」，尤誤。　案：毛作「干」，惠不校，則北宋本亦作「干」。《考文》

宋本亦作「干」，此本與十行本同誤。

四十、二十四前四雙上十四「唯」，阮作「爲」。「唯」字義長。

四十一、二十四前四雙下十五「也」，阮作「音」。「也」字意已足，不得更作「音」字。

卷第二十三

一、一後一注雙下三「母」，阮本同。阮校各本作「母」，惟惠校宋本及宋監本作「毋」。案：此字爲鳥名，取其字之音而讀作「牟」，則不必定作「毋」，但亦異於惠校宋本之證。

二、一後六雙下「三月中日在胃九度」下，阮引盧文弨云「有缺文」，當云「昏張十度中旦斗二十五度中三統曆二月之節日在奎五度自奎五度至胃七度」共補三十二字，乃接「凡三十度」句。案：盧以文例用《宋書·曆志》補《元嘉曆》文，用《前漢書·曆志》補《三統曆》文，計數脗合。

三、五前八雙上十二「也」，阮誤作「野」。

四、八後一雙下十二「歐」字誤，當依阮作「毆」。或用正體作「毆」。

五、九前末「陵」，阮誤作「林」。　正義阮仍作「陵」。

六、十前五「祭先肺」，阮「肺」作「胏」。阮校引惠校宋本同，則此本非惠校本。阮又引岳本《考證》當作「肺」，否則成「乾胏」之「胏」。

七、十〔一〕前五雙上十四「中」字下，阮多「曰」字，但亦是擠入，又無校語。

八、十一前七雙上五「昏」，當依阮作「春」。

九、十二前二雙下十五字「二」，各本皆同誤。阮依浦鏜校改爲「三」，計數方合。

十、十二後四雙上廿一「此」，阮誤作「北」。

十一、十二後六雙上六〔二〕「主」，當依阮作「王」。

十二、十四前末「亦」，阮誤作「是」。

十三、十四後七雙上十三「何」，當依阮作「河」。

十四、十五前四雙上十八「經」，阮誤作「今」。　阮校於校勘記中舉此句，仍云「今直云遂屬」，其中「直」字乃據惠校宋本訂正，而惠校不及「今」字，豈北宋本亦誤

〔一〕「十」應作「十一」。

〔二〕「六」應作「七」。佩案：查檢八行本「主」字作「王」，疑是上一點缺蝕，潘宗周所見或不蝕。

「作」，作「歸」。盧文弨校云：「本作『音多變布如灑出』也，宋本亦誤。」案：盧蓋據《釋樂》疏所引孫叔然語訂正，然釋文亦引孫語則作「音之變布出如灑」也，是與《爾雅》疏又有不同。阮校從惠校訂作「埽」，且斷之曰「是也」。監、毛本則作「音之變布如灑出」。

十五、十八後六雙上「大瑟謂之灑孫炎云音之布告如埽灑」，阮本「埽」作「歸」。而惠不校出耶？

十六、十九前四雙上十四「鷽」，阮作「鶯」。阮校閩本同，監、毛本作「嬰」。此本作「鷽」，於「嬰」爲近。依文義當作「嬰」。

十七、二十前一雙上四「汝」，阮本無。阮校各本皆無，惟惠校宋本云：「衍『汝』字。」則雖係衍文，正與惠校本合。

十八、二十後一雙下三「月」，阮本同。阮校引惠校宋作「時」，則此非惠校本。

十九、二十二前七雙上「僖十一年」，阮本同。阮校云惠校本同，閩、監、毛本作「僖二十一年」是也。此本脱「二」字，正與惠校本合。

卷第二十四

一、二後六注雙下一「王」，當依阮作「主」。

二、三前八雙下二「古」，當依阮作「詁」。

三、三末字「給」，阮本同。阮校惟岳本及《石經》作「級」，蓋依《吕覽》。案：上節疏文豫提及此句云「自命婦官至等級之度」「事異於上故言是月」，彼處阮亦作「等級之度」。阮校惠校宋本作「級」，此本彼文亦作「級」。而此處經文仍誤作「給」，蓋與惠校本正同。

四、四末行首「無」，當依阮作「毋」。所述經文原作「毋」，且此「無」字有修補痕。

五、五後六雙上廿一「溽」，阮作「辱」。此本原作「辱」，上下文皆與阮同作「辱」，此獨添水旁，添入之迹顯然。

六、六後五雙下十七空格，應依阮本作「也」。

七、八後七雙下十五「壯」，阮作「盛」。

八、八後八雙上十六「據」，阮誤「象」。

九、十後四雙上十七「也」字衍，當依阮去之。所述注標起訖句原無「也」字。

十、十二前八雙上十七　雙下六　兩「蓐」字，其卄頭皆甚小，明爲添入。阮校引惠校宋本作「辱」。此本明爲惠校北宋本所修改。

十一、十二後二雙下十一「君」，當依阮作「宫」。所述注原作「宫」。

十二、十二後三雙下二十字「二」，當依阮作「貳」。所述之注原作「貳」。

十三、十二後四雙上十二字「三」，阮誤作「二」。

十四、十三後一雙下一「也」，阮校引惠校宋作「者」。當作「者」。又此本與惠校宋本異。

十五、十五前四雙上末「蟲」，當依阮作「甲」。所述注原作「甲」。

十六、十六前二首「九」，阮校引惠校宋作「八」，則此本非惠校本。又載惠云：「『八月』作『九月』，傳寫之誤。」而以惠説爲非，蓋正義明言《大戴禮》自作「八月」，今云「九月」者，鄭所見本自異云云。則正義本作「九月」，非誤。

十七、十六前六雙下十七字「二」，阮作「六」。阮校據惠校宋作「二」，與此本合。惟雙上十五字「六」，阮亦作「六」，阮誤以惠校訂作「二」，爲在彼句此僅憑校本過録，未見宋本原文之故，似此互移將成兩失。得見此本，乃能正阮校之誤。

十八、十七前三雙上六　雙上廿二　兩「熒」字，阮皆作「螢」。釋文作「熒」。

十九、十七後四雙下十六、十七「祝宰」二字，阮本同。阮校閩本同，惠校宋本同，監、毛本作「宰祝」，又云監、毛本是，鄭注謂「宰祝，大宰大祝也」。案：所提下經文原作「宰祝」。

二十、十七後五雙下廿一「无」，當依阮作「無」。所引下經文自作「無」。

二十一、十八首「其」，當依阮作「具」。

二十二、十八前七雙上十九「古」，當依阮作「詁」。

二十三、十八後四雙上十三　十九後二雙下十八　後三雙上九　三「案」字阮皆作「按」。凡「案」字，阮本多作「按」，惟此處「案」字爲述經文，不應隨意改字。

二十四、十九後八雙下九「犒」，阮誤作「犬」。《周禮》作「稾」，但當改「犒」爲「稾」，不得妄改「犬」字。《周禮》「稾」音「犒」，或「犒」與「稾」音同通借。此本自不誤。

二十五、二十一前四雙下十七「薺」，阮誤作「種」。

二十六、二十四前二雙上十八字「二」，阮誤作「三」。

二十七、二十四前四雙下首「至」，當依阮作「去」。

二十八、二十四前七雙上九「之」，阮作「也」。

二十九、二十五後二雙上五「遍」，阮校引惠校宋作「徧」。則此非惠所校本。

三十、二十五注後三雙下五「于」，阮校引惠校宋本作「乎」。則此非惠所校本。

三十一、二十六前五雙下十三「習」，阮誤作「言」。

三十二、二十六後五雙下七「之」，阮作「以」。據下文「饗帝之外」句文例應作「之」。

卷第二十五

一、一後八雙上十七「鄉」，據正義本誤作「師」，孔於疏文正作「鄉」。今已作「鄉」，由後人據疏訂正。

二、二後二雙上四「課」，阮從衛氏《集説》訂作「祼」。

三、三前四雙下十四「夏」字下，阮本擠入一「教」字。依《大司馬》原文當有。

四、三前五雙下八「閉」，阮從浦鏜校改「閑」。然下「孟冬是月也命工師」節疏再見此「冬閉無事」句，又以《考文》宋板、衛氏《集説》皆作「閉」，而十行本作「閑」，阮氏非之。則此處之從浦校，是阮氏自相矛盾處。

五、三後一雙上二十「干」，阮誤作「于」。

六、六前四雙上八「壤」，阮據齊召南從本疏及《周禮·大馭》疏引此注作「壇」，阮又證以《曾子問》「諸侯適天子」節疏引此注亦作「壇」。

七、六後末行十一字「七」，阮誤作「六」。

八、九前七雙上五「事」，當依阮作「字」。

九、九前八雙上九「則」，阮作「即」。

十、十首行二字「月」，阮作「察」。阮校《考文》宋板作「月」，山井鼎引古本、足利本經文「是察阿黨」句作「是月也察阿黨」。宋本經文雖作「是察阿黨」，而疏標起訖作「是月」，證古本、足利本之可信，宋本經文已譌。阮又據上疏已預提「察阿黨」在「命大史」等節之内，括作一个「是月也」，則明非此句，上更有「是月」，此「月」字爲宋板之偶誤，而古本、足利本據以作僞，端委甚明云。案：此本同《考文》宋本，不同足利本。或謂足利本即黄唐本，於此尤證其非。

十一、十一前五雙下廿一「七」〔一〕，阮本同。阮據盧文弨校當與下「牡」字同，蓋下「牡」字阮及各本亦皆誤作「牝」，惟惠校宋本不誤。此「牡」字則宋亦誤「牝」。案：此本與惠校宋本同。

十二、十一前八雙上十八「丈」字，阮本同。阮校閩本同，監、毛本作「尺」。作「尺」與鄭注《家人》合。今案：鄭注《家人》引《漢律》「列侯墳高四丈」，「丈」字並不作「尺」，阮校當有誤。或本云作「丈」，與鄭注《家人》合也。

十三、十二前三雙上十三「云」，阮誤作「也」。

十四、十二前五雙下十三「燕」，阮作「烝」。阮校十行本原作「燕」，閩、監、毛本、岳本、嘉靖本、衛氏《集說》皆作「燕」，今據惠校及《考文》兩宋本訂作「烝」。然則此本與惠校宋本、《考文》宋本皆異。

十五、十三後四雙下六「之」，當依阮作「文」。

十六、十五前五雙下十五空格，阮本亦作「〇」。阮校引惠校宋本「天災也」「小兵時起」二句相連，中無空格。則此本非惠校本。

十七、十五前七行六「辟」，阮作「壁」。正義中此本仍作「壁」。

〔一〕「七」應作「牝」。

十八、十五後八行八「沮」，阮本同。阮校《石經》作「且」，《考文》引古本亦作「且」，山井鼎曰：「足利本作『沮』，而其訓與『方將』字同。由此觀之，則後誤作水旁且明矣。」《石經考文提要》曰：「按《呂氏春秋》作『且泄』。」今按：足利本作「沮」，而訓爲「方將」，則足利本不用鄭注，另有訓釋矣。

十九、十六前四雙下五「氐」，阮本同。阮校據盧文弨校云：「本作室。」案：盧據《元嘉曆》原文作「室」。

二十、十六前七雙下二十「事」，阮作「樂」。

二十一、十七前六雙下八「譏」，阮作「幾」。阮校云惠校宋本同，岳本亦同，其餘閩、監、毛本、嘉靖本及衛氏《集說》作「譏」。則此本非惠校本。

二十二、十七後七末「之」字，阮本同。阮校引惠校宋本無此字，則此本非惠校本。

二十三、十七後八雙上六「公」，阮作「不」。案：作「不」字義甚明顯，但作「公」亦或一義。正義於此句無釋，阮校云：「惠校宋本作『公』字，非。」則此本同惠校本。

二十四、十七後八雙上十三「王」，當依阮補筆作「主」。

二十五、十八後七注「兵亦軍之氣」，「軍」字阮從衛氏《集說》作「金」。

二十六、十九前三雙上「婦人須事者務所質素」二句，「須」阮作「所」，無校語，而於次句「所」字，則校云：「衛氏《集説》作『在』。」案：此本當是「須」與「所」二字互倒，應作「婦人所事者務須質素」。

二十七、二十前二雙上「正義曰此易乾鑿度文」，阮本同。阮校引浦鏜校改「乾鑿度」爲「通卦驗」，又引惠校云：「當是『通卦驗』。」則惠校不僅對勘毛本與宋之異同。

二十八、二十二前四雙上三空格之下，「大吕」字之上，當依阮本加「注」字而作陰文。

二十九、二十二前七雙上七「聚」，阮本同。阮校依浦鏜校從《漢志》原文作「牙」。

三十、二十三前六雙上「某氏云」，阮本同。阮校閩本同，惠校宋本「云」作「曰」，監、毛本作「樊云」。今此本同十行本、閩本，不同惠校。

三十一、二十四後八雙下一「匝」，阮本同。阮校引惠校宋作「帀」，則此本非惠校本。

卷第二十六

一、三前四雙下二十「冕」，當依阮作「冕」。

二、三後一雙上四「子」，當依阮作「予」。

三、三後二雙上十六「凡」，當依阮作「几」。

四、三後八雙下十四「凡」，當依阮作「几」。

五、三末墨丁，阮作「以」。

六、四前二雙下首「凡」，當依阮作「几」。

七、四前八雙上十四「荒」，阮誤作「竟」。《小宰》原文作「荒」。

八、五前四雙上十八「儀」，阮作「義」。「義」雖古「儀」字，然正義未必用古字。

九、五前六雙上十七「則」，阮作「即」。

十、六前三雙上六「皆」，阮誤作「階」。

十一、七前一注「生」字，阮本同。阮校各本同，惟《考文》引古本作「主」，據正義當作「主」。

十二、七後二雙下十九「云」，阮作「君」。

十三、九前二雙上六〔一〕「宫」，當依阮作「官」。

十四、九前七雙上六「山」，阮作「止」，誤。

十五、九後五雙上廿一「軹」，阮誤作「軷」。

十六、九後五雙下首「軓」，當依阮作「軏」。八「軓」，阮本亦誤。《大馭》原文作「軏」，同「軋」。

十七、九後六雙上十三「氐」，當依阮作「氏」。

十八、十一前六雙上十六、十七「然者」二字，阮以意妄改作「不敢」。

十九、十一前六雙下十八、十九「宫而」二字，阮以意妄改作「然後」。

二十、十二前二雙下四「統」，阮誤「紀」。

二十一、十三前七雙上「故云未及期日」，阮誤作「期云未及故日」。

二十二、十四前一雙下首 前二雙上六 兩「丈」字當依阮作「文」。

二十三、十五前五雙上七「事」，阮誤作「畢」。

〔一〕「六」當作「八」。佩案：八行本此字有缺蝕，依跡似作「官」字不誤，但潘校依原樣出校，可見其精細之處。

二十四、十六前一雙下十二「者」，阮誤作「衆」。

二十五、十八後三雙上四「昆」，阮誤作「兄」。《雜記》原作「昆」。

二十六、十九前一雙上四「決」，阮誤作「涉」。

二十七、二十前四雙下十「薨」，阮誤作「蕩」。

二十八、二十前六雙上三「在」，阮引惠校作「存」。則此本非惠校本。

二十九、二十二前二雙下廿一、廿二「齊衰」二字，阮本妄改作「時則」。《士喪禮》注原作「齊衰」。

三十、二十二前三雙上十四、十五「不備」二字，阮本妄改作「或畧」。

三十一、二十九前五雙上十「所」字上，阮校引惠校宋本有「父」字。則此本非惠校本。

三十二、三十三前四雙下十九「爓」，阮誤作「䐌」。

三十三、三十三前五雙下九「尸」，阮誤作「牲」。

三十四、三十三前七雙下六「俎」，阮誤作「祭」。

卷第二十七

一、三前七行首「自」字下，阮有「齊」字。據注及下文應有。
二、五後二注雙下首「父」，當依阮作「攴」。
三、五後五雙上八「未」，當依阮作「末」。
四、五後六首墨丁，阮作「者」。此本或是空格。
五、八前二雙下十九、二十、廿一「之殯曰」三字，阮作「之殯日」。阮校閩、監本同，惠校宋本作「殯之」。此本非惠校本。「曰」爲「日」之誤，當從阮。
六、九前八雙上九「如」，阮誤作「知」。
七、十一前二雙下十九「經」，當依阮作「絰」。
八、十一前四雙上十九、廿二兩「哻」字，當皆依阮作「哻」字。本作「哻」，非「哻」字。
九、十一後四雙下末「髻」，阮誤作「髺」。
十、十二前七雙上八「令」，當依阮作「今」。

十一、十三前六雙上末空格，阮多「也」字。
十二、十四前二雙下十「奠」，阮誤「尊」。
十三、十四前五雙下四「利」，阮誤作「既」。此本可貴。
十四、十四後四雙下末「受」，當依阮作「爲」。疏中下文再見此句作「爲」。
十五、十五後五疏雙下四空格，阮不空。案：當闕一字，或是「薦」字。
十六、十八後一雙下十「无」，阮作「無」。
十七、二十一後八雙下十六空格，阮作「此」。案：不應空，亦不應作「此」。宋誤空而其後誤填字。
十八、二十二前七雙下十四「共」，阮誤作「其」。
十九、三十三後七雙下首「王」，當依阮作「主」。
二十、二十五首空格，阮作「問」。
二十一、二十五後一注雙上十三「堲」，阮校引惠校宋本作「即」，下同。則此非惠校本。案：上句「土周堲周也」句，阮校釋文出「即周」云：「又作『堲』，下同。」然則釋文本皆作「即」，而惠校本則自第二「堲」字以下始作「即」。
二十二、二十六前五雙下起至二十七後二經文第一字「曾」字止，阮刻十行本原爲一缺葉，從惠校宋本補，而記其與《考文》宋本相異者九處，悉同此本，則此本此處爲純同於《考文》宋本，而非惠校宋本。十行本缺而閩、監、毛皆缺，阮未刻前所有行世本無此葉。

二十三、二十六後一雙下十三「士」，當依阮作「土」。

二十四、二十六後二雙上十二「殤」字下，阮鈔惠校本多「下殤」二字。阮校《考文》宋本無，與此本同。

二十五、二十六後三雙下五「云」，阮鈔惠校本作「言」。阮校《考文》宋本作「云」，與此本同。

二十六、二十六後七雙下首空格，阮鈔惠校本作「也」，而空格在「也」字下。當從之。

二十七、二十六後八雙上末「路」，阮鈔惠校本作「隆」，屬上句。阮校《考文》宋本作「路」，與此本同。

二十八、二十六後八雙下十八「與」，阮鈔惠校本作「舉」。阮校《考文》宋本作「與」，與此本同。又引浦鏜用《儀禮經傳通解續》補入者作「輿」。

二十九、二十七前七雙上八「者」，阮本同。阮校惠校宋本原無此字，《考文》宋本有。

三十、二十七前八雙上二「之」字下，阮校考文宋本重「之」字。惠校宋本不重。

三十一、二十七後一雙下末「於」，阮鈔惠校本無此字，阮無校語。

三十二、二十七後八末「以」字，係嵌補，阮本作「待」。阮校云：「惠校宋本『待』字上多『以』字。」今有「以」無「待」，於文義難通。且止有一字地位，必係「待」字缺蝕而嵌補作「以」字也。此亦與惠校本不同之點。

三十三、二十八前一雙下「孔子尸冕而出」，阮本「孔子」下多「曰」字。阮校從浦鏜校「尸」下又增「弁」字。此係標起訖之句，能標起訖即不爲誤。

卷第二十八

一、五前二第二注云「題上事」，「題」阮本作「顯」。當是妄改。下文「教世子」注「亦題上事」，「題」今俗作「提」，乃以手提物之「提」，若舊事重提之「提」，當作「題」。凡「題目」即「題醒眉目」之謂。

二、六後四雙上二似是「入」字，然爲「大」字缺蝕而成，痕迹可辨。阮作「大」，阮校謂惠校宋作「入」，則正是此本。阮以惠校本爲非，今得此本乃悟宋本所以誤作「入」字之故。

三、八葉鈔補，阮校引惠校宋本缺此葉。

四、八前二雙上八「被」，阮作「彼」。阮校《考文》宋本同，閩、監、毛本作「被」。此本鈔配從毛出。

五、八前六雙上十三「舍」，阮作「合」。此本鈔補時之誤，阮校不及。

六、八後一雙上「湯放桀武王伐紂」，「放」，阮作「伐」。阮校閩、監、毛本作「放」。案：上文云「湯伐是武」，下文又作「伐紂」，自應作「伐」。而此本鈔配則出毛本。

七、八後二雙下至後三雙上「又此學虞學也」阮本同。阮校閩、監、毛本同，許宗彦校改作「又此學書於虞學」。

八、八後五以下每行字數太疎，且疏中標起訖之「凡祭與養老至在東序」九字及下一空格，依本書例未必有，况本書分節將阮本此節分爲三節，皆不標起訖，尤見此處無此句。此本增此句，而字數反不足，可知其非原文。又疏文後七行至八行「又明司成之官考課才藝深淺也」句闌入後二節中，在阮本三節相併，其疏着此文猶可，此本則不當着此句。凡此疑竇甚多，恐宋本原文不如此。殆宋本闕後，十行本即以意補綴，而各本從之，非原文也。

九、八後八雙下十六「老」字下，阮有「乞言」二字。此脱去不可通。

十、九前四雙上十二「及」，阮誤作「必」。

十一、九前八雙上六「義」，阮誤作「舞」。

十二、十前三雙下十二「孅」，阮同上作「美」。上「孅」字已見阮校。

十三、十一後八雙下首「元」字，係刓缺後約略所存，當依阮作「先」。

十四、十三後八雙上末墨丁，阮作「堪」。

十五、十三後八末「也」，阮本作「若」。阮校引惠校云「藝術」下有「也」字。

案：「若」字本不必有。

十六、十八後四疏雙下三字「三」，阮校據盧文弨校改作「二」，與本卷首疏文所列各節次序合。

十七、十九後四雙下十三「傳」字下，阮多「云」字。

十八、十九後六雙下七字「三」，阮依盧文弨校改「二」。説見上。

十九、二十前六雙上九「令」，當依阮作「今」。

二十、二十一後五雙下十一「餕」，阮誤作「飲」。

二十一、二十二前五注雙下二「行」，阮誤「所」。

二十二、二十二後六疏雙上九字「四」，阮從浦鏜、盧文弨校改「三」。說見上。

二十三、二十五前七雙下十六「父」，阮誤作「公」。

卷第二十九

一、一前五注「纖讀爲殲殲刺也」，阮校引惠校宋本上「殲」作「鍼」，則此非惠校本。阮又從盧文弨校云：「兩『殲』字俱當從釋文作『鍼』。」注「刺也」自是釋「鍼」字。

二、一後一注雙上四「欲」，阮校《考文》宋作「欽」。則此非《考文》宋本。

三、二首字「曰」，當依阮作「司」。「曰」字係刓缺後妄補。

四、三前八雙下十「云」，當依阮作「士」。

五、五前一雙上十一「在」，當依阮作空格。

六、五前一雙下十一、十二「外在」二字，當依阮作「在外」。

七、五後一雙下八、九「上存」二字，阮誤作「尚有」。

八、六前六雙上十八「于」，當依阮作「干」。

九、六前七雙上首「于」，當依阮作「干」。

十、六後六雙上廿一「比」，當依阮作「此」。

十一、七前八雙上十八「席」，阮誤作「帝」。

十二、七後五雙下五「説」，阮誤作「諸」。

十三、十二前一雙上十三「存」，阮本作「有」，非。

十四、十二後四雙下十六「得」，阮本妄改作「傅」。所引《書序》原作「得」。

十五、十二後四雙下廿一「巖」，阮作「岩」。「岩」爲俗字。

十六、十三後二疏雙上六字「五」，阮誤作「三」。

十七、十六前一疏雙下四「凡」，阮誤「此」。

十八、十七後〔一〕三雙上十四「魏」下，阮校監、毛本重「魏」字，十行本、閩本、《考文》宋本皆脱。案：阮氏誤也，疏文云「此觀又名象魏以其縣法象魏巍也」，「縣法象」爲句，加「魏」字反難通。北宋本亦必不重，與監、毛本不同，惠無校語，漏未

〔一〕「後」應作「前」。

及耳。

十九、十八前一雙下九「者」字，阮本無。

二十、十八後八雙下十九墨丁，阮作「用」。廿一，阮作「閉」。

二十一、十九後五雙上十五「財」，阮誤作「傳」。

二十二、二十前一雙下十二「也」字下，阮誤隔一「○」。

二十三、二十前六雙上十七「明」字，阮脱。此承上「著明也」之「明」字而來，應有。

二十四、二十二前二雙下五「既」字，阮本脱。十一「篤」字，阮本誤作「其」。

二十五、二十二後五雙上十二「畢」，阮誤作「卑」。阮校云惠校宋本同，則此本與惠校本異。十行、閩、監本及衛氏《集説》皆同此本作「畢」。

二十六、二十二後七雙上十七「者」字，阮本脱。

二十七、二十二後七雙下二「謂」字下，阮衍「之」字。

卷第三十

一、一後六雙上十「搏」，當依阮作「摶」。釋文「徒端反」，可知作「摶」，疏同。

二、二前七經文「牖」字，阮作「牖」。阮校《石经》、岳本、嘉靖本、衛氏《集説》同，毛本誤作「牖」。此本已誤，當依阮作「牖」。

三、四後六雙上十二「皇」，阮本同。阮校十行本原誤作「黄」，閩、監、毛本同，乃據齊召南校改作「皇」，然則在前無可據之不誤本也。今此本正作「皇」，所以可貴。諸家校宋惠及《考文》皆不及此，則皆漏也。宋本必不作「黄」。

四、五後三雙上廿一「揊」，當依阮作「堛」。見上注。

五、五後四雙下十八「搏」，當依阮作「摶」。此上前三雙下十二「摶」字同，其餘「摶拊」字相連者皆仍當作「搏」。

六、七前三雙上十三「甂」，阮誤作「甗」。

七、八前二雙下十一、十二一空格、一「以」字，阮本脱。

八、八前末「成」，阮本誤「盛」。所引《酒正》注原作「成」。

九、八後五雙上二「益」，阮本誤作「盎」。

十、九前三雙下六「祜」，阮誤作「祐」。

十一、九前三雙下十二、二十兩「云」字，阮本皆作「文」。

十二、十前四雙上三、四「玄酒」，阮訛作「鬱鬯」。古本可貴如此。

十三、十前五雙下首「圜」，阮本同。阮校引惠作「圓」。案：所引《周禮・大司樂》文原作「圜」，則此非惠校宋本，而此字則勝之。

十四、十後一雙上十「户」，阮本誤作「尸」。

十五、十後七雙下十五「比」，當依阮作「此」。

十六、十一後五雙上二「者」字，阮本同。阮校毛作「著」，按作「著」與《周禮・司尊彝》合。案：阮説甚誤，毛本自妄改，各本皆是也。《司尊彝》各尊皆兩，豈止兩著尊。正義所謂「皆云兩者」，乃解釋其各尊皆兩之義。

十七、十三前四雙下八「時」，阮本誤作「爲」。

十八、十三後一雙上十「無」，阮校引惠校宋作「无」。此本非惠校本。

十九、十三後一雙下十七「未」，當依阮作「末」。

二十、十四前一雙上廿一「替」，阮本誤作「朁」。

二十一、十五前六疏雙上四「祝」字，阮本脱。舊無校及者，則此文不可解。

二十二、十八後六雙下十七「古」，當依阮作「詁」。阮校引惠校宋作「詁」，十行本作「古」，從惠校訂正而作「詁」。則此非惠校本。

二十三、二十一前八雙上五「之」，阮本作「得」。案：經文「民之治也」句順，此文義當作「之」，「得」字爲妄改。

二十四、二十一後四雙上末「所」，阮本作「得」。與上同意，此本爲順經文文氣。

二十五、二十四後三雙下十五「測」，阮本誤作「惻」。

二十六、二十五後一雙上三「樂」，阮作「惡」。阮校閩、監、毛同，《考文》引宋作「樂」。案：此文實應作「惡」，經文「七情」與《左・昭二十五》之「六情」相比，其同者爲「喜怒」及「哀惡」，而以此「欲」當彼之「樂」，疏文意甚明。此本乃與《考文》宋本同誤。

卷第三十一

一、一前七雙上五「此」，阮作「比」，誤。

二、一後五雙上十七「呂」，阮校惠校宋作「事」。案：「事」字與釋文合，與正義不合。不得定其孰是，但此本非惠校本。

三、二前一雙上二「天」，阮誤作「大」。

四、三後四末「沽」，當依阮作「姑」。

五、四前五雙上十四「陽」，當依阮作「陰」。「陰上生陽」，文義甚明，且《後漢志》文也。

六、四前七雙下末「日」字，位置稍高，且下兩脚稍長，明是「月」字所改，阮本同作「日」。阮校閩、監、毛本同，盧文弨校改「月」字云：「《算術》作『各統一月』，下亦作『當月』。」蓋此文所云「故各統一月其餘以次運行當月者各自爲宫」云云，原俱出《後漢志》也。阮又引戴震云：「《後漢書》今本譌作『各終一日』，下『當月』譌爲『當日』。考律法，十二律分十二月，各自爲宫，而商徵以類從，是一律統一月，疏引作『各統一日』，下仍作『當月者』，爲《五經算術》所引，無舛誤，可據以訂正。」

案：各統及當月《後漢志》已誤而疏不誤，惟一「日」字，盧、戴皆以爲誤而校正作「一月」。此本猶可見「一日」實本爲「二月」，但經妄人剷改。惜惠及《考文》無校語可徵，不知兩宋本是否作「月」字。

七、四後一雙上二「占」，當依阮作「日」。《後漢志》原作「日」。

八、四後一雙上二十「古」，當依阮作「占」。

九、四後二雙上至雙下「謙待徵六日律八寸八分小分八微强」，阮作「八寸九分分微强」。阮校閩、監、毛本同，惠校宋本作「八寸九分小分八微强」。然則此本作「八分」，非惠校本矣。阮又云：「按宋本與《後漢志》合，惟『九分』《後漢志》作『八分』。」今按：阮所見《後漢書》實係誤本，清代殿板作「九分」，且其下「準八尺九寸」之「九」字正與相應。十行本以下誤不可言，此本乃同誤本《後漢書》，惟惠校宋本最善。

十、四後三雙下至後四雙上空近一行，在「分動下生歸嘉」一句之中「動下生」下，阮本不空。阮校閩、監、毛本同，惠校宋本同，惟監、毛「動」作「動」耳，《考文》宋本則「下生」之下有「屈齊商安度徵六日律八寸七分小分六微弱分動下生」二十二字，乃接「歸嘉」。今案：所空格數依上下行比之正闕二十二字，蓋複衍二十二字也。此本用《考文》所據之宋本而刓去衍文，當是，此處又掇拾《考文》宋板之舊板片而修之。「分勳」，《後漢志》作「分動」。

十一、四後六雙下廿五字「二」。

十二、四後末「二」，阮本同。阮校閩本同，監、毛本作「六」。案：不引惠校，惠所據宋本當同監、毛作「六」。《後漢志》原作「六」。此本則此葉明爲《考文》宋本，説見上。

十三、五前一雙下「七日律七寸七分小分九强」，阮本同。阮校閩本同，監、毛本「七日」作「六日」、「强」作「弱」，惠校宋本作「强」。案：《後漢志》與監、毛本同作「六日」、作「弱」。惠校宋本「弱」作「强」，則「七日」仍同監、毛作「六日」。此本非惠校本。

十四、五後八雙上十七字「二」，阮本作「三」。《後漢志》作「二」。

十五、六前五雙上十一字「三」，阮本作「二」。《後漢志》作「三」。

十六、六前六雙上至雙下「七日律五寸二分小分六强」，阮本同。阮校閩本同，監、毛本「七」作「六」，「强」上有「少」字。案：監、毛同《志》，惠無校語，當同監、毛。此本非惠校本。

作「二」。

十七、六前七雙下十三字「一」，地位稍下，知上半有闕筆。阮本作「二」，《志》亦

十八、六前八雙上十字「五」，阮本同。阮校閩本同，監、毛本作「七」。案：監、毛同《志》，惠無校語，當同監、毛。此本非惠校本。

十九、六後三雙下二空格，阮本不空。《志》亦直接之文，不應有空。

二十、六後三雙下十三「大」，阮作「次」。阮校閩、監、毛本同，《志》亦同，《考文》宋本作「内」。案：惠校本當同監、毛作「次」。此獨作「大」，與「内」字形相近，但少兩旁。或與《考文》宋本同源。

二十一、七後四雙下廿一「别」，阮本同。阮校十行本原作「刑」，從《考文》宋本改正。閩本闕，監、毛本無此字，衛氏《集説》同。案：十行作「刑」，閩有闕，則雖有異同，非無字也。監、毛本乃去之，而衛氏《集説》已然。惠無校語，當是漏校。此本則同《考文》宋本。

二十二、九前一雙下十八「用」，阮本誤作「自」。「用」字貼經文「以」字。

二十三、十前八雙下四「水」，當依阮作「木」。

二十四、十二前四雙下十四、十五、十六「人所畜」三字，與上重複，阮本不重。阮校

闔、監、毛本同，《考文》宋本重。案：惠不校，當與毛本同。此本同《考文》宋本。

二十五、十三前四雙下十二「是」，阮本誤作「見」。

二十六、十三後四雙上九「乂」，阮誤作「又」。

二十七、十三後六雙上十八「瑞」，阮誤作「端」。

二十八、十三末「聞」，阮誤作「闇」。「玄之聞也」，乃鄭君自述所聞。

二十九、十四前二雙上三「少」，阮本同。阮校據段玉裁校從《詩·周南》正義作「可」，盧文弨云當作「乂」。案：《詩·周南·麟趾》正義，盧從本文引《洪範》「從作乂」句作「乂」。

三十、十四前六雙上十八「左」，阮誤作「互」。

三十一、十四後四雙下十九「宮」，阮誤作「官」。引《樂》緯文，因言樂，知當作「宮」。

三十二、十五末「是」，阮作「此」。依文例當作「此」。

三十三、十六後四雙上三、四「教民」二字，阮誤作「祭祀」。所釋之注自作「教民」，闕文妄補，動失真相。此本可貴。

三十四、十六後四雙下八「承」，當依阮作「丞」。

三十五、十七後三雙上五「大」，阮本誤作「天」。

三十六、十八後二雙上四「分」，阮本誤作「日」。

三十七、十九後四雙下首「因」，阮誤作「用」。

三十八、二十後二末「以」，阮誤作「於」。

三十九、二十二前八雙上十四「義」，當依阮作「藝」。

四十、二十三前三雙上三、四「道理」二字，阮作「理道」。

四十一、二十三前八雙上〔一〕十九「皮」字下，阮校引惠校宋本有「膚」字。依文例當有。此本非惠校本。

四十二、二十三後四「故事至至也」，阮誤作「故事至危也」。

四十三、二十四前二雙上二「政」，阮作「正」。

四十四、二十四前四雙下十六「辭」，阮作「乃」。阮校閩、監、毛皆作「辭」，案疏意以《易繫》是就既危言，鄭此引是就安不忘危者言，斷章取義。故説「按易繫乃云」，「乃」者，明《易繫》不如鄭所引義也。三本改「乃」爲「辭」，失疏意矣。今案：此本已作「辭」，當尚在十行本之前，惠及《考文》均不校，當皆同毛本。阮爲十行本張

〔一〕「上」應作「下」。

目，恐屬附會。

四十五、二十四後四雙上十三「丱」，阮本同。阮校從監本、岳本及衛氏《集説》及釋文正作「卝」。

四十六、二十五後七雙上四「丱」，當依阮作「卝」。

四十七、二十六後五首空格，當依阮作「二」。

四十八、二十六後五雙上五「言」，阮誤作「也」。

卷第三十二

一、一前五「正義曰」下，阮多「按」字，亦是擠嵌而入。

二、一後八雙下首，阮作「自」。依本書蝕餘之迹，恐是「由」字。

三、二前五雙下首「笥」，阮誤作「竹」。

四、三前七行三「匡」，阮本同。阮校閩、監、毛本、《石經》、岳本、衛氏《集説》皆同，惠校宋作「恇」，注仍作「匡」，嘉靖本同，釋文出「恇懼」。按「恇」正字，「匡」假借字。此本同十行以下各本，非惠校本。

五、三前八疏雙上十一「使」，阮作「則」。阮係妄改。

六、五後六雙上十五「授」，阮誤作「舜」。

七、六後三雙上十四「牲」，阮誤作「在」。

八、六後六雙上十五「則」，當依阮作「明」。

九、六後八雙上五、七兩「大」字，均當依阮作「天」。

十、七後五雙上九字「一」，當依阮作「二」。《白虎通》引《三正記》原作「二」。

十一、七後五雙下十字「十」，當依阮作「卜」。

十二、七後八雙上十三「謂」，阮作「爲」。當作「謂」。

十三、八前八雙上十三「牢」，當依阮作「宰」。

十四、八前八雙下三「北」，阮作「此」。阮校各本同，惟惠校宋作「北」，則此同惠校本。但阮從盧文弨校以惠改「北」爲非，從正義句讀可見。《公食大夫禮》原文亦無「北」字，其下竟接「西上」二字。

十五、八後三雙下五「義」，阮誤作「儀」。

十六、八後四雙下十七「如」，當依阮作「加」。所引《既夕禮》文原作「加」。

十七、八後六雙上六「識」，阮作「誠」。

十八、十前二雙上十六「下」，阮本同。阮校《考文》引宋板同，閩、監、毛本作「上」，是。案：惠不校，當同監、毛本。此本之誤乃同《考文》宋本。

十九、十前三雙下十三「及」，阮誤作「以」。得此本作「及」字，此處文義乃可通。

二十、十後一雙上二十空格，阮本無。案：此空格當在上文「云」字之上。

二十一、十後八雙上十「含」，當依阮作「合」。下文即作「合」，阮校《考文》宋本作「含」。

二十二、十一前二雙上二十「裹」，阮本作「裹」。

二十三、十一後四雙上十三字「三」，阮誤作「二」。

二十四、十三前六首「王」，阮誤作「五」。所引《大行人》文原作「王」。「王禮」謂「王禮之」。

二十五、十三後八雙下三缺蝕，阮本作「玉」。

二十六、十四前八雙下十五字「一」，阮本作「云」。「云」字意義甚明，但「一」字亦可通。

二十七、十四後一雙上十六「封」，當依阮作「對」。
二十八、十四後二雙上十八字「十」，當依阮作「七」。
二十九、十四後三雙上十四「放」，當依阮作「斿」。
三十、十五後三雙下四「文」，阮誤作「失」。
三十一、十五後四雙上廿一「故」，阮本脱。
三十二、十五後五雙上八「次」，阮誤作「法」。沿上文「列尊之法」句而誤。
三十三、十五後七雙上廿「稱」，阮誤作「爵」。
三十四、十五後七雙下首缺字，阮本作「注」。此本當作陰文「注」字。
三十五、十六前四雙下十五「鄭」，阮誤作「即」。
三十六、十六後三首「互」，阮誤作「五」。
三十七、十六後八注雙下「士用㯿禁禁如今方案惰長局足」，阮本「㯿」字同，少一「禁」字，「惰」作「隋」。阮校引惠校「㯿」字衍文。「禁」字重文，各本皆脱，惟宋監本及《考文》引宋本、古本、足利本，又衛氏《集説》皆重字。「惰」字作「隋」，閩、監、毛、岳本、衛氏《集説》皆同，釋文亦出「隋長」，惟嘉靖本作「惰」。案：此本「㯿」字同各本之衍，在惠校之北宋本已衍。「禁」字而有重文，勝於十行以下各本。

「惰」字則當從阮本以下。正義亦作「隋」，蓋即「橢」字耳。

三十八、十八前三雙上末「又」，當依阮作「文」。

三十九、十九前一雙上七「也」，阮本同。阮校各本皆同，盧文弨云「衍文」。衛氏《集説》無此字。

四十、十九前二雙上末空，阮本不隔斷。此本空格乃誤。

四十一、二十前四雙上末「條」，阮本同。阮校閩同，《考文》宋本同，監、毛作「備」。案：惠不校，或宋本同監、毛。依文理「備」字較「條」字爲合。而此本則同《考文》宋本。

四十二、二十一後三雙上廿一「庾」，阮誤作「更」。

四十三、二十二前四雙上十一「栱」，阮誤作「拱」。

四十四、二十二前五雙上六「欂」，阮作「欂」。案：當作「欂」。

四十五、二十二前五雙下廿一「僭」，阮誤作「竊」。案：注「濫亦盜竊也」，若作「竊濫」，是謂「竊竊」矣，且上文已云「僭濫爲之」，又云「僭爲之」。

四十六、二十二後二雙下七「云」，阮作「文」。

四十七、二十二後三雙上十五「欂」，阮誤作「禣」。

四十八、二十二後三雙下十四　後四雙上首　兩「榑」字，阮皆作「樽」，非。說見上。

四十九、二十二後六雙上十八「雎」，當依阮作「雖」。

五十、二十三前二雙下七「時」，當依阮作「特」。

五十一、二十四前四雙上二十「事」，阮本脱。

五十二、二十四前五雙下八「用」，阮本無。案：經文原無「用」字，此當是空格，阮特未隔斷耳。此本於空格中誤填「用」字。

五十三、二十四後七雙上十八「人」，阮本作「伯」。阮校引惠校及《考文》皆及此段上下他字句，而不及此字，則此本非惠校宋本，亦非《考文》宋本。當作「伯」。

五十四、二十六前一雙下六「公」，阮誤作「云」。

五十五、二十七前三雙下二「猶」，阮本同。阮校惟《考文》引足利本及衛氏《集說》作「由」。案：此字應作「由」。凡「猶」字可作「由」，而「由」字則不可作「猶」。惟足利本作「由」，則惠校宋本、《考文》宋本皆誤作「猶」可知。又足利本之非黄唐本亦可見。

五十六、二十七後三注雙上五、下六兩「梁」字，阮本同。阮校閩、監、毛、岳本、衛氏《集説》皆作「粱」。案：當作「粱」。

五十七、二十八後八雙下十一「是」，阮本無。阮校此上一字爲「五」，各本皆有，十行本獨闕，已據補。不言「是」字，則此字爲各本皆無，各校未及。依文義當有。

五十八、二十九後二雙下首「不」，阮作「牙」。阮校閩、監、毛、衛氏《集説》皆同，《考文》引宋作「不」。山井鼎曰：「不，疑『不』之誤。」《説文》：古文「檿」從木無頭，「檿」「辥」同。

五十九、二十九後二雙下十二「知」，阮誤作「也」。

六十、二十九後六雙上五「黄」，阮本同。阮校浦鏜改「赤」。孫志祖案《家語》王肅原文作「赤」，其下又云「堯以火德王色尚黄」。此或正義引肅語原脱誤也。

卷第三十三

一、一後六雙上十六「猶」，阮作「皆」，非。「猶」字意味圓融。

二、一後六雙下六「又」，阮作「之」，非。「又」字承上言之。

三、一後七雙上二十「發」，《考文》引補本作「祭」。案：《考文》所據宋本自三十三至四十共八卷，原已缺，而有補本，未必可據。

四、一後七雙下十九「尸」，阮本誤作「中」。

五、二前二雙上四「口」，阮作「相」。案：「口」字難解，然「相」字未知確否。

六、二前三雙上十九「注」字陰文，阮本脱「注」字。

七、二後二雙下「郊血者」下，阮衍「以」字。

八、二後八雙下二、三「也者」，阮誤作「者也」。

九、三前四雙上十八、十九「先遠」，阮誤作「遠近」。

十、三前七雙上一、二「血毛」，阮作「毛血」。所引《郊特牲》原作「毛血」。

十一、三前七雙下七「楚」，當依阮作「周」。所引實見《周語》「晉侯使隨會聘於周」節。

十二、三後一雙上七、九「腥」「孰」兩字，阮本互倒。

十三、三後五雙上十二「前」，阮誤作「先」。案：「前」是物之序，「先」是時之序。

十四、五前六雙下二十一「擯」，阮誤作「賓」。經文原作「擯」。

十五、五後八雙上末「烝」，阮本作「承」。下四「烝」字皆同。

十六、五後八雙下七「裹」，阮誤作「裏」。

十七、六前四行十「稾」，當依阮作「稾」。疏「稾」字凡六見，皆當作「稾」。阮從《石經》、岳本、衛氏《集説》訂正，十行本亦誤。閩、監、毛本則作「稾」。惠不校，或北宋本已作「稾」。

十八、七前二雙下六「秸」，阮誤作「穗」。

十九、八前二雙下八「也」，阮本無。

二十、八後七雙上十四「獄」，阮誤作「獄」。

二十一、九前一經七「皇」，阮本作「凰」。閩、監、毛同，阮校「凰」爲俗字，《石經》宋監本、岳本、嘉靖本、衛氏《集説》皆作「皇」。疏同。

二十二、九後四雙下七「節」字係擠緊嵌入，阮本無此字。阮校閩、監、毛本有。案：此句述經文「饗帝於郊而風雨寒暑時」句也，經文「風雨」下有「節」字。阮於經文「節」字校云：《石經》無。按《月令》正義引《禮器》此文及《郊特牲》下篇正義兩引皆無「節」字。本疏亦尚有，十行本無「節」字。此本則原無妄嵌，可見作正義時經文尚無「節」字。因正義釋經有「風雨應節寒暑順時」二句以釋「風雨寒暑時」句，因而誤增經文耳。

二十三、九後七雙上四「奉」，當依阮作「舉」。阮校引惠校宋作「奉」，又引盧文弨云：「宋本作『奉』，非。」則此本同惠校本而誤。

二十四、十後四雙上三「者」，阮本無。

二十五、十後六雙下十八、十九「云云」二字重上，阮不重，係脱誤。

二十六、十後七雙下至後八雙上　「守者收也謂循行天下收人」，兩「收」字阮作「牧」，非。　案：守與收用同音字爲釋，所引《白虎通》原文如此，《虞書》疏引亦如此。今盧校《白虎通》用《通典》改作「牧」，然則作「牧」者承《通典》之誤。

二十七、十一前五雙下九「晢」，當依阮作「哲」。

二十八、十一後七末「作」，當依阮作「阼」。

二十九、十二前八雙上二十「堂」，當依阮作「當」。

三十、十二後五雙下十二「聞」，當依阮作「間」。

三十一、十二後六雙下首「是」，阮本同。阮校衛氏《集説》作「大」。　案：此文云「喪是記君之喪婦人髽帶麻於房中」云云，「君之喪」以下正是《喪大記》文，則作「大」是也。

三十二、十二後八雙下首墨丁，阮作「與」。　廿一、廿二墨丁，阮作「同之」。

三十三、十三　本葉中縫標明重刊，此重刊葉字迹清晰，體亦莊雅，蓋黄氏刻本時所刊，可見全書爲掇拾舊版，故原闕者皆闕，與惠校本多同，原書未闕而版已闕者乃重刊。後又有記，明重刊年分爲己未者，則在黄刻以後補修。黄刻在光宗紹熙辛亥，其明年壬子作識語，自此至宋亡尚有兩己未，當是黄本行六十餘年後又重修也。

三十四、十三後七雙下十二「其」字下，阮本多「禮」字。當依阮本。

三十五、十四前六雙上十一「見」，阮本同。阮校惠校宋本作「是」，閩、監、毛本同，《考文》引古本、足利本作「見」。案：北宋本原不誤，而閩、監、毛各本則自以文義改正，遂與相合。此本及十行本，《考文》之古本、足利本則皆誤。

三十六、十四後二雙下十五「者」，阮本誤作「作」。

三十七、十四後五雙上十九「樂」下，阮多「其」字。亦是嵌入。依文義當有「其」字。

三十八、十五前七雙下二「然」，阮誤作「焉」。

三十九、十六　中縫又標「重刊」。

四十、十六後四雙下五「然」，阮誤作「焉」，與上同。

四十一、十七前七雙下「謂祭先公之廟」句，阮校引惠校宋本「祭」字下多「至」

字。案：阮氏未見宋原本，於此誤會惠意耳。下文標起訖之文云「注謂祭至先公」，此處阮本脱「至」字。故惠校云「宋有至字」，非指此句也。若此句中加「至」字，不可通矣。

四十二、十八前五雙下首「貴」，阮本作「貢」。阮校惠校宋本同，則此非惠校本。阮云宋監本，岳本，嘉靖本，《考文》引古本、足利皆作「貢」。閩、監、毛作「貴」，衛氏《集説》同。案：正義兩見「貴寶」，阮一作「貴」、一仍作「貢」。鄭注原用《周禮·大行人》文，《大行人》原作「貴」，則此本不誤，惠校宋本誤也。

四十三、十八後六雙下十「財」下，阮多「也」字。阮本衍文。

四十四、十八後七雙下二字「一」，阮本無。當作空格，阮本特少一隔斷之「〇」耳。

四十五、十九前二雙下十「前」，阮誤作「先」。經文作「前」。

四十六、十九後六末「貴」，阮誤作「貢」。説已見上。

四十七、二十一前八雙上三「得」，阮作「至」。

四十八、二十二前八雙下七「禮」，阮作「祀」。

四十九、二十二後四雙上「謂在下之人」，阮本「在」作「堂」。阮校引惠校宋本

「謂」下有「在」字，此脱誤，閩、監、毛同。案：惠校本當作「謂在堂下之人」，則此非惠校本。

卷第三十四

一、一後五行五「腵」，當依阮作「腶」。釋文「丁亂反」，當從肉旁段。疏三「腶」字皆同。

二、一後八雙下首兩字墨丁，阮作「時生」。

三、二前三雙下十一「比」，當依阮作「北」。

四、二前六雙下　「五人帝之屬」，阮誤作「五人之帝屬」。

五、二後二雙上末「爲」，阮誤作「云」。

六、三前四雙下八字「八」，阮誤作「六」。

七、三前八雙上九、十「其玉」二字，阮本妄改作「冬至」。此本可貴。

八、五前七雙上十三「壇」，阮誤作「堂」。

九、六前一雙上二字「三」，當依阮作「二」。「二處」即上文「燔燎」「正祭」

二處。
十、六前一雙上末「尋」，阮作「是」。
十一、六後一雙上末「天」，當依阮作「大」。
十二、六後三雙下末　後四雙上十五　兩「牡」字皆當依阮作「牝」。
十三、六後八雙上十五「與」，阮本脱。
十四、七後三雙下九「火」，當依阮作「大」。
十五、九後首「應」，阮本脱。
十六、九後三雙上八「覇」，阮本作「大」，非。
十七、十前八雙下十六「以」，阮作「而」。
十八、十二前一雙上廿一「屬」，阮誤作「爲」。「屬陰」與上「屬陽」句一律。
十九、十二前七雙上二十「侑」下，阮衍「俎」字。
二十、十三前二雙上三「云」，當依阮作「亡」。
二十一、十三前五雙下首「酌」，阮誤作「爵」。
二十二、十四前一雙上八「東」，阮校《考文》補本「東」作「柬」。案：各本皆作「東」，所引《大射禮》原作「東」，可證補本之不足信。

二十三、十四前一雙上末墨丁，阮作「也」。　雙下首墨丁，阮作空格。　雙下末墨丁，阮作「案」。

二十四、十四後五雙下十九「凡」，阮誤作「作」。

二十五、十五前一「案鍾師九夏皆夏文在下而南本納夏獨夏文在上其義疑也」，阮本同。阮校閩本同，惠校宋本同，南本《儀禮》「納夏」作「夏納」。　案：惠云「儀禮」，當是「周禮」之誤，疏引《鍾師・九夏》其「納夏」獨作「夏納」者，乃南本《周禮》耳。《鍾師》釋文作「夏納」，云：「本或作『納夏』。」陸德明所據即南本。又《左傳・襄四年》杜注「納夏」，釋文及孔疏引定本亦並爲「夏納」。

二十六、十五前三雙上六「笙」，阮誤作「堂」。

二十七、十五前五雙上二十「氣」，阮誤作「陽」。

二十八、十六前一雙上末墨丁，阮作「來」。　此「來」字未知確否。

二十九、十六後三雙下十三「與」，阮作「饗」。

三十、十九前三注雙下五「鍚」，當依阮作「錫」。

三十一、十九後五雙上七「總」字下，阮多「論」字。

三十二、二十前二雙上廿一、廿二「而得」，阮作「得而」。

三十三、二十前八雙下十一「此」，阮誤作「禮」。

三十四、二十後二雙上七「本」字下，阮誤衍「云」字。

三十五、二十一前二雙上「案注引禮引詩云素衣朱綃魯詩亦爲以綃」二句，「引禮」二字，阮作「昏禮」，並無校語。「昏禮」字無來歷，但「引禮」二字亦爲衍文。此「案注引禮引詩云素衣朱綃」十一字，當是修版時妄填，後又因其不合而改「引」字爲「昏」字。據上下文義當云「案注引詩云素衣朱繡繡字魯詩亦以爲綃」，如此則同爲十一字，於注文疏意皆合。

三十六、二十一前二末「領」　前三末「不」　當依阮本互易。　此本此處各行末一排字皆破裂，掇拾入版，亦有重刻補入字體不同之迹，故有互易其處之字。

三十七、二十一後五雙上廿一「土」，阮誤作「士」。

三十八、二十一後七雙上末「公」，阮誤作「宗」。

三十九、二十一後八雙下九「德」，阮校引盧文弨云：「當作『得』。」

卷第三十五

一、一後二雙上四、十七兩「五」字，阮俱誤作「三」。　廿一「而」，阮誤作「不」。

二、一後六注末「也」字，阮無。

三、二前七注雙下八「及」，阮脱。

四、二前八疏雙上五字「二」，阮脱。

五、二後三雙下六「奏」字下，阮多「也」字。

六、二後四末「經」，阮作「節」。

七、二後六雙上二「于」，阮誤作「以」。

八、三前三雙下六「多」，阮作「各」。阮校閩、監、毛同，《考文》補本作「多」。

案：「多」字與注文合，此本又同《考文》補本。

九、四後六行七「墉」　注雙下一、三兩「墉」字　阮校各本同，《石經》同，釋文出「北庸」云：「本亦作『墉』。」惠校宋作「庸」，注同。則此三字皆不同惠校本。

十、六前三雙下至前四雙上　「地須財財並在地出」，阮本上「財」字作「産」。阮校閩、監、毛同，惠校宋本「産」作「財」、「出」作「上」。案：此本「産」作「財」，與惠校合，「出」仍作「出」，則非惠校本。

十一、六前八雙上三、四「生養」，阮誤作「養生」。

十二、六後八雙下七「説」，阮誤作「論」。此非「論」，當作「説」。

十三、八前二雙下三「等」，阮作「類」。正義文例常作「等」。

十四、八前二雙下七「皆」，阮校引盧文弨云：「當作『冒』。」案：此據《白虎通》，原作「冒」。

十五、八後四雙下「尚書無逸篇」，阮本同。阮校齊召南云：「『無』字衍，此《尚書·逸篇》文也，見《後漢志》注。」按：齊云「無」字衍，是也。《無逸》篇既無此文，而《白虎通》及《北史·劉芳傳》引此文皆作「尚書逸篇」，惟《漢志》注有此文，並未云出《尚書·逸篇》耳。

十六、九前一雙上末空，阮作「兩」。

十七、九前六雙下四「嶽」字下，阮誤衍「四瀆」一〔一〕字。《宗伯》原文無「四瀆」，下文「不得先五嶽而食」亦無「四瀆」二字。

〔一〕「一」應作「二」。

十八、九後二雙上二「此」，阮誤作「公」。「公邑」別見下文。

十九、九後三雙下廿一「於」，當依阮作「族」。「族祭酺黨祭禜」，據《周禮》，「酺祭」在「族師」下，「禜祭」在「黨正」下。

二十、十首「備」當依阮作「歷」。注及疏皆作「歷」，「備」字當由闕後妄補。

二十一、十前三雙下至前四雙上「火出」二字，阮同。阮校惟惠校宋本作「出火」，此本非惠校本。案：經文作「出火」，當從惠校本。

二十二、十一前一雙上五「謂」，阮誤作「爲」。

二十三、十一前二雙下十七「簡」，阮脱。

二十四、十二後三雙上八、九「此以」二字，阮誤倒。

二十五、十四前六雙上十一「魯」，阮誤作「禮」。

二十六、十四前八雙下十八「矣」，阮誤作「也」。

二十七、十四後七雙下十七「又」，阮誤作「及」。

二十八、十五前一雙下三字「三」，阮誤作「二」。

二十九、十五後六末　處，當依阮作經文「卜」字。

三十、十六後三注雙下十四空格，阮誤作「者」。不應空，更不應作「者」。此本空格下五格擠作六字，所空實即下「祖」字地位。此本誤擠緊成一空格，後來遂以「者」字妄填之。

三十一、十七後二雙上十二「嚮」，阮誤作「祭」。

三十二、十七後六雙上二「章」，阮誤作「象」。

三十三、十八前三雙下二「有」，阮脱。

三十四、十八後一雙上八「魯」，阮誤作「書」。

三十五、十九前三雙下首「爲」，阮誤作「祭」。

三十六、十九前四雙下二「養」，阮誤重上「掌」字。

三十七、十九後一雙上十七「祀」，當依阮作「祖」。

三十八、十九末「生」，阮作「注」。

三十九、二十一後七雙下三「不」，當依阮作「昆」。

四十、二十二首，阮作「功」。

卷第三十六

一、四後五雙上二「造」，阮誤作「重」。疏作「造」。

二、六後七雙上十八「縷」，阮作「鏤」。

三、七後四注「近主位」下，阮多「也」字。

四、九後六雙下三「每」，阮誤作「冠」。

五、十前三雙上十九、廿一兩「髺」字，皆當依阮作「髻」。

六、十後五雙上十九「曰」，阮脱。

七、十二前四注雙下首「則」，阮作「取」。

八、十五前四雙下十七「者」，阮脱。

九、十五前七注「燭或爲熠」，阮校引段玉裁云：「《有司徹》疏引此注『燭』或爲『燖』。」案：「燭或爲熠」句，再見本卷十七後四。

十、十六後三第二注雙下六「禮」字下，阮多「曰」字。

十一、十七後六注雙下十一「安」，阮作「妥」，非。上云「妥安坐也」，以後即當用「安」説「妥」。

十二、十八前一雙上　「名曰明者」句下，阮校引《考文》古本、足利本有「神明之也」四字。

十三、十八前一雙上廿一「親」，當依阮作「新」。　疏亦作「新」。

十四、十八前七雙下二十「宅」，阮作「之」。　案：文義祇可作「之」，正義亦無「宅」字。

十五、十八後七雙上　「正義曰」，「曰」阮作「云」。　例不當作「云」。

十六、十八後七雙上十五「亨」，阮誤作「享」。　「亨」即「烹」字。

十七、十九前八雙下十四「以」字，阮作「所以」。　二字亦是擠嵌。

十八、十九後五雙上十四「矣」，阮作「草」。阮校閩、監、毛同，《考文》補本作「矣」。　此本同《考文》補本。

十九、二十前八雙下十八「主」，阮作「王」。阮校閩、監、毛同，衛氏《集説》同，毛本誤作「主」，《續通解》作「主人」。　案：此本「主」字上一點亦係累筆，非原有。

二十、二十二後七雙下九「與」，阮誤作「以」。

二十一、二十三後四雙上八「炳」，阮誤作「炳」。

二十二、二十三後四雙下首「之」字下，阮多「謂」字。

二十三、二十三後五雙下「是恭敬之至極恭敬之至」二句，阮第二句「至」字下多「極」字。阮校云惠校「是恭敬之至極」句無「極」字，此阮未見宋本而誤會。得此本乃明真相。

二十四、二十四後八雙上十〔一〕「和」，阮作「明」。

二十五、二十五前三雙下三字「五」，阮誤作「三」。

二十六、二十五後二雙下十「説」，阮誤作「涚」。

二十七、二十五後二雙下二十「此」字下，阮衍「言」字。

二十八、二十五後五雙下首「者」，阮脱。

二十九、二十六前一雙下十三「事」，阮誤作「道」。

三十、二十六前二至前三　「舊醳之酒也」，阮同。阮校閩、監、毛同，惠校宋本「醳」作「澤」、「也」下有「者」字。此本皆誤，則非惠校本。

三十一、二十六前五雙下十一「瓖」，當依阮作「釀」。

三十二、二十六前七首「求」，阮作「祈」。　經文作「祈」。

〔一〕「十」應作「十一」。

三十三、二十六前八雙上十八「報」，阮誤作「福」。

三十四、二十六前八雙下十一「遠〔一〕」。　注文作「遠」。

三十五、二十六後一雙上十八「玄」，阮誤作「之」。

三十六、二十六後一雙下五「尚」，阮脱。

卷第三十七

一、一後六雙上九「數」，阮脱。

二、二後七雙下十八「咸」，阮誤作「或」。

三、五後三雙上六「也」，阮誤「之」。

四、六前四注末「色」，阮誤作「也」。　此句中阮校及其「有」字而不及「也」字，則各校皆未及也。殆各家皆未見此異同。

五、六後八雙上末「舉」　雙下末，阮作「大」，恐是「之」字，字既漫漶，十行本遂誤作「大」。

〔一〕「遠」應作「速」。

六、八前五首「洟」，阮校閩、監、毛誤「咦」，則惠爲漏校。

七、九前一首墨丁四字，依阮補作「晏子則通」四字。

八、十前一經文「人代之」之「代」，阮誤作「待」。　注雙下缺字，依阮補作「己」。

九、十三首模糊，依阮補作「兄」。

十、十三後七雙下二缺字，依阮補作「之」。

十一、十五後三末「折」，阮作「析」。阮校惟嘉靖本亦作「析」，各本皆作「折」，引段玉裁云：「『折』當『析』之誤，『析』同淅，汰米也。陸云『之列反』，非。」按：阮引段説非也，疏云「細折稻米爲飯」，明非「淅」字之義。

十二、十六後五雙上八、九「柤棃」，阮誤作「椇藜」。阮校岳本、宋監本同，此本閩、監本與阮之十行本同誤，嘉靖本、衛氏《集説》「棃」字不誤、「柤」字仍誤作「椇」，《考文》補本、古本、足利本作「樝棃」，《困學紀聞》引《内則》注「椇藜之不臧」是誤字。蓋王應麟所見本已誤，此本所以可貴。　獨無惠校，必漏。

十三、十七後一雙下二十「承」，阮誤作「豕」。

十四、十七後二雙下十五字「三」，阮誤作「云」。

十五、十八前七雙上十「摶」，阮誤作「擣」。阮校謂：「本經注當作『擣』。」今按：注「糗，擣熬穀也，以爲粉餌與餈」；疏「糗者，擣粉熬大豆，爲餌餈之黏著，故以粉糗摶之」，則解「擣」字在上句，此「摶」字乃承上「黏著」而來，恐其黏著，故摶以所擣之糗也。阮校語未諦。

十六、十八後三雙上十三「雞」，阮誤作「雉」。

十七、十九前八雙下十六「腥」，阮誤作「醢」。

十八、十九後八雙上末「牛」字下，當依阮補「宜」字。

卷第三十八

一、一後一經文「薤」，阮同。阮校閩、監、《石經》、岳、衛氏《集説》皆同，惠校宋作「韰」，宋監及毛同，嘉靖本亦同，釋文出「用韰」云：「俗本多作『薤』，非也。」此本非惠校本。

二、二前四首「尻」，阮校閩、監、毛誤「凥」。惠校漏。

三、二前五雙上十六「鎔」，阮作「容」。釋文「鎔」音容。　阮本誤。

四、三前二雙下十九「鴇」，阮誤作「鴞」。阮本正義標起訖云「注庮惡至鴇也」，亦作「鴇」。此本正義標起訖不及「鵠或爲鴇也」句，但標云「注庮惡至朓也」。

五、四後七注雙下三「庆」當作「庋」，阮作「庋」。釋文云：「『庡』又作『庋』。」則陸本作「庡」。本書正義中亦見「庋」字。

六、五前二末「主」。

七、五前四雙上十、十一「臨時」，阮妄改作「隨等」。

八、五前五雙上十一「菹」，當依阮作「俎」。《周禮·膳夫》原作「俎」。

九、五後一雙下十五「美」，阮誤作「羹」。《掌客》注原作「美」。

十、六前五行八〔一〕「貳」，阮誤作「二」。《王制》即作「貳」。

十一、八前四雙下八「己」，阮作「是」。文義亦可通，但當依舊本作「己」。

十二、八後八經文二「母」，當依阮作「毋」。正義：「『毋』是禁辭，非膳羞之體，故讀從『模』。」可知孔所解之本原作「毋」。

十三、十一前五雙上九「巢」，當依阮作「異」。十七「封」，當依阮作「刲」。

十四、十二後八雙上十四「樿」，阮誤作「揮」。

〔一〕「八」應作「七」。

十五、十三前一雙上十一　雙下二、六、十二四「揮」字，皆當依阮作「楎」。

十六、十三前八雙上十字「二」，當依阮作「三」。

十七、十三後首「辟」，阮脱。

十八、十六首行十二「裕」，阮作「裕」。阮校毛與岳、嘉靖本皆誤「裕」。此本同誤。

十九、十七前一行十二「咳」，阮同。阮校惟惠校宋本及釋文作「孩」。則此非惠本。

二十、十七後四雙上十一、十二「凶者」，阮作「者凶」。文義雖兩通，當從舊本。

二十一、十七後四雙下首「十」，阮校從段玉裁校改「兒」，方與《説文》合。「十」字無意義。

二十二、十七後七雙下十四「恒」，阮誤作「但」。

二十三、十九前四雙下十一「盥」，阮妄改「始」。　《士昏禮》原作「盥」。

二十四、十九後七雙下二十「名」，阮誤「各」。

二十五、二十一前八雙下首「彼」，阮誤「故」。

二十六、二十六後五雙上五「也」，阮無。　注原無。

卷第三十九

一、二前二雙下廿一「貫」，阮誤作「質」。

二、二前四雙上四「旒」，阮校引惠校宋作「旋」。則此非惠校本。

三、三前五雙上三「又」，阮誤作「文」。阮校惟惠校宋及《考文》補本作「又」。

四、三前六雙下廿一「託」，當依阮作「記」。

五、三前七首「几」，阮誤作「凡」。

六、四前七雙上十六「設」，當依阮作「誤」。本葉多有阮從近儒改正而可從者。前一雙上十九「草」，盧文弨從《明堂位》疏改「茅」。雙下十「外」字下，盧文弨從《明堂位》疏添「有水」二字。前五雙下二十「説」第二「説」字盧改「經」。前六雙下首「本」字下「異章」二字，盧改「書異」。後一雙上「今説立明堂於巳」，從齊召南改「今漢立明堂於丙巳」，齊亦據《明堂位》疏。

七、五前五雙下四「正」，阮誤作「政」。

八、六前一雙上末缺「云明」　雙下末缺「或然」　前二雙上末缺「語云」。

九、六前二雙下七「云」，阮作「曰」。

十、六前五注文十字，阮在經文「朔月太牢」之下，阮校各本同。惟盧文弨校宋本如此本，然則盧亦見宋本，而惠校則漏。

十一、六後五雙下七「同」，阮校從孫志祖依《膳夫》疏改「與」。

十二、六後五雙下十五、十六、十七「故鄭據」三字，阮校引惠校定爲衍文，浦鏜則改「鄭」爲「難」。　此惠校之訂正北宋本者，此本同惠校等各本。

十三、八葉原闕，今從十行本去其釋文補刻。　字數正合。

十四、十一前三雙上十一「盡」，阮妄改「至」。

十五、十一後八雙下首墨釘，阮作「仍不」二字。

十六、十二後八雙上十「卜」，阮誤作「下」。

十七、十三前六雙下九「論」，當從注原作「讀」。阮標起訖不述全文，故無此字在内。

十八、十三前八雙下三「禩」。

十九、十三後一雙上五「拋」，阮作「拖」。　《少儀》原作「拋」。

二十、十三後七經文「沭稷而醴粱」，「沭」當作「沐」。

二十一、十四前一雙上四「機」，當依阮作「禨」。

二十二、十四前八雙下三、九兩「沐」字後一雙下七、十兩「樿」字。

二十三、十四後二雙上十「梳」。

二十四、十四後五雙下首「敗」，當依阮作「歌」。

二十五、十四後六雙下十一　後七雙上末兩「杅」字。

二十六、十五前一末缺，依阮補上「皆」字、下「念」字。

二十七、十五前七雙下七「珽」，阮校釋文出「珽」云：「本又作『珵』。」惠棟云：「王逸引之作『珵』。」此爲惠氏校語之可考者。按：鄭引《相玉書》「珽玉六寸明自炤」，釋文謂「珽本又作『珵』」；惠引王逸，則《離騷》「豈珵美之能當」注亦引《相玉書》「珵大六寸其耀自照也」，洪興祖音「珵」爲「呈」。

二十八、十五後七雙上十八「玉」，阮校從段玉裁改「云」。　雙下廿一「頭」，盧文弨去之不重。浦鏜移一「頭」字於「廣於珽身」之上。

二十九、十五後八雙下十二、十三「班王」二字，當依阮作「珽玉」。

三十、十七前七雙下十三「未」，當依阮作「末」。

三十一、十八前一雙上十二「喜」，當依阮作「嘗」。

三十二、十八前八雙下十四、十五「徹者」。

三十三、十八後四雙上三「是」，阮誤作「食」。

三十四、十八後八雙下墨釘，應去作空。阮作「〇」。

三十五、十九前二雙上三「空」，阮無此字。詳文義，此處應空一格，不得作「空」字。而阮本不空，則連兩段疏文爲一段，尚不爲甚累。此本作「空」字，則必當去之。

三十六、十九後三注雙上九「官」，當依阮作「宫」。

三十七、十九後三注雙下十四「豐」，阮誤作「幂」。《燕禮》原作「豐」，此下有「幂用綌若錫」句。

三十八、十九後四注「飲賤者不備禮」，阮妄改作「蜡飲故不備禮」。蓋所據祖本缺蝕，從疏文以意填補也。

三十九、十九後七雙上十一「示」，阮誤作「亦」。

四十、二十前六雙下三「上」，阮作「止」。阮校閩、監、毛同，惠校宋作「上」，衛氏《集説》無上「已」字，而亦作「止」，是，云云。今按：此本「上」字左下角有墨痕，蓋本「止」字蝕去一筆而爲「上」也。惠校所據正同，此本實則本係「止」字。

四十一、二十後二雙下五、六「本古」二字，阮作「比士」。「本古」即上文「必上玄酒」注「不忘古也」，十行本不明其意而妄改，不知「士」字絶無來歷，各校不及，殆皆疑之。

四十二、二十後三雙下十七「君」，阮誤作「若」。古本可貴。

四十三、二十後四雙下十七、十八「也若」二字，阮妄改爲「旁著」。蓋亦缺蝕而妄填。

四十四、二十一後二末「木」，當依阮作「大」。

四十五、二十二後二雙上八「荅」，阮同。阮校閩、監、毛同，惠校宋無，則非惠校本。

四十六、二十五後二雙下十六、十七、十八、十九「一邊而有」四字，阮作「兩邊而用」。按：曲裾止在右衽，不得兩邊用之。古本可貴。

四十七、二十六前六雙上十五「故」，阮誤作「或」。作「或」不成文義。

四十八、二十七後三雙上十六「當」，阮誤作「常」。

卷第四十

一、一後七雙下十八「裼」，阮從浦鏜定爲「錫」之誤。

二、一後八雙下首空格，當依阮作「也」。

三、六後八雙上首「垂」，阮誤作「至」。阮校云：「惠校宋作『垂』是也，衛氏《集説》、《考文》補本同，閩、監、毛皆誤『至』。」

四、十後六雙上四「韋」，阮誤作「韐」。《明堂位》注原作「韋」。

五、十一前一雙下七「玄」　十三「絺」，阮同。阮校引惠校宋本此兩字互易，則非惠校本。文見《司服》，當從惠校互易。

六、十一前五行九字「二」，阮校十行、閩、監、毛、岳、嘉靖、衛氏《集説》皆誤作「一」，引《石經考文提要》所據各本及他本作「二」。不引惠校，則惠校漏。

七、十一後七雙下十二「讀」　廿一「搖」　阮本誤互易。

八、十二前二雙下十五「云」，當依阮作「士」　《士喪禮》有此注。

九、十二後三雙下六「次」，阮誤作「以」。　見《周禮·追師》注。古本可貴。

十、十二後四雙上五「纚」，阮誤作「驪」。

十一、十二後四雙下十九「縳」，阮校引惠校云「古絹爲縳」。此惠校語之可見者。

十二、十三前一雙上首「是也」下，阮誤贅校語一大段，以爲宋本皆誤脱，當從閩、監、毛本補之，其實非也，已見上節疏中，蓋疏原移入上節。

十三、十四後一雙上十二「宫」，阮作「官」。

十四、十七前二雙上「浮筠旁達信也」，「浮」阮作「孚」。阮校引惠校宋同，閩、監、毛本「筠」作「尹」，衛氏《集説》同。此非惠校本。

十五、十八後一雙下「朝則結佩」上有空，阮本空格作「自」。阮校閩、監、毛同，盧文弨云：「宋本無『自』字，疑當有，或是圈隔。」按：盧已見此本，惠校漏。

十六、十八後四雙下五「衡」，阮誤作「衡」。阮校引《考文》補本作「衡」，則惠校漏。閩、監、毛及衛氏《集説》皆誤「衡」。

十七、十九前四雙下末「純」，阮誤作「義」。阮校閩、監、毛同，惠校宋及《考文》補本作「純」。

十八、十九前六雙上五「艾」，阮作「文」。十八「文」，阮同。阮校不及上一「艾」字，而於「文」字則校云：「閩同，惠校宋同，《考文》補本同，監、毛作『艾』。

盧文弨云《説文》正云『艾』，鄭箋《詩》則云『文』。」按：雙上五之「艾」，孔疏正引《詩》傳，而箋則云「綦綦文也」，非「蒼文」，則盧校微有誤。

十九、十九前六雙下首墨丁，阮作「〇」，當去。

二十、十九後二注雙下七「紛」，當依阮作「紒」。《士冠禮》作「紒」。

二十一、二十前三雙上三「約」，阮誤作「絢」。

二十二、二十前〔一〕四雙下六「初」，阮誤改「猶」。

二十三、二十一前五雙下十九「自」。

二十四、二十一前八雙上九字「一」，阮作「壹」。此可以不作「壹」。

二十五、二十一後二注「上環頭甘也」，「甘」當依阮作「忖」。釋文「忖」本又作「刌」，疏「忖切謂切瓜頭切去蔕」，則當從阮作「忖」，形近而誤。

二十六、二十二前一雙上四「火」，阮誤作「人」。阮校閩、監、毛同，衛氏《集説》作「火」。則惠校漏。

二十七、二十二後一注末，阮多「也」字。

二十八、二十四前八雙上二十「於」，當依阮作「拜」。觀前注文自見。

〔一〕「前」應作「後」。

二十九、二十七首「特」。

三十、二十七前七注首「北」，當依阮作「此」。

三十一、二十七後六雙下末「上」，阮誤作「言」。

三十二、二十八後八雙下首「俯」。

三十三、二十九後三注二「教」，今當依阮作「教令」。

三十四、二十九後七雙下四「休」，阮誤作「躰」。阮校閩、監、毛作「體」，岳，嘉靖，衛氏《集説》，《考文》補本、古本、足利本皆作「休」，惠校漏。

三十五、二十九後七「玉色注正不變也」，「正」阮作「色」。按：當是「玉」誤爲「正」，後又疑而改「色」，觀疏意可見。

三十六、三十前一雙下廿一「當」，阮誤作「常」。

三十七、三十二後二雙上四「蘖」，阮作「孽」。阮校閩、監、毛同，衛氏《集説》作「蘖」，惠校漏。

三十八、三十二後八雙下五空格，阮亦作「〇」。阮校此係誤衍，實已從此本而從誤也。

《禮記正義校勘記》卷上

禮記正義校勘記卷下　用阮文達公校勘記覆校

卷第四十一

一、一後七雙下末「乙」，當依阮作「巳」。阮校各本作「巳」，惟惠校宋本作「乙」，則此本實同惠校本。但上云「在辰爲巳」，故此云「漢立明堂於丙巳」。惠特校其異同，未加辨正。

二、六後七雙上十七「大」，阮誤作「天」。

三、七前二雙上首「王」誤[一]，阮誤作「上」。

四、八後五注雙下二「王」，阮誤作「主」。

[一]「誤」爲衍字。

五、十二前一雙下四「也」，阮作「非」。阮校閩、監、毛、岳、嘉靖、衛氏《集説》皆同，惠校宋作「也」，《考文》引足利本作「非也」。按：從疏明應作「非」，足利本似頗合。但據疏標起訖「尚非」，下無「也」字，則足利本或故意調停矣。此本與惠校本合。

六、十五後一雙上八「曰」，爲「白」字缺筆。

七、十六後二雙上　「君卷至大服」　阮校引惠校宋本無此五字。按：阮此校語可疑。宋本合多節爲一節，此處必應有標起訖之語，下正義中語氣明對所標起訖而言，恐此五字爲宋本所必有。他處常例，宋本往往因各節分合不同，較十行本少標起訖之語，而惠校則往往指出之，於此則不同，當從今本。

八、十八前五雙上　「山節至飾也」　阮校惠校本無此五字。此亦當從今本，詳正義所云，此一節若無標語，何所指爲一節？

九、十八後三雙下十六　後四雙上首　兩「栭」字，阮誤作「檽」。《爾雅》《説文》皆作「栭」。

十、十八後四雙上十「栱」，阮誤作「拱」。

十一、十八後七雙上十六「爲」字下，阮有「兩」字。阮校閩、監、毛同，《考文》

引宋無，則惠爲漏校。

十二、十九前三雙下四「魏」，阮誤作「巍」。

十三、十九前七雙下「有虞至大赤」阮校惠校宋無此五字。此亦當從今本。

十四、十九前八雙下二「綏」，阮作「緌」，蓋從注改，但此句尚用經文爲說，不必先從注改，且下仍不改。

十五、十九後四雙上首　雙下八　兩「綏」字，阮皆作「緌」。

十六、二十前四雙上「泰有至尊也」阮校惠校宋無此五字，此亦當從今本。

十七、二十前五雙上二十「猶」，阮作「爲」。「猶」字文義爲長。

十八、二十前八雙上「爵夏至以爵」阮校惠校本無此五字，此亦當從今本。

十九、二十後一雙下十、十五兩「稼」字，阮皆誤作「嫁」。

二十、二十後三雙上「灌尊至蒲酌〔一〕」阮校惠校宋無此五字，此亦當從今本。

二十一、二十一此葉鈔補，據阮校於此葉中引惠校語，則惠校本不闕。

二十二、二十一鈔補葉前二雙上十一字「三」，當依阮作「二」。

二十三、二十一鈔補葉前四雙上三「穪」，當依阮作「稱」。

〔一〕「酌」應作「勺」。

二十四、二十一鈔補葉前六雙下　「是知皇氏等之説」　阮校毛本誤作「是知皇氏之等」，則此鈔葉非出毛本。

二十五、二十一鈔補葉前六雙下　「土鼓至樂也」　阮校惠校宋無此五字，此亦當從今本。

二十六、二十一鈔補葉前七雙下六「戠」，阮作「截」。阮校閩同，《考文》引宋同，監、毛誤作「戠」。此鈔葉既不出於毛，斷爲出於明監本。又惠據監、毛校宋，此爲漏校。

二十七、二十一鈔補葉前七雙下十四「耆」字下，當依阮添「氏」字，鈔時所脱也。

二十八、二十一鈔補葉後一雙下十四「也」，阮同。阮校閩、監、毛同，惠校宋無「也」字，衛氏《集説》同。此亦證鈔補出於監本。

二十九、二十一鈔補葉後一雙下　「拊搏至器也」　阮校惠校宋無此五字，此亦當從今本。

三十、二十一鈔補葉後四雙下十八「譏」，當依阮作「譏」。

三十一、二十一鈔補葉後六雙下十三「文」，阮作「云」。

三十二、二十二前一末「庌」，爲「序」之誤。

三十三、二十二後一雙上二「文」字下，阮多「也」字。

三十四、二十二後二雙上〔一〕十、十一「輤輤」，當從阮作「輴輴」《詩》箋原作「輴」，《說文》作「軸」。

三十五、二十二後四　「垂堯至笙簧」，阮作「垂堯之共工也至女媧作笙簧」。阮校惠校宋作「垂堯至媧作笙簧」，各本不同而皆可通，惟可證此非惠校本。

三十六、二十二後八雙下　「夏后至璧翣」　阮校惠校宋無此五字，此亦當從今本。

三十七、二十三後八雙上三　雙下十七　兩「柎」字，阮皆作「跗」。

三十八、二十五後二雙上　「凡四至樂焉」　阮校惠校宋無此五字，此亦當從今本。

卷第四十二

一、一前七「齊衰惡笄」下，阮校從《考文》引古本、足利本添「帶」字，又引段玉裁説據注、疏皆有「帶」字，確爲當補，但疏引經文則亦脱「帶」字。

二、一後七雙下末「服」，阮脱。阮校閩、監、毛同，《考文》引宋有「服」字，則

〔一〕「上」應作「下」。

惠校漏。

三、三後六雙下十六「吉」，阮誤作「去」。

四、三後八雙下十九「俱」，阮誤作「皆俱」二字。

五、四前二雙上十三「户」，阮校閩、監、毛同，惠校宋作「尸」，非也。則此非惠校本。

六、五後五雙上十六「黯」。

七、五後六雙下二「申」，阮誤作「中」。

八、八後一雙上廿一「於」，阮作「其」。「於」字意味較深。

九、九前一雙下九「止」，阮誤作「上」。正義明言《公羊・宣三》傳文，傳自作「止」。正義引注及解釋，在前七雙上四及雙下四兩「止」字，阮皆誤作「上」。

十、十後四雙下十三「人」。

十一、十後四雙下「於族人唯一俱時事四小宗」，阮同。阮校閩、監、毛「俱時」作「時俱」。《考文》引宋作「俱事」，無「時」字。盧文弨云：「作『俱事』亦疑有訛。」按：作「俱時事」最合，言族人隨時事四小宗，唯一無異也，「時」即下文「四世之時」「五世之時」等「時」字。惠校漏。

十二、十一後六雙上十五「此」，阮誤作「比」。

十三、十三前一雙下十九「祔」，阮作「附」，非。

十四、十三後七末「隆」，阮同。阮校閩、監、毛、嘉靖、衛氏《集説》同。岳本、《考文》引古本、足利本作「降」。按：正義作「降」，且再見當依疏改注，阮以注改疏，或非。

十五、十四後六雙下四「鄭」，阮作「注」。

十六、十五後七雙下十四「章」，阮誤作「者」。　此行末「妻」字下，阮衍一「〇」。因「章」字既誤，文義難通，遂於連屬之文誤加隔斷。古本可貴。

十七、十五後八雙下十七「王」，阮作「主」。此本缺一點，痕跡尚可辨。

十八、十七前三雙上四、五〔一〕「反命」，阮用盧文弨説改作「命反」，是也。

十九、十九後一雙上二十、二十一「此生」，阮作「此子生」。阮校閩、監、毛同，《考文》引宋無「子」字，則惠校漏。阮又按衛氏《集説》作「此子」，無「生」字，疑宋板亦當無「生」字，非無「子」字，寫者偶誤耳云云。阮蓋疑爲《考文》校語寫誤。今此本正同《考文》宋本，此非誤寫也。「此生」義亦通順，不必定依《集説》。

〔一〕「四五」應作「五六」。

二十、十九後二雙上十四「諸」，阮誤作「謂」。

二十一、二十前一雙下廿一「脱」，阮作「稅」，非。

卷第四十三

一、一後二雙下四「爲」，阮誤作「君」。

二、一後四雙下八「應」字下，阮多「連」字。阮校惠校本同，《考文》引宋無「連」字，十行本誤「應連」爲「至情」。閩、監、毛本「應」誤「至」。　此本非惠校本而同《考文》宋本。

三、一後六雙上十八「諸」，阮誤作「有」。

四、二前一疏末，阮本至此始分卷。阮上卷末多一節，遂將注及疏分割，大有不同。惠校一一指明，已入阮校。

五、二前八雙上二「苴」，阮同。阮校《考文》引宋同，閩、監、毛誤作「首」，衛氏《集説》同，則惠校漏。

六、二後八雙上十三「帶」，阮誤作「要」。　注作「帶」。

七、二後八雙下五「末」，當依阮作「未」。

八、三後一雙上末至雙下首「銘皆書」三字，阮校從浦鏜改「書銘皆」。

九、三後五雙上八「當」，阮同。阮校閩、監、毛誤作「常」，《考文》引宋及衛氏《集説》作「當」，則惠校漏。

十、五後一雙下三「脩」，阮誤作「備」。　疏作「脩」。

十一、五後七雙下六「而」，阮誤作「亦」。

十二、六前一雙下六〔一〕「祥」，阮誤作「葬」。　注作「祥」。

十三、六後二注「隆」，阮作「降」。阮校《考文》引宋作「隆」，衛氏《集説》同，餘本作「降」，則惠校漏。

十四、九後一雙上十四「杖」，阮同。阮校閩、監、毛同，惠校宋作「禫」，則非惠校本。　的應作「禫」，當從惠本。

十五、十前五雙下十一、十二「假須」二字，阮作「須假」。阮校記標疏文作「假須」，校語云《考文》引宋同，閩、監、毛作「須假」。然則十行本原與宋本同，今阮本乃上板時誤。　惠校漏。

〔一〕「六」應作「七」。

十六、十一前一注雙下六「大」，當依阮作「丈」。經文「丈夫冠而不爲殤」，此本尚作「丈」。賈公彦《士冠禮》疏及楊復齋《儀禮圖・喪服大功九月七月》章引此皆作「大夫」，且與「士」對舉，明非筆誤。然本經下句「婦人笄而不爲殤」，與「婦人」對舉，明爲「丈夫」，非「大夫」，賈自誤，非可疑及經文而注，則此本「丈」誤作「大」。據阮校但稱惠校宋、衛氏《集説》、《考文》古本皆於句下有「也」字，不言「丈」或作「大」，則此本獨誤。

十七、十一前三雙上二「經」，阮作「節」。阮校閩、監、毛同，《考文》引宋作「經」，則惠校漏。

十八、十二後一雙上七「末」、雙下四「而」，阮皆同。阮校閩、監、毛「末」作「麻」、「而」作「無」，《考文》引宋同作「末」、作「而」，則惠校漏。

十九、十三前一雙下十四「生」，阮同。阮校閩同，監、毛作「賓」，《考文》宋、衛氏《集説》作「生」，則惠校漏。

二十、十三前三雙下十二「告」，當依阮作「吉」。

二十一、十三後四雙下二十「耳」字，乃「可」字所改，痕迹顯然。閩、監、毛作「耳」，阮作「可」。阮校惠校宋作「可」，則此同惠校本。

二十二、十五後五雙上九「病」，阮作「疾」。阮校閩、監、毛、衛氏《集説》同，盧文弨本改作「病」。按：盧據宋本，惠爲漏校。

二十三、十六後六疏雙上十二「者」，當依阮作「也」。

二十四、十七前七雙下「士不攝大夫以此謂」，阮作「士不至宗子○此謂」。此十行本以意改竄，妄甚。

二十五、十八前四行九「後」，阮同。阮校惠校宋作「后」，宋監同，餘各本皆作「後」，則非惠校本。

二十六、二十一前三〔一〕雙上九「士」，阮作「主」。阮校閩、監、毛同，《考文》引宋作「士」，是也。則惠校漏。

二十七、二十一前三〔二〕雙上十二字「三」，阮作「二」。阮校閩、監同，毛作「三」。阮不敢斷定，則疑其可「三」可「二」矣。按：此文爲《喪大記》云「士之喪三日婦人皆杖」，乃節《儀禮・喪大記》文。《喪大記》原文云「士之喪二日而殯三日而朝主人杖婦人皆杖」，蓋「婦人皆杖」自在三日，不得以「士之喪」與「二日」聯屬，而誤認爲

〔一〕「三」應作「二」。

〔二〕「三」應作「二」。

「二」也。

二十八、二十二後七雙下首「下」，當依阮作「不」。

二十九、二十三前三注「文不縞冠玄端」，阮同。阮校閩、監、毛、嘉靖、衛氏《集説》同，岳本「縞」作「縟」。釋文出「不縟」，段玉裁從《九經三傳沿革例》作「文不縟玄冠玄端」，是也。盧文弨亦依疏「冠」上增「玄」字。按：今見宋本，則阮説及段、盧皆非也。「玄」字不必增，玄端即必玄冠矣。疏述注宋本作「云冠玄端」，乃十行本訛「云」爲「玄」耳，非疏本如是。「縟」字從疏，必改，疏再三釋「縟」字矣。

三十、二十三前六雙下十一「喪」，阮無此字，當刪。注本無此字。

三十一、二十三前八雙上末「云」，阮誤作「玄」。盧文弨以此訛字，欲增注文，參看上條。下云「故知玄冠玄端也」，此「玄冠」「玄端」，乃以玄端證明冠亦必玄，即證明經文「必玄」二字之意味，非述注文。

三十二、二十四前八雙下十一「而」，阮作「至」。此本誤，或「而」字上脱「至」字。

三十三、二十四後四末〔二〕「之」字上，阮有「爲」字。阮校閩、監、毛同，皆誤衍，

〔二〕「末」應作「上末」。

《考文》引宋、衛氏《集説》皆無。惠漏校。

卷第四十四

一、一後五雙下十三「凡」，阮誤作「禮」。所述之注本作「凡」。

二、二前六雙上七字「三」，阮誤作「二」。

三、三前四雙下四字「三」，據阮校，十行本誤作「二」，閩、監、毛同，阮從《考文》引宋改。則惠校漏。

四、三前七雙下十九字「六」，阮作「云」。阮校閩、監、毛作「之」，《考文》引宋作「六」。則惠漏校。

五、三後一雙下十三「皇」，阮誤作「臯」。

六、四前一雙上十一「年」，阮本脱。阮校閩、監、毛同，《考文》引宋有。則惠校漏。

七、四前五雙上八「外」，阮誤作「因」。阮校十行原誤「音」，從閩、監、毛作「因」，《考文》引宋作「外」。則惠校漏。

八、四前五雙下末「空」，當依阮作空格。阮自作「〇」。

九、四後五注雙上五「紕」字下，阮多「繆」字。阮校閩、監、毛、岳、嘉靖本及衛氏《集説》同，《考文》引宋及足利並宋監本皆無「繆」字。則惠校漏。

十、五前二雙下八「禕」，當依阮作「褘」。阮校岳本同，釋文亦作「褘」，閩、監、毛、嘉靖、衛氏《集説》誤作「禕」。

十一、五前七雙上十二、十三「親報」，阮作「報親」。　治親、報功兩事移作「治報親功」，殊不順。

十二、五後七雙下九「鍾」，當依阮作「鍾」。

十三、六後末墨釘，阮作「明」。

十四、七後三雙下三、四「異姓」，阮妄填作「男女」，久不可解。古本可貴，而舊校未及。

十五、八前一雙下二「事」字下，阮多「也」字。

十六、八前四雙上十一「叔」，阮作「父」。古本可貴，舊校未及。

十七、八後七雙上十九「令」，當依阮作「令」。　注本作「令」。

十八、九前四雙上十七「於」，阮作「以」。　注本作「於」。

十九、九前六行四「祖」，當依阮作「袓」。宋本此下「祖」字皆少一點，易訛作「祖」。

二十、十前一雙上廿一「恩」，阮誤作「因」。

二十一、十前八雙下十四「而」，阮本無。阮校閩、監、毛同，《考文》引宋有「而」字。則惠校漏。

二十二、十一前七雙下十五「支」，阮誤作「友」。

二十三、十二後四雙下十「親」，阮誤作「相」。古本可貴，舊校未及。

二十四、十二後五雙上二「殊」，阮脱。無此字亦可通，但疏文解别字貼一「殊」字是其慣例，不得妄删。

二十五、十三後一雙下末「簡」，阮誤作「解」。

二十六、十三後五雙上十六「親」，阮誤作「戚」。

二十七、十三後六雙下三、四「族者」二字，阮改作「宗也」。古本可貴，舊校未及。

二十八、十四後四雙下三「宗」字，阮脱。

二十九、十五後四雙上二「君」字下，阮校引惠校宋有「者」字，毛同，監脱。按：阮本亦無「者」字，與此本同。阮據惠本定無「者」字爲脱文，則此非惠本。無

三十、十五後四雙下十八「公」，阮誤作「父」。古本可貴，舊校未及。

「者」字義亦可通。

三十一、十七前一雙下六「之」，阮誤作「人」。

三十二、十八後四雙上四「級」，阮誤作「故」。

三十三、十八後八雙上六「猶」，阮誤作「辭」。

三十四、十九前八雙下一「敵」，阮作「適」，字通。

三十五、十九後一雙上十三「若」，阮誤作「君」。

三十六、十九後三雙上十六「與」，阮誤作「以」。

三十七、十九後五雙上六「敵」，阮作「適」。

三十八、十九後五雙下廿一「者」，阮本無。阮校閩、監、毛同，《考文》引宋有。

則惠校漏。

三十九、十九後六雙下十四「鄉」，阮誤作「卿」。

四十、十九後七雙上十二「擅」，當依阮作「檀」。

四十一、二十後七雙上十一「財」，阮作「體」。阮校監、毛同，閩及衛氏《集説》、

《考文》引宋作「財」。則惠校漏。

四十二、二十一前五雙下「以馬送死曰賵賵副亡者之意也」，「賵副」阮誤作「賻副」。此解「賵馬」，下文自有「賻馬」，與此不涉。阮本或以「副」字諧聲而疑爲「賻」，其實非也。古本可貴，舊校未及。

四十三、二十一前六雙上八「袒」，阮誤作「祖」。阮校閩、監、毛同，《考文》引宋、衛氏《集説》作「袒」。惠校漏。

四十四、二十一後三注「非尸柩之事不親也」，「事」字下，阮多「則」字。不必有。

四十五、二十一後七雙上二十「殯」，阮誤作「擯」。阮校閩、監、毛同，衛氏《集説》作「殯」，下「不告殯」同。按作「擯」非也云云。則惠校漏。按：下文「告擯」句，阮誤作「擯」，「不告殯」句不誤，則阮校尚有微誤。

四十六、二十一後八雙下十九「東」，阮誤作「陳」。

四十七、二十二後一雙下首「也」，阮作「者」。亦通，但當依舊本。

四十八、二十三前三雙下十一「當」，當依阮作「嘗」。

四十九、二十三前八雙下七「馭」字下，阮衍「於」字，末阮多「也」字。阮校惠校宋本作「禮樂射馭書數也」，句中無「於」字，閩、監、毛同十行有「於」字、「也」字，《考文》引宋、衛氏《集説》同此本無「於」字、「也」字。則此非惠校本而同《考文》之宋本。

五十、二十三後五雙上九「謂」下，阮校引惠校宋本有「卿」字，各本皆脱。今此本亦無，則非惠校本。

五十一、二十三後五雙下廿一墨釘，應作空格。　阮本無空。

五十二、二十三後六雙下二、三「珍物」二字，阮誤與下重複作「重器」二字。

卷第四十五

一、篇首「氾」，阮同。阮校惟釋文作「氾」，不誤。　疏中皆同。

二、一前七雙上十四、二十，下六共三「拚」字，阮皆作「拚」，與經注及疏同。阮校監、毛通經注疏各「拚」字皆誤作「拚」。今此本誤此三字。

三、三前二雙上八「西」，阮誤作「兩」。

四、四前二雙下首「去」，當依阮作「云」。

五、四後四雙下二「汙」，阮作「汗」。　釋文「户旦反一音烏」，則「汗」「汙」皆可通。以文義言，「運笏澤劍首」注釋「澤」字，謂「易以汗澤」，似當作「汗」，不當取

「汙」字。

六、五前六雙下末三字「略可知」，阮改作「也可畧」。阮誤。

七、五後二雙上十六「言」，阮本無。不當刪舊本之可通文句。

八、五後六雙上至下「也驕謂言行謀從」七字，阮妄填作「匡救其惡驕謂」六字。觀疏可知宋本原文如此，古本可貴。阮無校，知惠校亦漏，舊校皆未及。

九、六首「大」，當依阮作「人」。

十、六前一雙下八「謂」，阮誤作「猶」。

十一、六前二雙上七「而」，阮誤複。

十二、六前四雙下三、十二，前五雙上七共三「惰」字，阮皆誤作「隋」。

十三、六前五雙上五「君」，阮誤作「若」。

十四、六前七雙上首「者」下，阮多「是」字。阮校閩、監、毛同，《考文》引宋無。則惠校漏。

十五、六前八注雙下五「當」，阮誤作「常」。

十六、六後四雙下末「甲」，阮作「伸」。阮校閩、監、毛作「申」，岳、嘉靖本同。此本誤。衛氏《集説》又誤作「甲」。按：疏不釋此句，此「甲」字之誤未可必，

「伸」與「申」亦難解。

十七、六後八雙上十八「炤」，阮誤作「煨」。

十八、七前一雙上末「量」。

十九、七前二雙下十「或」，阮校從浦鏜校改「式」，文義極合。

二十、七前三雙下八「成」，阮誤作「或」。

二十一、七後七雙下二「説」，阮誤作「法」。

二十二、八後一雙上十三「然」，阮誤作「者」。「者」字與上句複。

二十三、八後三至四「馬之嚴正」四字句，阮誤作「皆是馬之嚴止」六字。阮校閩、監、毛同。《考文》引宋如此本，則惠校漏。

二十四、九前七第二注雙下四「軍」，阮誤作「車」。阮校《考文》引宋、古本、足利本，又岳、嘉靖本皆作「軍」，十行、閩、監、毛、衛氏《集説》誤作「車」。不引惠，惠校漏。

二十五、九後三雙上十四「也」，阮作「矣」。文氣應作「也」。

二十六、十後五雙上二十「嬴」，阮誤作「羸」。阮校閩、監、毛同，衛氏《集説》作「嬴」。則惠校漏。

二十七、十三後二雙下六「也」，阮無。　此係鄭注文，更不應節減虚字。

二十八、十四前二注雙上六「手」，阮誤作「衣」。

二十九、十四後四雙下六「辭」，阮誤作「饋」。

三十、十四後八雙上二空格，阮亦作「○」。阮校閩、監、毛同，惠校宋作「者」，毛本同。　按：既云閩、監、毛同，又云毛同惠校，此必有誤。　惠本有「者」字，則此非惠本。

三十一、十五前二雙上至雙下「犬則至右之」，阮本同。阮校引惠校宋作「犬則執緤者」。則非惠校本。以下逐句標題解釋，本不應直舉全節，當從惠本。

三十二、十五前二雙下末空格，阮校引惠校宋無空。　此非惠校本。

三十三、十五前三雙上六「授」，阮誤作「受」。

三十四、十五前五雙下十一「畜」，阮誤作「蓄」。

三十五、十六前二雙下十五「俱」，阮作「皆」。　當從舊本作「俱」。

三十六、十六前四雙上九「己」，當依阮作「也」。

三十七、十六前七雙下十七「者」，當依阮作「著」。　所述之注及下文俱作「著」。

三十八、十六後二雙上二十「篴」，阮同。阮校閩、監、毛作「遂」，《考文》引宋作

「篴」。則惠校漏。

三十九、十九後四雙上五「授」，阮校十行誤作「受」。閩、監、毛同，《考文》引宋及古本、足利本，衛氏《集説》作「授」，則惠校漏。

四十、十九後七行四「軌」，阮作「軌」。阮校引惠校宋作「軓」，則與惠本微異。從注及疏應作「軌」。

四十一、十九後七注雙上九、十二兩「軌」字，阮前作「軌」，後同此本作「軌」。阮校惠校前一字作「軓」。此本與惠校本微異，而從疏俱應作「軌」。

四十二、十九後七注雙下十「範」，阮作「軌」。阮校引惠校宋作「範」。則此同惠校本。阮又云：「宋監、岳、嘉靖本、《考文》引足利本皆作『範』，惟衛氏《集説》作『軓』，最合。」按：據疏自應作「軓」。

四十三、二十前四雙下十七「軌」，阮作「軌」。阮校引惠校宋作「軓」。此與惠本微異，而較阮爲當。

四十四、二十前四雙下廿一「左」，阮誤作「右」。

四十五、二十前五雙下十七「軌」，阮作「軌」。阮校引惠校作「軓」。與惠微異，較阮爲當。

四十六、二十前六雙下三「軌」，當從阮作「軏」。

四十七、二十後六注雙下四「倶」，阮誤作「具」。阮校閩、監、毛同，《考文》引宋及足利，又岳、嘉靖、衛氏《集説》及《通解》並作「倶」。則惠校漏。

四十八、二十一前一雙下首「是」，阮作「必」。阮校閩、監、毛同，《考文》引宋作「是」，非也。按：阮説非也，注「盥有不洗也」，則盥與洗未嘗相應，故疏謂「飲酒是洗爵」耳。

四十九、二十一前二注雙上九「終」，阮作「絶」。阮校惠校宋作「終」，非是。則此本同惠本，但阮以爲非，則武斷，文義可通，安得徑以古本爲非？

五十、二十一前二注雙下五「易」，阮誤作「提」。其上二字「者」疑當作「著」，入聲。因此字誤作「者」，阮遂疑宋本爲非，又不知下「提」字爲「易」字之誤，故有上條之武斷。

五十一、二十一前五經文六「薤」，阮校引惠校宋作「⿰貝韭」。則此非惠校本。

五十二、二十一後一注雙下六「右」，阮誤作「上」，無校語。阮本大失注意，古本可貴。

五十三、二十一後三雙上二「沭」，當依阮作「沐」。

五十四、二十一後四雙下十六、十七、十八「西鄉東」三字，阮誤同下文作「東西面」三字。古本可貴。

五十五、二十二後六雙上二「齊」，阮作「嚌」。阮校惠校宋作「嚌」，各舊本皆同，惟閩、監、毛作「齊」。則此本非惠本，反同於閩、監、毛本。

五十六、二十二後七疏雙上七「問」，當依阮作「明」。

五十七、二十二後八雙下九「唯」，阮誤作「噍」。

五十八、二十三後七雙下十一「事」，阮校十行本原誤作「執」，閩、監、毛作「燭」，惟《考文》引宋作「事」。則惠校漏。

五十九、二十五前八雙上首「貝」，阮校閩、監、毛誤作「具」，十行及岳、嘉靖、衛氏《集説》、《考文》引宋作「貝」。則惠校漏。

六十、二十五後一雙上十九「麋」，阮誤作「麋」。

卷第四十六

一、三葉鈔補。阮校引惠校宋本「然後能自强」之「强」字起至下節「七年視論學取友」之「學」字止闕。今按：當爲「然」字起，此非本書與惠校本有異，當是阮校語筆誤，否則不能成一缺葉也。鈔補葉中阮校兩引惠校，則惠雖言宋闕，仍有他宋本可校，且所校之異同正與阮本相異。此鈔補之原本當是宋本，又有不見於校勘記而與阮本不同者，可見非從阮校改正。

二、三鈔補葉後一雙上九「學」，阮脱。

三、四前八雙下五字「百」，阮校引盧文弨曰：「『者』字之誤。」按：《白虎通·論庠序之學》篇中原作「者」，盧説可信。

四、四後四雙上四「餘」，阮校引惠校宋無，則此非惠校本。

五、七前三雙上八「而」，阮本無，蓋以「已」字屬下句，然文氣不諧。

六、七前四雙上六「士」，阮本無。阮校以意補「士」字。此本正有之，古本可貴。

七、七後三雙上四字「十」，當依阮作「士」。《春官·大胥》原作「士」。

八、七後六雙上四「扑」。

九、九前二至三「息謂作勞休止於之息遊謂閒暇無事於之遊」，兩「於之」，阮皆作「之爲」。按：「之」，此也，若作「之爲」，則上句猶可通，下句難解，豈閒暇無事即已爲遊乎？古本可貴。

十、九後四雙上十二「者」，阮作「也」。

十一、十前二雙上八「不」字下，阮衍「能」字。

十二、十前二雙上廿一「存」，阮改「在」。不必改。

十三、十前三雙下八「脩」字下，阮多「遊」字。阮以意斷爲衍文，此正無之意。各本皆衍，故阮祇能以意斷定。惠爲漏校。

十四、十一前三注雙下三「忘」，阮誤作「亡」。

十五、十一後八雙下十八「首」，阮誤作「有」。

十六、十三葉闕。阮校引惠校於「大學之法」節條下，明載此處闕文，正是此一葉之起訖處，但惠即言闕文，又於闕文中有校宋語六條。可用阮本去釋文鈔補而以惠校正之。

十七、十四後六雙上十三「思」，阮作「所」。阮本未得疏意，疏固如注所謂「思而得之則深」。

十八、十五前六雙下十四「識」，阮誤作「能」。

十九、十五後二雙下廿一「爲」，阮作「知」。「爲」字義長。

二十、二十二前五末字「本」，阮作「學」。據注及疏自是「本」字。古本可貴。

卷第四十七

一、一後三雙下四字「二」，阮誤作「三」。上已見「二十四卷」字。

二、三前六雙下「和貌」二字，阮校引惠校宋作「和之貌」。則非惠校本。

三、五前一雙下三「已」，阮誤作「猶」。

四、五前四「而人化物也」下，阮校引惠校云：「脱注『隨物變化』四字。」盧文弨云：「惠據《史記集解》增。」此惠校之不在本書中者。

五、七前三雙下十四「武」，阮同。阮校引惠校宋作「舞」。則此非惠本。

六、八前六雙上「凡音至通矣」，阮校引惠校宋無此五字。今有之，則非惠校本。然宋本併多節爲一節，必標起訖以爲疏在他處，恒較近本少標起訖。此處則不能，殆阮校有筆誤乎？

七、九前一雙下「宫爲至日矣」，阮校引惠校宋無此五字。亦不應無。

八、九後一雙上二十，雙下二十、二十二三「徵」字，阮同。阮校引盧文弨云：「當作『徵』。」

九、十後一雙下八「者」，當依阮作「書」。

十、十後六雙下廿一「有」，阮誤作「自」。

十一、十二前一雙下十六、十七「先生」，當依阮作「生先」。

十二、十三前三雙上十八「琴」，阮誤作「瑟」。《大傳》原作「琴」。

十三、十三前五雙下九「連」，阮誤作「達」。「達」與「通」複。

十四、十四前二雙下三「逐」，阮誤作「之」。

十五、十四後四雙下二空格，阮有「也」字。

十六、十七後三第二注雙上七「借」，當依阮作「偕」。

十七、十七後四雙下三「各」，阮誤作「名」。阮校閩、監、毛同，引岳、嘉靖、衛氏《集説》及《考文》引古本、足利本改正。則惠校漏。

十八、十八後三雙上下之間「獨云物者」，當依阮作「獨云成物者」。

十九、十九後六雙上十、十一「舒疾」，阮作「疾徐」。與經文不合。

二十、十九後八雙上十「盡」，阮作「極」。當從舊本。

二十一、二十後一雙下十「主」，阮作「生」。阮校惟《考文》引宋作「主」。又下「禮主於陰」句，「主」字，阮亦作「生」，而引惠校宋作「主」。則上「主」字非惠漏校，惠所據本實作「樂生於陽也」。此本非惠校本，乃同《考文》宋本。

二十二、二十後三雙上十一「混」，阮誤作「淫」。此句無用「淫」字理。

二十三、二十一前二雙下九「無」，當依阮作「克」，否則下「諧」字或誤。

二十四、二十一後二注雙上十四「詔」，當依阮作「韶」。阮校毛本誤作「紹」。

二十五、二十一後三注雙上「達具也」，阮校惠校宋作「達猶具也」，則此非惠校本。按《史記注》引有「猶」字。

二十六、二十一後五第二注雙下四「侉」，阮校引惠校宋作「夸」。則此非惠校本。阮云各本並釋文及《史記注》皆作「侉」，惟惠校獨異。

二十七、二十一後末行「今記者以樂禮第三言鄭目録」，阮本「第三」上，有「爲」字，無校語。但校「言」字，引衛氏《集説》「言」作「章」。按：「言」字當屬下句，乃正義自謂言鄭《目録》也，非「章」字之誤，則「爲」字亦不必有，蓋「第」字即「次第之」之意。

二十八、二十二後八雙上八「慼」，阮誤作「蹙」。

二十九、二十三前一雙上二「同」，阮作「周」。當作「周」。

三十、二十三前二雙下九「功」字，阮脱。阮校以意補「功」字。古本可貴。又可見各本皆脱，惠亦漏校。

三十一、二十三後一雙上十三字「二」，阮作「三」。此是蝕去中一畫耳，注原作「三」。

三十二、二十三後三雙上十五空格，當依阮作「與」。

三十三、二十五前八雙上十六「隨」字下，阮校惠校宋有「陰」字。又引盧文弨云：「《史記集解》有『陰』字。」各本皆脱，獨惠校宋本不同。此本明非惠校本。

三十四、二十六前二雙上八「隨」，阮作「遂」。依文義當作「隨」。

三十五、二十六前四雙下九「也」，阮誤作「者」。

三十六、二十六後二雙下七空格，阮作「也」。從下「相感動」句例，此不當有「也」字。

三十七、二十七後八雙下三「厚」，阮校閩、監、毛皆作「原」。依文義當作「原」。惠以監、毛爲底本，惠無校語，想所見宋本與監、毛同。

卷第四十八

一、一後五雙上十五「之」字與上重，阮不重，是。

二、二後七注「周禮曰大濩大武」，阮校各本皆同。惟惠校宋「大濩」上增「殷曰」、「大武」上增「周曰」，同《史記集解》。則此非惠校本。

三、二後八雙下廿三「黄」，阮誤作「皇」。阮無校。

四、三前五雙下首〔一〕「黄」，阮誤作「皇」。

五、前〔二〕六雙上二「池」，阮脱。阮校閩、監、毛同，惟惠校宋同此本，則合惠校本。

六、三後三首「樂」，阮誤作「堯」。

七、六前三雙下四「俱」，阮誤作「但」。

八、六後七注下，阮本有疏，除阮本疏標起訖六字，因經注並不繁重，宋本例不衍。

〔一〕「首」應作「十六」。

〔二〕「前」應作「三前」。

此五字一「○」外，尚有一千○十四字。夫文字如此之多，此本竟削去，且阮亦無校語，可知諸家皆未校及。在惠校及《考文》皆據宋本，並不校及，當是各家見宋本者皆與阮本同。此黄唐本之可異者，録疏文如下：

正義曰：皇氏以爲自此以下至「君子賤之也」是《樂言》之科，各隨文解之。此一節「民有血氣」以下，至「淫亂」以上，論人心皆不同，隨樂而變。夫樂聲善惡，本由民心而生，所感善事則善聲應，所感惡事則惡聲起。樂之善惡，初則從民心而興，後乃合成爲樂。樂又下感於人：善樂感人，則人化之爲善；惡樂感人，則人隨之爲惡。是樂出於人而還感人，猶如雨出於山而還雨山，火出於木而還燔木。故此篇之首，論人能興樂。此章之意，論樂能感人也。「故民有血氣心知之性」者，人由血氣而有心知，故血氣、心知連言之。其性雖一，所感不恒，故云「而無哀樂喜怒之常」也。「應感起物而動」者，言内心應感，起於外物。謂物來感己，心遂應之，念慮興動，故云「應感起物而動」。「然後心術形焉」者，術，謂所由道路也。形，見也。以其感物所動，故然後心之所由道路而形見焉。心術見者，即下文是也。「是故志微噍殺之音作，而民思憂」者，志微，謂人君志意微細。噍殺，謂樂聲噍蹙殺小。如此音作而民感之，則悲思憂愁也。「嘽諧慢易，繁文簡節之音作，而民康樂」者，嘽，寬也。諧，和也。慢，疏也。繁，多也。簡節，易少也。康，安也。言君若道德嘽和疏易，則樂音多文采而節奏簡畧，則下民所以安樂也。「粗厲猛起，奮末廣賁之音作，而民剛毅」者，粗厲，謂人君性氣粗疏威厲。猛起，謂武猛發起。奮末，謂奮動手足。廣賁，謂樂聲廣大，憤氣充滿。如此音作而民感之，則性氣剛毅也。「廉直勁正莊誠之音作，而民肅敬」者，君若廉直勁正，則樂音矜莊嚴栗而誠信，故民應之而肅敬也。「寬裕肉好，順成和動之音作，而民慈愛」者，肉，謂厚重者也。君上如寬裕厚重，則樂音順序而和諧動作，故民皆應之而慈愛也。「流辟邪散，狄成滌濫之音作，而民淫亂」者，流辟，謂君志流移不靜。邪散，謂違辟不正，放邪散亂。狄成、滌濫，皆謂往來速疾，謂樂之曲折，速疾而成，速疾而止。僭濫止謂樂聲急速。如此音作，民感之，淫亂也。此六事所云「音」者，皆據君德及樂音相雜也。君德好而樂音亦好，君德惡而樂音亦惡，皆上句論君德，下句論樂音。其意易盡者，則一句四字以結之，「志微噍殺」是也；其狀難盡者，則兩句八字以結之，「嘽諧慢易，繁文簡節」之類是也；意稍可盡者，或六字以結之，「廉直勁正莊誠」是也。注：「志微」至「貌也」。正義曰：云「志微，意細也」者，謂君德也，言君意苛細，樂聲亦苛細也。故鄭引襄二十九年吳公子札聽《鄭風》云「其細已甚」，是聽《鄭風》而知君德苛細也。云「簡節，少易也」者，謂樂聲曲折，雖繁多，其節簡。少，謂緩歌而疏節也。云「奮末，動使四支也」者，以身爲本，以手足爲末，故云「動使四支」。云「賁讀爲『憤』。憤，怒氣充實也」者，以經之「賁」字，於《易》卦，賁爲飾，賁又爲大，皆非猛厲之類，故讀爲「憤」，引《春秋傳》以證之。案僖十五年《左傳》稱晉侯欲乘鄭之小駟，慶鄭諫云：「小駟，鄭之所入也。」言馬之血氣狡作憤怒也。云「肉，肥也」者，言人肉多則體肥，以喻人之性行敦重也。云「狄滌，往來疾貌也」者，《詩》云「踧踧周道」，字雖異，與此「狄」同。《詩》又云：「滌滌山川。」皆物之形狀。故云「往來疾貌」，謂樂之曲折，音聲速疾也。

九、八前六雙上十九「北」，當依阮作「比」。

十、八後一雙下六「人」，阮誤作「大」。

十一、八後三雙上三「據」，阮誤作「自」。

十二、八後六末「是」字下，阮多「也」字。

十三、九前二雙上一「琨」，阮誤作「混」。

十四、九後五行五「而」，阮校各本及《史記》皆同，惟惠校宋無，陳澔《集說》亦無。此非惠校本。

十五、十首墨釘，宜去作空格。

十六、十三前一雙下三「溺」，阮誤作「弱」。

十七、十三後四雙上十七「還」，阮誤作「旋」。　經文作「還」。

十八、十四前四雙上十八「者」，阮作「也」。

十九、十四前六雙上十一「還」字下，阮有「相」字。阮校惟《考文》引宋無。則惠校漏。

二十、十四前七雙下四「之」，阮誤作「讙」。阮校惟《考文》引宋作「之」。則惠校漏。

二十一、十四後一雙下至後二雙上「故曰至不樂」五字，阮校惠校宋無。則此非惠校本。但惠於前「凡姦聲感人」節校語明謂合七節爲一節，則分節正同此本，其標起訖亦當相同，不當無此五字。

二十二、十四後五雙下十六「惑」。

二十三、十四後六首「是故至爲僞」五字，阮校惠校宋無。此非惠校本，但亦不當無。

二十四、十五前三雙上五「辭」，阮作「詞」。阮校引《考文》宋作「辭」。不引惠校，惠校漏。

二十五、十五前三雙上十「内」下，阮校惠校宋有「故」字。此非惠校本。

二十六、十五前五雙上十六　雙下七兩「永」字，阮皆作「咏」。當從宋。

二十七、十五前六雙下十九「元」，阮作「原」。

二十八、十五後三雙上二「在」，阮作「於」。

二十九、十五後五首「樂者至始也」，阮「始也」二字作「大焉」。「始也」則包括下節。此本下節另標，則此當從阮。

三十、十五後六雙上二十「云」字下，當從阮補「樂」字。

三十一、十七首行末「報」，阮作「始」。阮校惠校宋作「報」。此與惠校本合。但自此標起訖後，正義直貫全節，「不以報也」爲節末，則當從阮作「始」。

三十二、十八後一注雙下首「艉」，阮誤作「腮」。

三十三、十九前四雙下四、五「者也」，阮校惠校宋及毛本倒作「也者」。則此非惠校本。

三十四、十九後四雙上七、二十一雙下十四　三「偩」字，阮皆作「負」。　作「偩」與經注合。

三十五、二十前二雙下二「者」，阮誤作「也」。

三十六、二十後五雙上二「鰓」，當依阮作「鰓」。

三十七、二十後六雙下十三「曰」，阮誤作「也」。

三十八、二十一前二〔一〕雙下「皇氏云揚舉也干揚舉干以舞也」。按：經文下阮校引《史記集解》有鄭注「揚鉞也」三字。今疏用皇説，可知正義本已無此鄭注，而《史〔二〕集解》既引此注，《索隱》又據以駁皇氏訓「舉」爲非，孔作疏乃獨遺之。

三十九、二十二後一雙上二十一、二十二雙下十三　三「槺」字，當依阮作「穅」。釋文：注：「拊者以韋爲表，裝之以穅，穅一名相，因以名焉，今齊人或謂穅爲相。」釋文：「相即拊也，以韋爲之，實之以穅。」

四十、二十三前六雙下十九「詩」，阮誤作「諸」。此釋注引《周官·大師》職下「管播樂器之文謂在堂下以管播詩而不歌此笙師帥眾笙所爲作」，「詩」字可通，若作「諸人」則太含混。

四十一、二十三後二雙上十、二十一雙下六、十一四「槺」字，皆當依阮作「穅」。

四十二、二十三後七注雙下七、十四兩「獮」字，阮皆誤作「獼」。阮本有釋文，釋

〔一〕「二二」應作「二一」。

〔二〕「史」下脱「記」字。

文内兩「獮」字，阮亦誤作「獮」。　二十四前三上末　下十、二十前五雙下十五　前六雙下一、十、十六七「獮」字，阮皆誤。

四十三、二十四前三雙上九「徘」，當依阮作「俳」。

四十四、二十四前八注雙下首「鎗」，阮作「鏘」。阮校釋文作「鎗」。

四十五、二十四後二雙下十八、十九「今古」，阮倒作「古今」。

四十六、二十五後八雙上十五「皆」，阮作「所」。作「所」文理難通。古本可貴。

四十七、二十五後八雙下十一「比」，阮誤作「此」。

四十八、二十六後三雙下十五「此」，阮作「濫」。阮校惠校宋作「比」。按：當從此本作「此」。惠校本或小誤，或阮述惠校之誤。

卷第四十九

一、一後三雙下十八「聲」，當依阮作「磬」。

二、一後五雙下十八「用」，阮作「在」。下文有「用於宗廟之中接納賓客也」句，當作「用」。

三、二前二雙下三「室」，阮校惠校宋作「空」。此非惠校本。當作「空」。
四、二前三雙下七「草」，當依阮作「革」。
五、四後四注雙下五「伐」，阮作「戎」。阮校閩、監、毛、嘉靖、衛氏《集説》同，岳及《考文》足利作「伐」。不言惠校，惠或同監、毛作「戎」耶？
六、五後四雙下首「令」字重出，阮本不重。
七、五後六雙上末「武」，阮誤作「舞」。
八、六前一雙下六「王」，阮校惠校宋及閩、監、毛作「五」。則此非惠校本。
九、六後二雙上十二「武」，阮誤作「舞」。
十、七前一雙上十二空一格，阮作「云」，是。
十一、七前五雙下九「終」，阮誤作「崩」。
十二、七前八雙下九「男」下，阮多「子」字。阮校《考文》引宋無。則此非惠校本，乃《考文》宋本。
十三、七後二雙下十八「也」，阮作「焉」。
十四、八後八注雙上五「王」，阮誤作「上」。
十五、十一前六雙下廿一「貢」，阮誤作「責」。「貢兵」，《周本紀》作「贊采」，無作「責兵」理。

十六、十二前二雙下十二「辭」，阮作「詞」。

十七、十二後二雙上末「叚」，阮作「段」。阮校引惠校宋同，毛本誤「假」。假即叚，此非惠本。

十八、十三前四雙下九「曰」，阮誤作「於」。

十九、十四前四雙上十一、十二「也者」，阮誤作「者也」。阮校引《考文》宋校正。則惠校漏。

二十、十四前四雙上末「上」，當依阮作「王」。

二十一、十四後八雙上十五「言」，阮誤作「者」。

二十二、十六前三雙下四「箕」，阮校引惠校云：「『箕』當作『微』，宋本及《史記》俱作『箕』。」此惠校之自申所見者。

二十三、十六前八雙上十一〔一〕「有」，阮誤作「者」。

二十四、十七前六雙上十八「不」，阮作「弗」。

二十五、十七前八雙上十九「諸」，阮作「於」

〔一〕「十一」應作「十」。

二十六、十七後一雙上十「也」，阮誤作「之」。

二十七、十八前七注雙下八「盡」，阮誤作「益」。

二十八、十八後一末「禮」，阮作「樂」。阮校閩同，《考文》宋作「禮」，監、毛作「禮樂」二字。惠於本句之上據宋加「正義曰」三字而不及此「禮」字，惠本從毛加校，其不校者當與毛同。本句明有惠校，必非漏也，依文義當作「禮樂」。此本同《考文》宋。

二十九、十九前一雙下十一「得」字下，阮有「謂」字。從文義當有。

三十、十九前四雙上「夫樂至此矣」上下當皆有空格，此本少兩空。阮本以下遂將「夫樂」以下十八字誤屬上節，而「夫樂」節疏首乃重標「夫樂至此矣」句。殆誤重複，彌見古本之可貴。宋本此處不分節，補兩空格即合義例。

三十一、十九後五雙下六「之」，阮作「書」。後六雙下廿一「之」，阮無。後七雙下十〔一〕「以」，阮誤作「之」。皆當從此本。

三十二、二十一後五雙下七「至」字下，阮誤衍「親」字。阮校以意定爲衍文。此本不衍。

〔一〕「十」應作「十一」。

三十三、二十二後七注雙上七「喜」字下，當從阮加「怒」字。

三十四、二十三前七「寬而靜」以下至「五帝之遺聲也直接商人識之」句，次序與阮本不同。阮本有注，言其換簡失次。據阮校各本及《石經》皆同，惟《考文》宋本一遵注説移置，遂去其注，正與此本同。所刪之注，除明換簡失次之外，尚有「商宋詩也愛或爲哀直己而陳德者因其德歌所宜育生也」廿三字，此本并刪。《史記·樂書》所用《樂記》文正同此本，其引鄭注多「肆直也」三字，而少「商宋詩也愛或爲哀」八字。按：《史記集解》引鄭不必全，但所引必爲禮注原有，宜補三字。此本所刪之注，其文曰：「此文換簡失其次，『寬而靜』宜在上，『愛者宜歌商』宜承此下行。讀云：『肆直而慈愛者宜歌商商宋詩也愛或爲哀直己而陳德者因其德歌所宜育生也。』」此下經文「商人識之」句上，阮本又衍「商之遺聲也」五字，而於「齊人識之」句下，又多注文云「云商之遺聲也衍字也又誤上所云故商者五帝之遺聲也當居此衍字處也」三十字，此本皆刪。

三十五、二十四後三雙上七「者」字下，阮多「如」字。阮校引惠校宋證句中「同」字之相同，不言無「如」字，則此非惠校本。

三十六、二十四後七雙下十一「宜」，阮誤作「直」。

三十七、二十五前三雙上十七字「四」，阮作「肆」。阮校引惠校宋誤作「四」。此本同惠校本，而惠已訂正。

三十八、二十五前四雙上十七「者」字下，阮有「宜」字。當有。

三十九、二十五前七雙下九、十「得所」，阮誤作「所得」。

四十、二十五前八雙下八「常」，阮作「帝」。阮校惠校宋作「常」。此本同惠校本，然當從阮。

四十一、二十五後七雙下十「響」，阮誤作「饗」。

四十二、二十五後八雙上十三「音」，當依阮作「意」。

四十三、二十六前七雙下十二「亂」，當依阮作「辭」。

四十四、二十六前七雙下十六、七「云先」，阮同。阮校毛作「先云」。然則惠無校語，當亦同毛。

卷第五十

一、二後四雙上八「蒨」，阮誤作「舊」。

二、三前二雙下十二「茂」，阮作「莜」。《左傳》原作「莜」。

三、三後六雙上四「裳」，阮誤作「牆」。

四、三後六雙下十五「者」字，阮誤重。阮校以意云：「當去之。」正與此本合。

五、四前一雙下十八「云」，阮引衛氏《集説》作「去」，斷曰：「是也。」案：自當作「去」。

六、四後二雙下十五「摶」，阮作「榑」。阮校惠校宋作「摶」。則此本與惠本合，但據疏自是木旁。　五前四雙上六同。此皆當依阮作「榑」。

七、五前四雙下八「本」，當依阮作「木」。

八、六前四雙下十五「軹」，阮校引惠校宋作「軵」。則此非惠校本。

九、八前四雙下至前五雙上「訃於他國之君曰君之外臣寡大夫某死言外臣者」一段，阮誤作「訃於至外臣者」。「言外臣者」非經文，不應入所標起訖之句，此本並非標起訖語。

十、八後四疏首「士訃至某死」句，阮作「正義曰」句。阮校惠校宋多「士訃至某死」五字。則惠於五字外又有「正義曰」句，不同此本。從相近各節例，當依此本。

十一、九前三雙下十九「注」字，當作陰文。

十二、十後七雙上六「管」，當依阮作「菅」。

十三、十一前五〔一〕雙下十六、十九兩「響」字，皆當從阮作「嚮」。

十四、十一前七雙上十八「約」字下，阮衍「〇」。阮校以意定爲衍。此本正不空。

十五、十一後一雙上十三「平」，阮作「半」。「半」字無意識，依注爲「乎」字，作「平」猶易推定。阮本以「平」字難通，妄改爲「半」，則謬甚矣。古本雖誤而可貴。

十六、十二前四雙上十七「士」，阮脱。阮依《考文》宋補。則惠校漏。此本同《考文》宋。

十七、十二後二雙下八「同」，當依阮作「曰」。馬昭申鄭駁王，不與王同。

十八、十三前四雙下首「服」字下，阮衍「也」字。此處文氣不當斷。

十九、十四前六行三「曰」，當依阮作「日」。

二十、十四後二雙下五墨釘，阮無此一格。從文義當是「麻」字。

二十一、十五前七雙下廿一「素」字下，阮有「〇」。阮校以意斷爲衍。此本不衍。

二十二、十五後三雙下三空格，阮無。《士虞禮》注原文無。

二十三、十五後三雙下六「如」，阮作「加」。《士虞禮》注原作「加」。

〔一〕「五」應作「三」。

二十四、十六前八雙下九「个」，阮妄改「牲」。古本可貴。

二十五、十六後三雙下首「楊」，阮同。阮校惟《考文》引宋作「楊」。則惠校漏。

二十六、十七前三雙上二十「裹」，阮誤作「裏」。

二十七、十七前七雙上三「復」，阮誤作「服」。

二十八、十七前七雙下十六「闕」字下，阮多「狄」字。「狄」字或亦可省，但稱「闕」即「闕狄」。

二十九、十七後一雙上十六「裹」，阮校惠校宋作「重」，衛氏《集説》同。則此非惠校本。當作「重」。雙下十三同。

三十、十七後二雙上三「贈」，當依阮作「繒」。注原作「繒」。

三十一、十七後八雙下十七「以」，當依阮作「似」。

三十二、十八前二雙上三「之」字，阮重。阮校以意定爲應去。此本正不重。

三十三、二十前二雙上十八空格，當依阮不空。

三十四、二十一前八雙上十「御」，阮誤作「衙」。

三十五、二十一至二十二「案聖證論云范宣子之意」，阮校引齊召南云：「《聖證論》是魏時王肅所作以難鄭學者，范宣子即東晉范宣，在肅之後，肅何緣得引之？後文『爲妻，父母在，不杖，不稽顙』，疏引『《禮論》范宣子申云』，可知此文『聖證論』三字係『禮論』二字之譌也。」又引孫志祖云：「按『《聖證論》云』下當有脱文。」

三十六、二十二前四雙上十一「特」，阮誤作「時」。

三十七、二十三後三雙上十五「著」，阮誤作「者」。

三十八、二十五前二行二「附」，阮作「祔」。阮校引各本皆作「附」。獨不引惠校，惠本與近各本當同作「祔」。

卷第五十一

一、一後二雙上四「解」，阮誤作「辭」。

二、一後四雙上十二「送」，當依阮作「遂」。經文原作「遂」。

三、五前五雙上四「用」字下，阮多「爲」字。

四、五後一雙上十九「爲」。阮校引惠校宋本作「謂」，衛氏《集説》同。則此非惠校本。

五、六前七雙上二、三「藏筲」二字，阮妄填「士禮」二字。古本可貴。

六、七前二雙下二「敝」，當依阮作「蔽」。

七、八後一注雙上三「禱」，當依阮作「擣」。　釋文且作「搗」，云「本亦作『擣』」。

八、八後四雙上「暢者謂鬱鬯也」，阮作「暢謂鬱鬯也者」。　此自解「暢」字，非有經注可述，阮誤改。

九、八後四雙下三　後五雙上首　兩「檮」字，皆當依阮作「擣」。

十、九首行二「帶」，阮作「帣」。阮校閩，監，毛，《石經》，岳，嘉靖，衛氏《集説》，《考文》引古、足利本皆同。釋文出「率帣」云：「本亦作『帶』。」

十一、九前五雙下六「不」，當依阮作「下」。

十二、九後一雙上六　後三雙上三　兩「扆」字，阮作「扆」。阮校惠校宋作「扆」。此本同惠本。

十三、九後五雙下二「體」，當依阮作「醴」。

十四、十前一雙下首「簣」。

十五、十前六疏雙上十三「欑」，阮作「攢」。阮校引《考文》宋作「欑」。則惠校漏。

十六、十一前一雙下十二「袓」，阮誤作「袒」。
十七、十一後五末「禩」。
十八、十二後三雙上二字「三」，阮誤「二」。五字「二」，阮誤「三」。
十九、十三前二疏雙上十五「也」，當依阮作「制」。
二十、十四前五雙下首「其子」，阮作「天子」。「其子」當是「其于」，「于」誤爲「子」。十行本遂妄改爲「天子」。
二十一、十四前八雙下十六「此」，當依阮作「比」。
二十二、十五後七行五「子」，阮誤作「再」。含者再拜，子不爲禮，豈復可通？古本可貴。
二十三、十六前一雙下四「殯」，阮校監、毛誤「賓」。則惠校漏。
二十四、十七後八上「介眲」節，阮校引盧文弨云：「宋本合下二節爲一節。」此本正同，惠校漏。
二十五、二十一後一雙下三「去」，阮誤作「主」。阮校《考文》宋作「去」。則惠校漏。
二十六、二十一後六注首「北」，當依阮作「此」。

二十七、二十四前七雙下十四「示」，阮誤作「末」。

二十八、二十四前八雙下八「傅」，阮作「傳」。阮校《考文》宋作「傅」，非。按：用「傅」字以別於「附」，未必非。

二十九、二十五前一「大夫士」節，阮引盧文弨云：「宋本合下『曾子問曰卿大夫』節爲一節。」正同此本，則惠校漏。

三十、二十六前四雙上十「後」，阮校引齊召南説定爲衍字。

三十一、二十六前四雙下首「公之宫館」，阮校十行與閩、監、毛原作「云之宫館」，從衛氏《集説》訂作「公之宫館」，惠校宋作「公之公館」。此本非惠校本，而同衛氏《集説》。

三十二、二十六後三雙上五「祭」，阮誤作「喪」。

三十三、二十六後八雙下十一「穎」，當依阮作「頴」。

三十四、二十七前二雙下四「喪」字下，阮多「當在殯宫者既遭父母之喪」十一字。阮校引盧文弨云：「宋脱此文。」當補。

三十五、二十七前二雙下廿一「之」字下，阮校引盧文弨補「理」字、孫志祖補「事」字。按：「之」屬下句，不必補字。

三十六、二十七前四雙上十五「越」，阮誤作「趨」。

三十七、二十七後首「未」，當依阮作「末」。

三十八、三十後三雙上五「祥」，阮誤作「行」。

三十九、三十二前一雙下首「夕」，阮校謂當作「反」。

卷第五十二

一、一後八疏雙下三「吉」，阮誤作「告」。

二、二後一雙下廿一「其」，阮誤作「某」。　後二首「某」，阮誤作「其」。

三、四前八雙下十「乎」，當依阮作「平」。

四、四後六疏下，阮本有「三年至吉拜〇正義曰」九字。阮校惠校宋無此九字。

此本雖無上六字，而猶有「正義曰」三字，則非惠校本。

五、六前一雙下十一「若」。

六、六後三雙下十四「則」，阮作「即」。　依文例或當從阮。

七、七前八雙上四「經」，阮誤作「輕」。

八、十後三雙下十七「已」字下，阮有「爲」字。阮校引《考文》宋無。此本同《考文》宋，非惠校宋。

九、十三前一雙上二十空格，阮作「下」，是也。

十、十四後七雙下「周禮六鄉之内」下，阮有「二十五家爲閭閭置一胥中士也六遂之内」十七字。阮校惟《考文》宋無。則此本同《考文》，不同惠校。《周禮》原有，此本脱十七字。

十一、十五前一雙下十九字「八」，阮誤作「百」。

十二、十五前二雙下二「可」，當依阮作「何」。

十三、十六後六雙下「諸侯飯以珠」下，阮校引惠校宋有「含以璧」三字。阮按：「諸侯飯以珠，含以璧」，《稽命徵》文。衛氏《集説》載孔疏「天子飯以珠，含以玉。諸侯、大夫、士飯以珠，含以貝」，并於「諸侯」下刪去「飯以珠」三字而與「大夫士」連文，其所據本更無「含以璧」三字，可知蓋脱之久矣。 此本非惠校本，而惠校本爲宋時所不常見，其爲北宋何疑？

十四、十六後七雙下九「具」，阮誤作「貝」。

十五、十八前一雙上十六「葆」字下，阮重「葆」字。阮校《考文》宋不重。此本同《考文》宋。

十六、十八前四雙下十七「鄭」，阮誤「郭」。《易》鄭注此文明見《周易集解》。

十七、十八後一雙下七字「三」，阮誤作「二」。

十八、十九前五雙上十一「者」，阮脱。

十九、十九前六雙下八「坫」字下，阮衍「者」字。

二十、十九後二「婦人非三年之喪不踰封而弔」，此經文并注，阮本誤入上節。十行本因附釋文，遂多移置，故於向時分節頗有不同。此等分節處，十行本爲甚誤，後遂仍之。

二十一、十九後八疏雙上十、十一「夫人」，阮誤作「大夫」。

二十二、二十二後六雙上十七「使」，阮誤作「飲」。

二十三、二十二後七雙上「張而至道也此孔子」八字，阮作「張而至道也〇正義曰此孔子」。阮校惠校宋無上八字。蓋「〇」字不計數，惠本乃并「正義曰」三字無之也。今惟少「正義曰」，則非惠校本。

二十四、二十三前二雙下十九「之」，阮無。阮校《考文》宋有。此本同《考文》宋。

二十五、二十三前三雙下七「其」字，阮重。阮校以意訂爲誤重。此本不誤。

二十六、二十三後一雙上十九、二十「主云」，阮作「注云」。阮校惠校宋作「主云」，衛氏《集説》無此二字。此本與惠校本同，然未可解，衛遂删之，而十行本以下則妄改矣。

二十七、二十四前六雙上八字「十」，當依阮作「七」。十八「理」，阮誤作「禮」。

二十八、二十四前六雙下六「天」，當依阮作「夫」。

二十九、二十四後八注雙上七「者」字下，阮多「也」字。疏中「也」字常有出入，不盡標出，此爲鄭注，不可輕改，故特標之。此「也」字不必有，固不當妄增也。

三十、二十五前一疏雙下二「宗」，阮作「君」。阮校《考文》宋作「宗」。此本同《考文》。

三十一、二十五後一雙上十二「知」，阮誤作「内」。

三十二、二十六前一雙上四「謝」下，阮校監、毛本多「一」字，十行、閩、《考文》宋皆無。則惠校漏。此本同《考文》。

三十三、二十六前七雙上七「夫」。

三十四、二十六後五雙下十一「之」，阮據盧文弨説定爲衍文。

三十五、二十七後四雙上十四字「六」，阮誤作「大」。

三十六、二十八前五雙上九字「二」，阮誤作「三」。

三十七、二十八後三注雙下十一「某」，阮誤作「其」。

三十八、三十一後七雙上十五「令」，阮作「命」。阮校《考文》宋作「令」，衛氏《集説》同。此本同《考文》。

三十九、三十二前一雙下六「侯」，當依阮作「俟」。

四十、三十二後八注雙下七「者」，阮從段玉裁、齊召南據疏意定「者」爲衍字。

四十一、三十三前一〔一〕雙上二「未」，阮誤作「求」。

四十二、三十四前四雙下十五「以」，當依阮作「之」。

四十三、三十四前七雙上末「下」，阮校惟惠校宋作「上」。此非惠校本，但必當從惠。

〔一〕「一」應作「七」。

卷第五十三

一、一前七疏首「正義曰」三字，阮無。阮校閩、監、毛同，《考文》宋有。此本同《考文》。

二、一後一雙下有「疾疾者齊」，阮妄改作「病者齊」。阮校《考文》宋作「疾」。《既夕》原作「疾」。

三、二前二雙上八「士」，阮誤作「事」。注原作「士」。

四、二後二雙下十九「玄」，阮誤作「云」。

五、三前七雙下九「焉」，阮校惠校宋及毛作「也」，十行、閩、監、衛氏《集説》作「焉」。此本非惠校本。

六、三後六雙上「莊三十二年」，阮校「二」字惟監與《考文》宋同，十行、閩、毛皆誤「三」，「莊」下各本有「公」字，惟《考文》宋無。此本同《考文》。

七、三後七雙上二「王」，阮誤作「正」。

八、四後三雙上七〔一〕「義」，阮作「禁」。兩皆誤，實即「某」字，觀疏可見。《士喪禮》「皐某復」，「某」字甚易混「禁」，斷無「皐義復」或「皐禁復」也。阮於此不校，疎矣。

九、四後七雙上廿一「命」，當依阮作「君」。上已云：「冀君魂神來依之。」

十、四後八上二十 下十八兩「頳」字，皆當從阮作「赬」。

十一、五後一雙上七「衣」，阮誤作「云」。阮校惟《考文》宋作「衣」。

十二、五後二雙下八「就」，阮誤作「自」。阮校《考文》宋作「就」。

十三、五後二雙下末「取」，阮作「徹」。下句作「徹」，此句自可作「取」，但取其所在之的，未至徹時。

十四、六後三雙下五「條」，阮誤作「侯」。「侯」字難通，古本可貴。

十五、七前四雙上八「入」，阮誤作「人」。

十六、七後一雙下十六「户」，阮誤作「尸」。

十七、七後三雙上末「貝」，阮誤作「具」。

十八、七後五雙上一「當」下，阮多「立」字。不必有。

〔一〕「七」應作「八」。

十九、八後六雙下十九、二十「夫人」，阮誤作「大夫」。

二十、十前三注雙下三「時」，阮校各本同，惟監、毛誤作「特」。不舉惠校，則惠爲漏校。

二十一、十後六雙下二十「干」，當依阮作「于」。

二十二、十二前三行三「汜」，當依阮作「氾」。　疏十四前二雙上十　雙下三，兩「汜」字皆同。

二十三、十二前四雙上末「有」，阮校惠校云：「『有』當作『先』。」此爲惠以意訂正語，但疏述注仍作「有」。「有」字含有「先」字意在内，似不必改。

二十四、十二後二首「當」，阮誤作「在」。

二十五、十二後八雙上三「亦」字下，阮多「有」字。阮校《考文》宋無。按《士喪禮》原有「有」字，《考文》宋非。此本同《考文》宋。

二十六、十三後一雙下「君拜至堂上」　阮無此標題句，誤。無標題即統括全節。

二十七、十五首「以」，阮無。　其上亦「以」字，阮或以複而去之。此字非複，不當去也。

二十八、十五前八雙上十二「經」，當依阮作「絰」。

二十九、十八前三雙下十四、十五「則已」二字，阮作「巳」字。阮校惠校宋「巳」作「則」。《考文》引宋但云：「『後』下有『則』字。」不云「巳」作「則」，疑當作「無後，則已自絶嗣」。按：此本正作「無後，則已自絶嗣」，可見此本同《考文》，不同惠校。作「已」尤勝各本之作「巳」。

三十、十八後二注雙下十六「杖」，阮作「柱」。阮校宋、監、岳、嘉靖、釋文俱作「柱」，閩、監、毛、衛氏《集説》作「拄」，疏放此。按：各本無作「杖」者，此爲特異。然惠及《考文》兩宋本未舉出，恐兩家或漏校，未必無同此者。

三十一、十九前七第二注首「杖」字，阮無。前八雙下三「之」字下，阮多「也」字。

三十二、十九後六雙上十五「去」，阮誤作「云」。

三十三、二十前二雙上八「得」字下，阮有「執」字。阮校《考文》宋無。此本同《考文》。此字不必有。

三十四、二十前六雙上十一字「七」，阮誤作「十」。

三十五、二十後二雙下十五「云」，阮誤作「者」。

三十六、二十一前三雙上「士之至大夫」阮作「士之至隱者」。阮校惠校宋無此五字。此本但「隱者」作「大夫」，非無標起訖之語，惠校之宋行欵與此相同，疑未必大有增損。此處疏文述經止述至「大夫」，未述至「隱者」，自是十行本以下之不合。

三十七、二十二後五雙下十二「几」，阮誤作「凡」。

三十八、二十二後六雙上六「令」，阮誤作「令」。阮校《考文》宋作「令」。此本同《考文》。

三十九、二十三前一雙上十「止」，阮校從浦鏜説改作「止」。原誤作「正」。今此本自作「止」。

四十、二十三前六行九「棄」，阮作「弃」，惠校宋同，各本同。惟閩、監、毛作「棄」。阮未述《考文》宋。此本不同，惠校本則甚明。

四十一、二十四前六注雙上三、四兩「浙」字，當依阮作「淅」。疏有誤有不誤。

四十二、二十四後一雙上十一「墼」，阮誤「塹」。阮校惠校宋同，《考文》宋作「墼」。此本同《考文》而勝惠。

四十三、二十四後八雙上二「抯」，阮誤作「巾」。

四十四、二十四末「于」。

四十五、二十五前一雙上九「撋」，阮誤作「潤」。

四十六、二十五前二雙下十二　前三雙上四、十三「淛」，皆當依阮作「淛」。

四十七、二十五後一「君設大盤」節，阮在前「君之喪三日」節後。此本依注移此，阮校惠校宋已移。

四十八、二十五後二行十二「禶」，當依阮作「禶」。注、疏皆同。

四十九、二十五後四注雙下三「禮」，阮作「礼」。阮校閩、監、毛、岳、嘉靖、衛氏《集説》作「札」，《考文》宋及足利作「禮」，釋文作「札」。作「礼」、作「禮」皆誤，「礼」爲形似，「禮」更由「礼」而轉譌。此本同《考文》宋。

五十、二十五後八雙上八、九「夷盤」二字，阮無。阮校閩、監、毛同，惠校宋「者」字上重「夷盤」二字。今在「者」字下，非惠校本。

五十一、二十六後一雙下十二、廿二兩「槃」字，阮亦作「盤」。

五十二、二十六後三雙上二「亡」，當依阮作「云」。

五十三、二十六後三雙上十七「者」，阮誤作「皆」。

五十四、二十六後三雙下首「畢」，阮同。依文義當作「卑」。

五十五、二十六後四雙上七「士」，阮誤作「主」。

五十六、二十六後五四、五「衆士」二字，阮同。阮校惠校宋及《石經》、宋監、岳、嘉靖、《續通解》皆無。則此非惠校本。十行、閩、監、毛，衛氏、陳澔兩《集説》皆衍此二字。錢大昕云：「下文之『士』即上文之『衆士』，衆士不在食粥之列。」《石經考文提要》云：「宋大字本、宋本九經、南宋巾箱本、余仁仲本、劉叔剛本并無『衆士』二字，則宋本之誤始此本，而十行本因之，嘉靖爲單注本，雖刊刻在後，尚不隨注疏本而衍此二字也。」

五十七、二十七前五雙上十四「飲」，當依阮本作「飯」。

五十八、二十七後二雙上十七　雙下九　兩「參」字，阮同。均爲「粲」字之誤。

五十九、二十八前七雙下三「飯」，阮誤作「飲」。

六十、二十九後一雙下　「主者大夫之稱經云故主故知闕大夫君也」，阮無「稱」字及「故知」二字。其「稱」字及「故主」二字，阮校亦據惠校宋本補入，然「故知」二字阮仍不校及，則又爲惠本所無、此本所專有矣。未知《考文》宋本何若。

六十一、三十前三雙上八「有」，阮本無。阮校《考文》宋有。

六十二、三十後二雙上七「則」，阮作「與」，非。

六十三、三十後七雙上三「裹」，阮誤作「裹」。

卷第五十四

一、一後二雙上十五「禪」。　後五雙上十六、十七「禪被」。

二、二前一雙上十八「稱」字下，阮誤多「北領西上」四字。此標題自在下文，不應增此。

三、二前七雙上三、四「禪被」。　三後二行六　後四雙上九　雙下六　皆「禪」字。

四、二前[一]八疏雙下十「也」，阮誤作「者」。

五、三前四雙上十四「若」，阮誤作「君」。阮校《考文》宋作「若」。

六、五前一雙上末「爲」，阮作「是」。

七、五後八注雙下五「足」，阮誤作「是」。

八、六前四雙下十四「玄」，阮誤作「士」。

九、六前八雙上二十「憮」，阮誤作「無」。

十、六後三雙上五「别」，阮誤作「則」。

[一]「前」應作「後」。

十一、七前三末「稜」，阮誤作「陵」。

十二、七前七雙下十七「此」，阮誤作「北」。作「北」則屬上句，似亦可通，最能誤人。古本可貴。

十三、七後五雙下十八「也」，阮無。依文氣當有。

十四、十後四末「奉」，阮作「捧」。此是述經當作「奉」。下句「捧」，此本即作「捧」是也。

十五、十後八雙下十五「但」，阮誤作「俱」。

十六、十一後二雙上三「外」，阮誤作「次」。

十七、十一後四疏下四、五、六「情殺故」三字，阮作「謂在墓」三字。皆因缺蝕妄填，可知刻十行本時求完善之本已不易，今則安得不寶之？惠校漏。

十八、十一後七雙上四「蓋」，阮作「故」。經無「東南角」明文，鄭以「蓋」字署作疑詞，不可作「故」。

十九、十二前四雙上十七「公」，阮妄改作「尊」。

二十、十二後七雙下廿一「云」，阮作「言」。「云」字文義一律。

二十一、十三前四雙下九「禫」，阮校引惠校云：「當作『祥』。」說具疏中。

二十二、十四前四雙上「行吉祭訖而後寢」，阮作「祭吉祭訖而後復寢」。阮校惠校宋作「行吉祭」，《考文》無「後」字。此本「後」爲「復」之誤。

二十三、十四前七雙下十七「必」，阮誤作「以」。

二十四、十四前末「注」字上，阮有「〇」。阮校《考文》宋無圈，與上接，是也。此「注」字非另提字。此本同《考文》。

二十五、十五前二雙上十五「君」字下，阮衍「之」字。

二十六、十五前七疏雙下六「夫」字下，阮誤重「夫」字。

二十七、十五後四疏雙上六「卑」，阮誤作「畢」。

二十八、十七前六雙上十「辟」，阮誤作「辟」。

二十九、十八前八雙下二十字「二」，阮誤作「三」。

三十、十八後一雙上二「左」，阮誤作「有」。

三十一、十八後四雙下廿一「苴」，阮誤作「首」。

三十二、十九後五雙上二「於」　雙上八「位」　各本多作「于」、作「立」。此同《考文》宋。

三十三、二十前六雙上十九「陪」，阮誤作「倍」。

三十四、二十前七雙上十九「云」，阮誤作「也」。

三十五、二十一前四雙上十八「侯」，阮無。阮校以意補「侯」字。則各家皆失校，而此本正作「侯」。

三十六、二十二前八雙上十九「隱」，阮誤作「釋」。

三十七、二十三後三雙下十九「埻」，阮作「焞」，附釋文亦出「焞」。今檢釋文原書自作「埻」。阮本注文既誤，并誤釋文。古本可貴。

三十八、二十四後四雙下二十「注」，阮校此字與上後三雙上十二字惠校宋同作「柱」。上「柱」字與惠校合，此字則與惠校不同，知非惠校本。廿三葉後一雙下五「注」字，阮校衛氏《集説》及《考文》古本作「柱」，釋文出「四注」，又本疏中涉及「四注」字甚多，多不作「柱」，當以一律作「注」爲是。此本惟廿四葉後三雙上十二見一「柱」字，尚較惠本少一「柱」字耳。「四注」謂「四面皆下注」，決非「柱」字，「四注屋」更見下文「三池」疏。

三十九、二十五前六雙上十四「敖」，當依阮作「熬」。前後皆作「熬」，《士喪禮》亦作「熬」。

四十、二十五前八行三「黻」，阮誤作「黼」。疏亦誤作「黼」，其釋義爲「畫爲兩已相背爲三行」，《説文》「黻」字義也。古本可貴。

四十一、二十六前四雙下五「榆」，當依阮作「揄」。

四十二、二十六前七雙下十三「明」，阮作「羽」。疏皆作「五采羽」，當從阮。

四十三、二十六後五首「黻」，阮誤作「黼」。

四十四、二十六後六雙下二「者」，阮校閩、監、毛作「是」，《考文》宋、十行同作「者」。

四十五、二十六後八雙上三「車」，阮誤作「華」。注自作「車蓋」，無「華蓋」之説。

四十六、二十七前一雙上九字「二」下，阮衍「者」字。

四十七、二十七前三雙上九「戴」，阮作「載」。經文及疏下文皆作「戴」。

四十八、二十七前五雙上十六「著」，阮誤作「者」。古本可貴。

四十九、二十七前六雙上二「皮」，阮誤作「處」。

五十、二十七後二雙上十四「黻」，阮誤作「黼」。

五十一、二十七後六雙上三「皆」，阮誤作「者」。

五十二、二十七後七雙下三、四「用玄」，當依阮作「玄用」。纁紐仍二，惟玄降爲緇。

五十三、二十八首「士」，阮作「事」。阮校《考文》宋作「士」。此本同《考文》宋，但應依阮作「事」。

五十四、二十八前二〔一〕雙上四「重」，阮誤作「直」。

五十五、二十八前四雙上五「將」，阮誤作「有」。

五十六、二十八前末「爪」，阮誤作「瓜」。

五十七、二十八後一雙上二十「瓜」，當依阮作「爪」。

五十八、二十八後三雙上十四「動」，阮誤作「揄」。

五十九、二十八後七雙下十一「凡」，阮誤作「此」。

六十、二十八後八雙下三「瓜」，阮誤作「爪」。

六十一、二十九首「爪」，當依阮作「瓜」。

六十二、二十九前一雙下十一、十二「斑爪」，阮誤作「班瓜」。

六十三、二十九前二雙上七「相」，阮誤作「報」。

六十四、二十九後二雙下七「纊」，當依阮作「壙」。

〔一〕「二」應作「一」。

六十五、二十九前四首二「尺」上，阮誤重「高」字。

六十六、二十九後三雙下十九「碑」，阮誤作「條」。與上「條」字相重。

六十七、二十九後四雙下十四「木」，阮誤作「末」。

六十八、二十九後七雙上六「士」。

六十九、三十前八雙上十三、十四「説更」，阮妄改「設奠」。《遂師》原文可證。

七十、三十後一雙上五「軨」，阮誤作「輴」。

七十一、三十後一雙上十「夫」，阮誤作「君」。

七十二、三十後一雙下十五　後二雙上三　兩「輁」字，阮皆誤作「輴」。

七十三、三十後五行十三「母」，當依阮作「毋」。

七十四、三十一前三雙上二「或」，阮誤作「作」。

七十五、三十一前七雙上十六「每」，阮誤作「無」。

七十六、三十一後二雙上二「與」，阮誤作「以」。

七十七、三十一後五雙上六　雙下末　後六雙上五、九四「縡」字，阮皆誤作「綍」。

七十八、三十一後七雙上廿一「云」字下，阮校閩、監、毛有「用」字，十行、《考文》宋同無。然惠校宋當同監、毛，故無校語。而此本同《考文》宋。

七十九、三十二後一雙上十九「又」字，阮誤作「士」。

卷第五十五

一、三前二雙上首「嫄」，阮作「原」。《史記》作「原」，兩字可通。

二、四前一雙上十八「親」，當依阮作「雜」。《雜問志》蓋《鄭志》之《雜問》。

三、四前三雙上首「禮戴」二字，阮妄改「戴禮」。疏言「漢以正禮散亡，禮戴文殘缺」，乃謂禮經正文固亡，傳禮家戴氏之文亦非完帙。此仍指《禮記》而言，非指《大戴》。十行本誤解誤改。

四、七前八雙上二「宛」，阮作「死」。「宛」字不易解，而「死」字亦不甚合。劉逢祿《箴膏肓評》引作「宛」，孫詒讓《周禮正義·春官大祝》正義引作「死」。《禮記》疏宋刻與十行互異，援引者亦遂不一。今案：「宛」字《説文解字》段注云：「凡狀皃可見者皆曰宛然，如《魏風》傳曰『宛辟皃』，《唐風》傳曰『宛死皃』，《考工記》『惌小孔皃』皆是。」「惌」爲「宛」之重文。然則鄭所謂「經宛句」，蓋謂經書中現在之句，猶言成句。蓋因「朱絲」「鳴鼓」而涉及用牲，并在句中，讖文引此成句云尔。「宛」

字可求古人文例解，「死」字乃後人妄改。

五、七後四雙上五「弔」，阮作「中」。按：「弔」「中」皆誤，當是「兩」字，「弔」爲「兩」之缺誤，「中」又爲「弔」之缺誤也。疏解鄭注云：「『宗』皆當爲『禜』。」以經云「幽宗雩宗」之字義無所取。「宗」字與「禜」字相近，故並讀爲「禜」。又言鄭引《春秋傳》文「證經兩宗爲禜」，此書作「證經弔宗爲禜」，十行本又作「中宗」。其爲「兩」字之誤無疑。

六、十後五雙上八字「四」，阮脱。阮校以意補「四」字，此本正合。古本可貴。

七、十後八雙下十七「鬼」字下，阮多「其」字。不必有「其」字。

八、十一前七雙下十二「考」字重，衍。阮不重。

九、十一後二雙下三「月」，阮作「日」。阮校監、毛同，《考文》宋及閩作「月」。

十、十一後二雙下末「並」，阮誤作「廟」。

十一、十一後五雙下廿一「禮」，當依阮作「壇」。

十二、十四前一雙下十五「後」，當依阮作「從」。

十三、十六後六雙下十三「故」字下，阮多「知」字。不應有「知」字，與上句義別。

十四、十七前六雙上四「兩」，阮作「二」。阮校閩、監、毛同，《考文》宋作「兩」。

十五、十七後八注雙下十三「當」，阮作「黨」，是。疏述注甚明。

十六、十八後三行十三「彰」，阮作「鄣」。疏述經亦作「鄣」，當從阮。

十七、十九前四雙上四「也」字下，阮多「能刑謂去四凶」六字。阮校閩、監、毛、岳、嘉靖同，《考文》宋無，足利及衛氏《集説》同。今案：疏述經解「能刑」云「五刑有宅是能刑有法也」，後不復述注，則正義本亦不主「去四凶爲能刑」，或亦本無此六字。但可知此本實同《考文》宋。

十八、二十後三雙下十六「之」，阮誤作「及」。

十九、二十二前五雙上七「去」，阮誤作「云」。「秋是物去」與下句「春是物來」相對。

二十、二十二前七雙上至雙下「郊特牲以注禘當爲礿」，阮同。阮校監本如此，惠校宋及毛作「以郊特牲注」。此本非惠校本而惠本爲長。毛乃以意改正而相合。

二十一、二十三前二雙上「此一節明祭前齋事之日」，阮「事」作「日」。阮校記又標作「齊日之事」云：「監、毛本如此，惠校宋無『日』字。」則惠作「明祭前齊之事」。

此本比監、毛，則「事」與「日」互易，比十行，則十行「日之日」明爲複誤，比惠本又「之」字上多「事」字，「之」字下「事」作「日」。按：下節云「此一經明祭之日」，此節當云「此一節明祭前齊之日」。各本皆誤。

二十二、二十三後四雙下十二「佐」，阮誤作「佑」。

二十三、二十三後六雙上八「須」，阮同。阮校惠校宋亦同，閩、監、毛作「頃」，衛氏《集説》同。按：《士虞禮》注原作「頃」。疏云「九飯之頃，時節也」，不得作「九飯之須」。宋本皆誤。

二十四、二十六前八雙下十四「以」，阮作「似」。阮校閩、監、毛同，《考文》宋作「以」，衛氏《集説》無此字。按：「如似」連文，孔疏通例，「似」字不誤。但此本實同《考文》宋。

二十五、二十六後一末至後二首「王肅然解欲色」，阮同。阮校閩、監、毛同，浦鏜校改「王肅解欲色然」。

二十六、二十六後四雙下二十「得」，阮同。阮校《考文》引宋同，閩、監作「待」，毛誤「待」。此本同《考文》宋，但恐各本皆誤，當作「從」，「從其夜發夕至明而不寐」，於義方順。

二十七、二十七後五雙上八「案」，當依阮作「宗」。

二十八、二十七後八雙上十六「容」，阮誤作「何」。

二十九、二十八前一雙下末「正」，阮同。阮於上文「修整」之「整」亦作「正」，而校云「正」，惠校宋作「整」，衛氏《集説》同。下「以自修正」同。此本上「整」字與惠校合，此又不然，明非惠本。

三十、二十八後四雙下十四「親」字下，阮多「對」字。阮校閩、監、毛同，《考文》宋無。

三十一、二十八末「反」，阮誤作「及」。不必有。

三十二、二十九後一注雙下「仿佛」，阮同。阮校惠校宋及宋監、岳、嘉靖「仿」作「彷」。閩、監、毛「仿佛」俱作「彷佛」，衛氏《集説》同，疏倣此。然則《考文》宋未知如何。此本惟同十行本。

三十三、二十九後五雙上二十「甚」，阮作「盛」，非。

三十四、三十後二雙下三「齊」，阮無。阮校惠校宋有，宋監、岳、嘉靖、衛氏《集説》同，《考文》引古本、足利本同，閩、監、毛無。《考文》不引宋，則宋亦無耶？此本乃同惠本。

卷第五十六

一、一後二雙下七「肉」，阮誤作「内」。

二、一後七雙上二「脂」，阮誤作「指」。

三、三前五「祭日於東」節，阮校引惠校宋合「日出」節爲一節，此本但合「日出於東月生於西」二句入此節，餘三句仍自爲節。與惠校本不同。

四、五前六疏雙下二「生」，當依阮作「王」。

五、六首「經」字上，阮多「二」字。

六、六前八雙上九「征」，當依阮作「烝」。下句即作「烝而上出」。

七、七前八雙下十七空格，阮無。不應空。

八、七後二首「宗」，阮誤作「宫」。

九、八後一雙下廿一「早」，阮作「旦」。

十、八後二雙下六「先」，當依阮作「光」。

十一、九前二雙下首「愛」，阮同。阮校各本同，惟惠校宋作「受」。當從惠校改。

十二、九後一雙上六「然」，阮誤作「祭」。

十三、十一前三行七「牆」，阮同。阮校惠校宋作「墻」。此本非惠校本。

十四、十二後四雙上五「文」，阮誤作「云」。不能作「云」。

十五、十四前六行八「謂」，阮誤作「爲」。

十六、十四後六注「然猶而也」，「而」阮誤作「如」。「國人稱願然曰幸哉有子」，「然」止可作「而」。

十七、十六前四雙下十「用」，阮同。阮校閩、監、毛作「因」，《考文》宋、衛氏《集説》作「用」。

十八、十六前六雙上十七「先」，阮誤作「前」。釋「先意承志」，「先」字不得改「前」。

十九、十六後二雙上十四「楊」，當依阮作「揚」。

二十、十六後五雙上十六「養」字下，阮衍「賢」字。阮校以意去之，正與此合。

二十一、十七前六雙下三「下」字下，阮多「事」字。當有「事」字。

二十二、十七前七雙下十五「横」，阮誤作「行」。

二十三、十七前末「後」字上，阮衍「世」字。阮校以意去之，正與此合。

二十四、十七後三雙下三「之」，阮作「也」。「美武王之言武王之德能如此」二句，「言」字爲句。阮改「之」字作「也」，則「言」字屬下句。不必改舊本之可通者，且不改意長。

二十五、十七後四雙上四「人」，阮作「行」。「人」字誤，「行」字亦以意爲之，當作「服」，乃合經引《詩》文。

二十六、十七後五雙下十八「謂」，阮脱。阮校以意補之，正與此合。

二十七、十九前二首「念之恐有損傷」，阮作「念之恐有傷損」。阮校閩、監、毛「念」誤作「忘」，《考文》宋作「念」。惠校宋作「損傷」。按：《考文》未述及「損傷」，其實亦必同。

二十八、二十前三雙下末「得字」二字，阮妄改「德者」二字。

二十九、二十前七雙下二、十三兩「第」字，阮作「弟」。《字通》《説文》衹有「弟」字。

三十、二十二前七雙下九「在」，阮作「任」。阮校《考文》宋作「在」，衛氏《集説》同。「在」字不誤。

三十一、二十二前八雙上十一「夫」，當依阮作「天」。

三十二、二十二前八雙上十九「狄」，當依阮作「秋」。

三十三、二十三後一雙上十一「善」字下，阮多「皆」字。阮校惟《考文》宋無「皆」字。

三十四、二十三後一雙下六「甚」，當依阮作「其」。

三十五、二十四前五雙下三「下」，阮作「子」。阮校惟《考文》宋作「下」。「天下」與「鄉里」爲對文。

三十六、二十四後七雙下十二「就」字下，阮多「見」字。不必有「見」字。

三十七、二十五前一雙下六「即」字下，阮多「往」字。不必有。

三十八、二十六後七疏雙上六「經」，阮作「節」。

三十九、二十八前七末至前八「止由如是言　心」阮「心」字上不空。阮校《考文》宋「言」字下闕字，「心貌必温」屬下句，則此本同《考文》宋，但此六字終不可解。阮又引盧文弨云：「疑當作『其奠之也容』。」此爲述經作標題語，或是。

四十、二十八後六經文「右稷」，阮作「右社稷」。疏解甚明，自有「社稷」字，此本脱字，各本皆不然，故無校及者。

卷第五十七

一、三後五注雙下五「此」，當依阮作「比」。

二、三後六末「共」，阮作「供」。阮校惠校宋同，釋文、衛氏《集説》及岳本作「共」。此非惠校本。

三、四後五雙上三「麇」，當作「麋」。阮作「麋」。阮校從齊召南訂作「麋」，與此本合。

四、五前一　「凡天至心也」　阮「心」作「道」。阮校惠校宋無此五字，則非惠本。依文例當有此句，但當依阮「心」作「道」所標起訖，自訖於經文「此祭之道也」句。

五、五後六行九「故」，阮作「以」。　經文有此異同，阮未校及。

六、六後六雙下十「緣」，當依阮作「緣」。

七、七前一雙下十二「未」，阮校《考文》宋作「末」。則此又非《考文》本。

八、七後四雙上末「自」，阮作「其」。　「自」字自通，「由自濁」謂由盎齊之本物濁也。

九、七後七雙下六「者」，阮同。阮校閩、監、毛作「是」，《考文》宋作「者」。

十、八前四雙下二十「差」，阮誤作「羞」。

十一、九後二末「矣」字，阮無。阮校《考文》宋有。

十二、十一前一雙上九「施」，阮誤作「於」。

十三、十一前三雙下九「傳」，阮作「溥」。疏文云：「以下漸徧及下，示傳恩惠也。」「傳」字含漸徧之義，較「溥」爲長。

十四、十一前四雙上十七「撰」，阮誤作「饌」。

十五、十二後二雙上三「足」，阮誤作「是」。

十六、十三前七雙下五字「千」，阮作「十」。按：當作「于」。

十七、十三後一雙上五「九」，當依阮作「几」。

十八、十三後六「正義曰同死非詷也者」，當依阮作「同之言詷也者」。述注「同之言詷也」句。

十九、十三後八雙上十五「其」，阮誤作「爲」。

二十、十四後二雙上八「耳」，阮誤作「君」。阮校惠校宋有「耳」字，諸本並脱。

按：惠校當有誤，但云脱「耳」字，不云衍「君」字，即不知「君」字爲「耳」字所妄改，且「君」字義尤不安，下句不應有「君」字。今見此本，始破癥結。

二十一、十八前二雙上二「掌」，阮誤作「事」。

二十二、十八後二雙上十一「謂」，阮誤作「爲」。阮校《考文》宋作「謂」。

二十三、十九前七雙上十四「者」，阮同。阮校惠校宋作「也」。　此本非惠校本，當從惠。

二十四、二十前二雙上十、末兩「卑」字，皆當依阮作「畀」。

二十五、二十二後七雙下七「楊」，當依阮作「揚」。

二十六、二十三前三注首「烈」，阮誤作「勲」。　疏述注作「烈」。

二十七、二十三前四雙上十五「傅」。

二十八、二十三前四雙下十六「揚」。

二十九、二十五前五雙下十二「袷」，阮誤作「給」。

三十、二十五後〔一〕八雙下廿一「事」，阮誤作「車」。

三十一、二十五後八雙下十九「得」，阮同。阮校閩、監、毛作「德」，《考文》宋作

〔一〕「後」應作「前」。

「得」。案：鄭注本作「得」，「孔悝之立」應作「得」，後來淺人乃改「德」。下廿六前三雙上三「得」字同。

三十二、二十六前一雙上十三「戚」，阮誤作「成」。

三十三、二十六前四末「得」，阮妄改作「謂」。「得」字自有意味，作「謂」即不達。

三十四、二十七前一雙下三「犬」。

三十五、二十八前七雙下十二「赤」，阮誤作「亦」。阮校《考文》宋作「赤」。

卷第五十八

一、二後三雙上九「之」字下，阮多「則」字。阮校監、毛「之」作「制」。《考文》宋同此本。「則」字不必有。「之」改「制」，監、毛之妄。

二、五前三首「之」字下，阮有「於」字。經文有此異同，前無校及者。無「於」字亦可，但於上文兩句爲類，則應有。

三、七後三雙上四「存」，阮誤作「從」。「從」字不可通，前無校及。

四、八後二雙上七、八「目録」，阮誤倒作「録目」。

五、十前二雙下廿一「問」，當依阮作「謂」。

六、十前七雙下「故民得教而有姓順從之」，阮「有」作「百」。　案：「有姓」固誤，阮作「百姓」，亦與「民」字岐複，恐更有誤。

七、十三前八行四「此」字下，阮多「則」字。　疏述經無「則」字。古本可貴。

八、十三後六雙上十四「言」，阮誤作「年」。

九、十四前三雙上十七至二十「欲使婦人」四字，阮無。阮校《考文》宋有。　必應有。

十、十四前四雙下首「去」，阮誤作「夫」。阮校《考文》宋作「去」。

十一、十四前八雙下二「説」字下，阮多「自」字。　可以無有。

十二、十四後六雙上十二「鄙」，阮誤作「彼」。

十三、十五後五雙上九、十「⿱⿰自舌心⿱⿰自舌心」，阮同。阮校閩同，監作「憩憩」，毛作「憇憇」，惠校宋作「⿱⿰自甚心⿱⿰自甚心」。則此非惠校本，正同十行與閩。

十四、十八後六雙下八「似」，阮誤作「與」。　「如似」爲孔疏慣用句法，改「似」爲「與」，反難通順。

十五、二十後三雙下十七「車」，阮同。阮校惠校宋作「輿」，與注合。此本非惠本。

十六、二十後五雙下首「一」字下，阮多「月」字。不必有。

十七、二十二後四疏「正義曰前經明諸事得理止而使和合者也」十七字，阮無，但有「子貢至衆也」五字。阮校閩、監、毛同，惠校宋無五字。山井鼎云：「『子貢至衆也』，宋板此上有『正義曰至者也』十七字。」按：山井氏《考文》所言當同此本，所謂五字之上有十七字，乃謂五字地位之上置此十七字，非謂十七字後復有五字也。總之此本多同《考文》宋本，此十七字則衍文，在後疏之中。

十八、二十三後七首「上」字下，阮多「皆」字。不必有。阮校《考文》宋無「皆」字。

十九、二十五後二雙上十八「人」字下，阮多「之」字，不必有。

二十、二十六後一雙下「言禮畢徹器之時」，阮「畢」字下衍「通」字。阮校閩、監、毛同，《考文》云：「惠棟校宋本無『通』字。」衛氏《集説》亦作「禮畢徹器」。據此則《考文》尚有據惠校作校語者，殆《考文》不見此卷之宋版原文而惠校及之。惠語不爲阮所逕引而轉從《考文》引之，此不可解。惠與山井等同時，惠跋宋《禮記》

之年則在《考文》出書之後，殆校語先已流傳至日本耶？

二十一、二十六後二雙下二十「也」字下，阮校惠校宋有「者」字。　此非惠校本。

二十二、二十七前七雙上十七「即」字下，阮有「云」字。阮校引《考文》宋無。

二十三、二十七後八雙上十九「實」，阮誤作「宴」。　「實」字以貼經文於「禮虛」之「虛」字，「宴」字難通。

二十四、二十九前五雙下九「偏」，當依阮作「偏」。

二十五、二十九前八雙上十三陰文「注」字，阮脱「注」字。

二十六、三十三前一雙上十六「志」、十八「至」，阮誤互易。

二十七、三十四後一雙上九「寬」，阮誤作「寡」。

二十八、三十六前三行九「參」字下，阮多「於」字。阮校各本皆有，而《石經考文提要》所引宋各本則並無「於」字，但未引《考文》及惠校兩本。

二十九、三十八前八雙上七「至」字下，阮多「者」字。　不必有。

三十、三十九前二經文「必先其令聞」句，阮脱「其」字。　疏述經有「其」字。

卷第五十九

一、一前五雙上十「曰」字，阮無。

二、一後四雙下五「坊」，阮誤作「勞」。

三、二前末「謂」，當依阮作「爲」。與下段相對。

四、二後二雙下四「謂」，當依阮作「爲」。

五、二後三雙下十四「功」，阮改作「文」。「亂益亡爲以上所見之功」結上「功」，非結上文。

六、二後七經文九字「城」，阮誤作「成」。

七、七前六雙下十三「此」，阮作「亦」。據文義應作「此」。

八、七前七雙上十一「他」，阮誤作「官」。

九、七後一雙下「主者亦有以御服乎」，阮同。阮校閩、監、毛同，惠校宋作「主亦有以語肥也」。則此本已與十行本等同誤，不及惠校本。

十、七後四雙下首「服」字下，阮誤衍一「○」。

十一、九前二雙上末「晁」，阮作「炅」，且「炅」上多「曰」字。阮校惠校宋無「曰」字，「炅」作「晁」，則此本同惠本。　阮引段玉裁云：「『炅』字是，『曰』字衍。」盧文弨云：「前俱作『炅模』。」

十二、十一前一雙下十二「亂」，當依阮作「辭」。

十三、十一前七雙下二十「泰」，阮同。阮校閩、監、毛同，惠校宋作「太」。則非惠本。

十四、十二前七雙上二「之」，當依阮作「文」。

十五、十三前四雙下二「謂」字下，阮多「今」字。阮校《考文》宋獨無「今」字。

十六、十三後六行八「有」，阮脱。阮校閩、監、毛同，此外各舊本皆有。則惠校漏。

十七、十三後八行十二〔一〕「有」，阮脱。

十八、十四後七雙上四「牛」。

十九、十五後四注雙下四「酬」，阮同。阮校閩、監、毛作「醻」，《考文》宋作「酬」。

〔一〕「十二」應作「十一」。

二十、十五後八雙上十五「體」，當依阮作「醴」。

二十一、十八前一雙上末「椒」，當依阮作「叔」。據釋文「鄭段徒亂反」，本亦云「鄭叔段也」，則釋文本無「叔」字。此爲阮校所漏，未校及。

二十二、十九前五雙上廿一「釋」，當依阮作「擇」，與前注文乃合。

二十三、二十一後一雙下三「餘」，阮誤作「遺」。

二十四、二十一後二雙下十陰文「注」字下，阮衍「云」字。

二十五、二十一後三雙上十三「璣」，當依阮作「機」。阮校毛誤作「璣」。

二十六、二十一後六雙下三「生」，阮誤作「主」。

二十七、二十二後六雙下二「此」。

二十八、二十三前三注雙下四「至」，阮誤作「全」。

二十九、二十四前二雙上九「乃」，阮誤作「及」。

三十、二十四末「御者〔一〕右前左手則身微偝之」，阮「偝」作「背」。阮校閩、監闕此十二字，岳、嘉靖同作「背」，毛誤作「偕」，衛氏《集説》、《考文》宋作「備」。案：「偕」乃「偝」之微誤，不言惠校，惠蓋以毛之「偕」爲即「偝」字。此本此處

〔一〕「者」下缺「在」字。

蓋不同《考文》之作「備」，而同惠矣。

三十一、二十五前七雙下八「於」，阮作「在」。阮校惠校宋同。則非惠本。閩、監、毛此文在闕處。

三十二、二十五後一首「但畧問」三字，阮本同。阮校惠校宋作「但問其」。《考文》宋同此本。閩、監、毛此文在闕處。

三十三、二十五後五疏雙上「見於舅姑」下，阮重「舅姑」二字。阮校惠校宋同，而《考文》宋不重，同此本。

卷第六十

一、三前七雙下七「慎」，阮作「恐」。經文本並列「戒慎恐懼」，此應作「慎懼」。

二、八前七雙下四「佹」，阮作「詭」。釋文作「佹」。疏述注引《司馬法》文亦作「佹」。

三、十前三雙上「但知之易行之難」下，阮校惠校宋有「知之易」三字。此本已脱，乃同十行以下各本，非惠校本。

四、十前五雙上八「文」，阮作「云」。阮校惠校宋誤「文」。此本同惠本，然未必爲誤。

五、十前六雙上七「也」字下，阮多「人」字。述經文當有。

六、十後三雙下二十「此」，阮作「詩」。下有「詩」字，當作「此」。與下文「此七、十二前七雙下首「此」。《豳風·伐柯》之篇」同例。

八、十三前六雙上五「行」字下，阮多「其」字。不必有。

九、十三前七雙下十「雖」，阮同。阮校惠校宋作「亦」，毛同。此本非惠本。

十、十四後七疏末「也」字，阮無。

十一、十六前七雙上七「載」，阮誤作「栽」。

十二、十六前七雙下三「殖」，阮同。阮校岳、嘉靖同，《考文》宋同，閩、監、毛作「植」。

十三、十九後五雙上九「烝」，阮誤作「丞」。

十四、二十一前二注雙上九「寘」字下，阮重「寘」字。不必重，但疏述注則重。

十五、二十一前六雙上十七「達」，阮誤作「繼」。

十六、二十一後一雙上六「供」，阮作「共」。　末「共」，阮作「供」。　當從此本，疏凡自言用今體文，述經用古體原文也。

十七、二十三前四雙下十五「解」字下，阮有「之」字。

十八、二十三後四雙上十七「恩」，阮作「愛」。　不必改舊。

十九、二十四後八雙下十七「則」，阮作「覆」。阮校惠校宋作「覆」，此本誤「則」，閩、監、毛同。然則十行本原誤，乃據惠本訂正。此本非惠本，而與十行同誤。

二十、二十五前一雙上三「若」　雙下三「覆」　阮本互易，爲上板之誤。校記出「若能好學」句。

二十一、二十五後二〔一〕雙下十六空格下，阮有「體羣臣也者」五字。阮校惠及《考文》宋本無，蓋脱去。但此本實同兩宋本。

二十二、二十六前一雙上八「典」，阮作「興」。閩、監、毛同，《考文》宋作「典」，則惠校漏。

二十三、二十六後三雙上九「惡」，當依阮作「恩」。　疏述注作「恩」。

二十四、二十八前一雙上九　雙下十九　兩皆「豫」字。

〔一〕「二」應作「三」。

二十五、三十前一雙上十六「之」字下，阮多「次」字。依文例當有「也」字，不當作「次」，但阮「次」字亦嵌入。

二十六、三十前六雙上十六「成」，阮誤作「知」。

二十七、三十一後四雙上十七「其」字下，阮多「次」字。阮校云「疑衍」，則以前諸家漏校。

二十八、三十二前二行十五「孽」，阮校惠校宋作「孼」，宋監、岳同。則此非惠本而不及惠本。

二十九、三十二前五雙上三「也」，阮作「知」。阮校明監本作「也」，不誤。則諸家漏校。

三十、三十二前八雙上至雙下「家國」二字，阮作「國家」。

三十一、三十三前一雙下十五「德」，阮誤作「使」。

三十二、三十三前二雙上十二字「二」，阮校據浦鏜從《周語》改作「三」。按：《周語》實亦作「二」，浦誤。

三十三、三十三前二雙下十七字「二」，當依阮作「三」。

三十四、三十三前五雙上二十「是」，阮作「又」。

三十五、三十三前七、八疏文 後二、三疏文，阮本皆誤提於上節之末，與經注序不相符，阮失校。

三十六、三十六前七上至下「載五嶽不爲重」，阮作「載五嶽而不重」。阮校惠校宋同，閩、監、毛作「載華嶽而不重」。則此本與惠本不同，與各本皆異。

三十七、三十六前八雙上四「小」，阮作「時」。 此處十行本皆在原闕處以意修補，後來閩、監、毛又從之。

三十八、三十七前七雙上十「百」字下，據阮校惠校宋有「者」字，十行本脱。此本正同十行，非惠校本。而閩、監、毛則在闕處。閩從闕蝕之十行本翻雕，監、毛又祖之。阮所祖之十行本印刷在前，所闕較閩之祖本爲少，故爲近刻注疏之善本。

卷第六十一

一、三後六末「登」，阮作「證」。 「徵」或爲「登」，鄭注「徵諸庶民」句文，阮改「登」爲「證」，近是。但漢以前舊本異同，亦未可必其淺近如人意耳。

二、四前七雙下一「共」，阮誤作「其」。

三、五前六雙下二「世」字下，阮重「世」字。阮校閩、監、毛同，《考文》宋不重。不應重。

四、六前二雙下〔一〕廿一「祖」，阮誤作「所」。疏述注作「祖」。

五、六後二雙上十五「侯」。

六、七前八雙下十、十一「忳忳」下，阮多一「忳」字，阮校《考文》宋、古皆無。

七、七後二雙上十五「末」。

八、八前五雙上末「耳」，阮誤「者」。阮校閩、監、毛、衛氏《集説》同，岳，嘉靖，《考文》宋、古、足利並作「耳」。

九、八後一注雙下三「顯」，阮作「頌」。阮校各本同，惟《考文》宋作「顯」，恐非。按：此「頌也」句法已見本節上段，「頌」字不誤。此本同《考文》宋，誤。

十、九後一雙上五「繼」，阮誤作「秦」。何休注原作「繼」。

十一、十前八雙下十「牙」，阮作「芽」。牙、芽古今字。

十二、十一前三雙下十八空格，阮無。不應空，但或疑有「王」字。

十三、十一後四雙上十六「知」，阮誤作「之」。

〔一〕「下」應作「上」。

十四、十二後三雙下十二「文」，阮誤作「反」。

十五、十五前二雙上六「身」，阮作「也」。阮校閩、監、毛同，《考文》宋作「身」。

十六、十五後三雙上末「授」，阮誤作「受」。

十七、十五後七雙下十、十一「懈倦」，阮作「解倦」。

十八、十七前一注「瀆之言褻之」，阮末「之」字作「也」。阮校《考文》宋作「之」。

十九、十八前五注雙下二十「人」，阮校各本皆同，惟《考文》引古本下多「之」字，足利本「人」作「仁」。又引惠校云：「何休《公羊》作『仁之也』，與康成所引不同。」盧文弨校云：「足利、古本作『仁之也』，與本書合。」按：《考文》不言宋本，則宋本與各本無異，惠以爲鄭與何休文不同，惠校之宋亦同各本也。疏亦就「人」字作解，可知鄭引傳實與何休本不同，惠校是，《考文》古本、足利本非。

二十、十八後七雙下十「臣」，當依阮作「民」。

二十一、二十一前一行十一「仁」，阮誤作「人」。

二十二、二十一前二雙上十八「事」字下，阮多「乎」字。　可以無有。

二十三、二十四前八雙上三「梁」，阮誤作「原」。

二十四、二十六後五雙上十六「侯」，當依阮作「候」。

二十五、二十六後八雙下首「洿」，阮作「汚」。前注文「汚澤」之釋文云「下又作洿」。則此處本作「洿」，乃釋文本以來之舊。

二十六、二十七前一雙上十一「胡」，阮作「鶘」。上已見「鶘」字，此處偶去鳥旁。

二十七、二十八後五雙上廿一「下」，阮誤作「子」。

二十八、二十九前八雙上三「請」，當依阮作「謂」。

二十九、二十九後六雙上十「恐」，阮誤作「忠」。

三十、二十九後六雙上二十「善」，阮誤作「書」。

三十一、三十前四雙上末「耻」，阮誤作「取」。

三十二、三十前七雙上已畢後懸空，於行末着一「分」字，衍文。

卷第六十二

一、二前三雙上十九「豫」。後八行五「惷」。

二、三後五雙上十三、四「夏行」，阮誤倒作「行夏」。

三、四後五行八「彊」，阮作「强」。阮校《考文》宋作「彊」。前已三見「彊」字，阮皆作「强」而失校，但於此起始云注及疏同。此本同《考文》宋。

四、六前一雙上二「載」，阮作「再」。阮校《考文》宋作「載」。此本同《考文》宋。

五、七前七雙下五「知」，當依阮作「如」。

六、十一前七〔一〕雙上十七「有」，阮作「者」。阮校閩、監、毛、岳、嘉靖各本及衛氏《集説》皆同。山井鼎云：「古本『者』作『有』，宋板同，非。」然則誤字亦同《考文》宋。

七、十二前八雙上末「之」字，與下「之」複，當依阮本不重「之」字。

八、十三前七雙上十一「言」，阮誤作「皆」。

九、十五後一雙下二「臣」，當依阮作「神」。

十、十六後二雙上十一「卜」，阮妄改作「其」。阮校閩、監、毛同，《考文》宋作「卜」。「有卜牲日也」與下「有卜尸也」同例，十行本誤。此本同《考文》宋。

〔一〕「七」應作「四」。

十一、十六後二雙下十三「注」，當作陰文。

十二、十七前一雙上末「以」，阮無。阮校閩、監、毛同，《考文》宋有「以」字。

十三、十七前五雙上五「共」，阮誤作「恭」。疏述此注作「供」，萬不能作「恭」。古本可貴。阮校閩、監、毛、嘉靖本誤作「恭」，惠校宋，岳，衛氏《集説》，《考文》引古本、足利本，釋文皆作「共」。

十四、十九前一雙下末「故」，阮脱。

十五、十九前六雙下十三「中」，阮誤作「史」。

十六、十九前八雙下十八、九「聘待」，阮誤作「待若」。

十七、二十前三雙上十四「事」字下，阮校引惠校多「也」字。則此非惠校本。

十八、二十一後四注「格來也」，「來」阮誤作「本」。

十九、二十三後一雙上八「有」，阮誤作「行」，涉下文而誤。阮校閩、監、毛同，《考文》宋作「有」。

二十、二十四前八雙下九「索」，阮誤作「素」。

二十一、二十五前七雙上「續漢書百官表」，阮校引惠校云：「《續漢書》有《百官志》無百官表，《東觀漢記》有《百官表》。然文係司馬書，作『表』者，誤也。」此惠本校語之有斷制，非僅指各本異同者。

二十二、二十五前七雙下九「署」，阮誤作「置」。

二十三、二十六前七雙上二十、廿二雙下三、十一四「壹」字，阮皆作「一」。阮校惠校宋前二作「壹」，《考文》宋皆作「壹」。　此本同《考文》宋，不同惠。

二十四、二十七「子曰有國者」，阮校閩、監、毛及衛、陳兩《集説》皆衍「家」字，作「有國家者」。《考文》宋及古本、足利本，《石經》，岳，嘉靖本，《石經考文提要》所舉各宋本皆無「家」字。　此本同《考文》宋本。　惠校漏。

二十五、二十七前八雙上二「具」，阮誤作「其」。阮校閩、監、毛同，《考文》宋作「具」。

卷第六十三

一、二後五雙上十一「喻」，阮作「諭」。

二、四後二雙下六「壹」，阮作「一」。

三、五後二雙下首　「伊尹太甲之辭」，阮作「伊尹戒太甲辭」。阮校閩、監、毛同，惠校宋「辭」上有「之」字，然則惠本尚與此本不同而有「戒」字耶？鄭君並未見僞古文，未必定有「戒」字。觀本注解先見，爲伊尹之先祖見夏之先君臣，與《大甲篇》不同可見。

四、六前七雙上末「先者」下，「以天字與先者」六字，阮校以意定爲衍。各家無校，皆漏。此本實不衍，未必他宋本仍衍也。

五、七後三雙上四「怨」字下，阮誤多「資」字。鄭已讀「資」爲至，屬下句，何得又同僞古文作「怨資」。

六、八後三雙上十一「少」，阮同。阮校閩、監同，惠校宋作「守」，毛同。「守」字承上句，此本已誤，毛以意改，正與惠校宋合。

七、八後六雙上十一、下十一「一」，阮同。阮校閩、監、毛同，《考文》宋作「壹」。此本此處異《考文》宋。

八、十後六雙上十七「衣」，阮誤作「求」。

九、十二前五雙上十「勸」字下，阮多「寧」字。當依阮。注原有。

十、十二前七雙下五「禮」，阮同。據阮校十行本原作「礼」，據浦鏜校「孔」字之誤。今阮本亦作「禮」，又非十行本之原狀。當作「孔」字。

十一、十四前三雙下首「赴」，阮作「歸」。　阮當因釋文述此句作「歸」，而改從之，然正不必改。正義與釋文，孔、陸文字不必相同。

十二、十八前五雙上十八、十九「經下」，阮作「下經」。　文義皆通，當從此本。

十三、十九前五雙下十八「奔」，阮同。阮校惠校宋作「本」。　此非惠校本而不如惠本。　當作「本」。

十四、十九後八雙上五「文」，阮誤作「云」。

十五、二十前一雙上十七「就」，阮作墨釘，當據此本補入。　石印阮本又妄填「既」字。

十六、二十前四雙上七「中」字下，阮誤衍「〇」。

十七、二十後七注雙下三「曰」，阮妄改「日」。阮校閩、監、毛、嘉靖本、衛氏《集説》同，岳本及《考文》引足利本作「曰」。　據此，則惠及《考文》皆未於宋本校出此字。然味文義，實當作「曰」，謂逸《奔喪禮》説不及殯之禮，其言如下云云也。

十八、二十一後六雙下六「歸」　二十三前一雙下六「歸」　阮皆誤作「婦」，難通。

十九、二十六後四注「以其精神不存乎是」，「存」阮作「在」。阮校《考文》宋作

「存」，宋監本、嘉靖本同。

二十、二十八前一雙下八「拾」，阮誤作「治」。

二十一、二十八前七雙上六「服」，阮誤作「婦」。

二十二、二十九前七雙下九「亦」，當依阮作「逸」。注作「逸奔喪禮」。

二十三、二十九前八雙下七「服」字下，阮有「其族姑□□□□□□□」之衍文，共三字及七空格。阮校閩、監同，惠校宋同，毛本并「其族姑」三字亦闕，共爲十空格，《考文》補作「其族姑姊爲族伯叔兄弟」，山井鼎云：「補此十字，卻係衍文，當删去。」衛氏《集説》則無此闕字，與此本同，可知惠及《考文》所據之宋本皆有闕衍。此本則已知其衍而删之，故此本非即惠本，亦非即《考文》本。

二十四、三十前一雙下首「但」，阮誤作「袒」。

卷第六十四

一、二前二注雙上二「袒」。

二、二後二經文六「惚」，當依阮作「惚」。釋文出「惚焉」音「忽」。

三、三前七注「怪冠衣之相爲也」，「冠衣」二字，阮誤作「衣冠本」三字。

四、五後一雙上九墨釘，當依阮作空格。

五、七後五注雙下六「經」，當依阮作「絰」。

六、七後七雙上十一「期」，各本皆同，疏述注又同。而阮校引戴震云：「『期』字衍，宜刪，疏内同。」按：此經自言大功，不同上經之言期，疏亦就大功既葬爲説。「期」字宜刪。

七、八前一第二注雙上末「斬」，阮誤作「衰」。

八、八前八注雙下十三「上」，阮誤作「之」。疏述注作「上」。

九、八後四雙上十六「齊」，阮誤作「麻」。

十、八後五雙下末「緦」字下，阮衍「麻」字。疏述此注解云《喪服傳》文，並無「麻」字。

十一、九後六雙上十六、七、八「今各以」三字，阮作「明之或」三字。阮校閩、監、毛同，山井鼎云：「宋板『明之或』作『今各以』，不可解，疑有脱誤。」此本同《考文》宋，宋固疑脱誤，阮本以下亦决非原文。

十二、十一後六雙下七「與」，阮校引戴震云「衍文」。當依戴。

十三、十五後三雙下五「也」字下，阮多「者」字，但亦是嵌入。不必添。

十四、十五後四雙上十三「後」字下，當依阮增「爲」字。疏述注原有「爲」字。

十五、十六後五雙上十六「脱」，阮作「税」。税即「脱」字，但疏文自言，則從今文此當作「脱」，不必改作「税」。

十六、十八後七注「苹」，阮誤作「萍」。萍是水草，不可翦納爲席類之用。《詩》「食野之苹」，箋云「藾蕭也」。

十七、十九後三雙上十四、五「輕既」二字，阮妄改作「既變」二字。疏述注作「帶輕既變」。

十八、十九後五雙下十七「布」字下，阮妄加「亦」字。「麻衣，十五升布深衣也」，「十五升布深衣」爲麻衣之解，何得誤斷爲兩句而加「亦」字於其間？

十九、二十前七雙下一、二「兩言」二字，阮本同。阮校各本同，惟惠校宋作「言兩」。此本非惠本，而惠本自勝，當從惠。

二十、二十一前一行十九「表」，阮誤作「哀」。

二十一、二十一後七雙下四「年」，當依阮作「升」。所述之經原作「升」。

二十二、二十二前七雙上十六「并」。

二十三、二十三前六雙上十一「去」，當依阮作「云」。

二十四、二十四前一雙上九、十「經白」二字，當依阮作「緯曰」二字。所述之注原作「黑經白緯曰纖」。

二十五、二十六前二雙下二十「明」，當依阮作「服」。

卷第六十五

一、四前五雙下十三「中」字下，阮多「者」字。所述之經原有「者」字，但偶節一字，亦未必便爲宋誤。

二、四前八末「意」，阮作「應」。文義以「應」字爲顯，但未敢信爲必然。

三、四後六雙上十二「焉」，阮誤作「然」。當作「焉」，此爲述經文。

四、五後六注雙上五「從」，阮作「由」。經文作「由來」，但注非述經，乃解經，不必定與經文同字。

五、六前二雙下十四「曰」字，阮脱。

六、九前八首「復」，阮誤作「得」。

七、九後六雙下五字「一」，阮誤作「二」。

八、十後六雙下四「深」字下，阮有「衣」字。此篇本説深衣，此處不當更出「深衣」字。疏所云「飾少而深」以解「衣純以青」句。「飾少」謂無畫文，「深」謂青之色深也。

九、十一前一雙上十五「中」，阮誤作「文」。

十、十二前一雙上二十「南」，當依阮作「面」。阮校各本作「面」，惟《考文》宋作「南」。據下文自當作「面」。此誤字亦同《考文》宋。

十一、十三前三雙上十八「上」，阮誤作「主」。

十二、十三後五雙上十七字「二」，阮誤作「三」。《鄉射記》原注「武尺二寸」。

十三、十四前二雙下末「上」，阮誤作「中」。

十四、十七前三雙上十六「鈞」。

十五、十七後五疏「正儀」，當依阮作「正義」。

十六、十八後五雙上三「此」，阮誤作「以」。

十七、十九後四雙上十七字「七」，阮作「三」。阮校各本同，惟宋本「三」作「七」。惠校云：「宋本『七』字誤。」此本誤字正宋本之舊。「積三百二十四寸」，觀疏釋極明。

十八、十九後八雙下十九「挾」，當依阮作「狹」。

十九、二十後一雙上十七字「四」，阮誤作「六」。合上下文計數自明。

二十、二十後五雙下十九字「三」，阮誤作「二」。上句可證。

二十一、二十後六雙上廿一字「十」，阮校惠校宋作「尺」。於義無別，但此非惠校本。

二十二、二十後六雙下十七「斗」，阮誤作「十」。

二十三、二十一前經文七「母」字　後疏文七「母」字　皆當依阮作「毋」。

二十四、二十一前六雙下十四「立」，阮誤作「者」。

二十五、二十一後二雙上廿一「得」，阮校惠校宋無「得」字。不應有。此本非惠校本。

二十六、二十二前八雙下五「因」字下，阮多「魯」字。應有「魯」字。注亦「魯薛」連稱。

二十七、二十二後三雙上十二墨釘，阮作「北」。與《鄉飲》文合。

卷第六十六

一、一前五雙下二「者」，阮作「也」。　當作「也」。
二、一前六雙上首「以」字複衍。阮不複。
三、二前八經文三「其」字，阮無。阮校《考文》宋有。　此本同《考文》宋有「其」字，與下句同例。
四、三前五雙下十「衣」，阮作「依」。　當作「衣」。
五、三後六雙上十六、八「良」，阮皆作「梁」。　「叔梁紇」諸書皆作「梁」。此本爲異文。
六、三後六雙下九「世」，阮誤作「出」。
七、五前四雙下十五「信」字下，阮有「仁」字。阮校各本同，《考文》宋無。
按：此解「忠信以爲寶」，「仁義」字皆可無有。　此本同《考文》宋。
八、五後一雙上五「則」字，阮作「而」。　阮校惟《考文》宋作「則」。
九、六前六雙上十「往」，阮作「自」。　當作「往」，於義爲長。「鷙蟲攫搏」，未必身自爲之。

十、六後五雙上三「更」，阮作「再」。義同，當從舊本。

十一、六後六雙下五「當」，當依阮作「常」。「常可畏」，所以解經文「不斷其威」。

十二、六後七雙下廿「者」，阮誤作「也」。

十三、七前二雙上末「一」，阮脱。

十四、七前三雙上末「搏」

十五、七前三雙下六「後」，阮誤作「亦」。所述注文原作「後」。

十六、七後五末、後六上二「盾」，阮皆作「楯」，非。

十七、七後六疏雙下十「盾」，阮作「楯」。下「大盾」，阮又同作「大盾」。

十八、八前六雙下首「甕前」二字，當依阮作「應用」。疏解此句云「君應答而用之」，釋文又出「應」字云「應對之應」。

十九、八後二雙上末「而」。

二十、九後四雙上十九「矣」，阮作「己」。「危」字已屬覆述上句，不必改「矣」爲「己」。

二十一、九後五雙下十五「者」，阮脱。

二十二、十前七雙上七「政」，阮作「正」。當作「政」。

二十三、十三後三雙下十空格，阮作「己」。不應空格，亦不必有「己」字。

二十四、十三後四雙下八「跨」，阮作「夸」。阮校惟《考文》宋作「跨」。

二十五、十四前一雙下七、九兩「參」字，阮校依段玉裁改「絫」。

二十六、十四後七雙上十五「劣」，阮誤作「爲」。阮校閩同，監又誤作「另」，毛作「劣」。作「爲」作「另」皆誤。

二十七、十七後五注雙下四「止」。

二十八、二十二前一雙下十三「似」，阮誤改「以」。「如似」連文，疏中多有，「以」字難通。

二十九、二十二後五雙下八「奥」，當依阮作「澳」。

三十、二十二後六雙上五「萹」，阮同。阮校閩、監誤作「篇」，毛誤作「扁」，惟《考文》宋不誤。

三十一、二十二後六雙上十三「隅」，當依阮作「隈」。

三十二、二十二後七雙下廿一「益」，阮同。阮校監、毛作「盛」，《考文》宋作

「益」。則惠校漏。

三十三、二十二後八雙上十三〔一〕「象」，阮同。阮校閩、監、毛作「角」，《考文》宋作「象」。則惠校漏。

三十四、二十三前一雙上六「諠」，阮誤作「喧」。

三十五、二十三前七雙上十八「咺」，阮誤作「喧」。阮校閩、毛同，監作「諠」，皆誤。

三十六、二十四後二雙上十四「唯」，阮誤改作「爲」。　經文自作「惟民所止」。

卷第六十七

一、三後二雙上九「常」，阮作「當」。　作「常」字義長。

二、四後三雙上十八「持」，阮誤作「得」。

三、七前二疏「子曰聽訟吾猶人也」八字，阮作「子曰至利也○」五字及一空。

按：據下正義文，言此一經廣明诚意之事，則自以聽訟一經爲斷。若「至利也」即已至

〔一〕「十三」應作「十一」。

篇終，與正義不相應矣。凡疏標起訖，往往與他本異同，多不足論，惟此不能不從宋。

四、七前四雙下五「情」字下，阮多「猶」字。「猶」字贅。

五、七前七雙上十三「聽」字下，阮多「訟」字。阮校及此句但言閩、監、毛本因此句闕文而改「謂聽訟之時」五字作「斷獄者俱」四字。今按：原闕實止四字，即阮本此五字亦係擠緊而成，可知本無「訟」字。阮又謂惠校宋本同十行本，恐未必然。無「訟」字，文理可通，不必加「訟」字致字數不合。

六、八前四雙上十四「憎」，阮誤作「增」。阮校閩、監、毛同，惟《考文》宋作「憎」。此本同《考文》宋。

七、八後一雙上九、十「脩身」二字，當依阮作「身脩」。所述之注原作「身脩」。

八、八後五雙上八「爲」，阮同。阮校各本同，惟惠校宋作「謂」。此非惠本，當從惠。

九、九後六雙下十「德」，阮誤作「身」。

十、十前七雙下十四、五「也」字及一空格，阮妄作「此人」二字。

十一、十後五雙上二十「也」字，阮脱。

十二、十後六雙上十五「中」，阮作「申」。字跡本稍漫漶，當從阮作「申」。上已言「絜矩」，此更申說其義。作「申」字爲長。

十三、十一前六雙上二、三、四「可不不」，阮作「不可不」。按：此本複衍一「不」字，阮本改「不」字在上，反更難通。

十四、十二前三雙上十三「君」，阮作「命」。「逆君之辭」乃釋注之「逆命」，「命」即君之辭也，阮本誤。

十五、十二後三雙上十五「位」，阮誤作「居」。《新序》原作「位」。

十六、十二後四雙上十八「言」，阮作「乎」。《新序》原無此字，但若作「言」，則是昭奚恤謂秦之本意，「言楚之所寶者即賢臣」，故請觀之，用意爲長。

十七、十二後五雙上二十「者」字下，阮校《考文》宋有「乎」字。則此本此處不同《考文》宋。

十八、十三前七雙下三「云」，阮作「謂」。

十九、十三後七雙上「僖三十三年」，阮作「僖三十二年」。按：蹇叔等諫在三十二年，敗諸崤在三十三年。未可定其孰是。

二十、十四後四雙下十八「者」，阮作「君」。阮校十行本闕，從閩、監、毛補，而《考文》宋作「者」。則此本同《考文》宋。但作「者」字文義不順。

二十一、十四後七雙上廿「者」，阮無。阮校《考文》宋同，閩亦無「者」字而有空格。下又無「言」字，監、毛有「者」無「言」。此本又非《考文》宋。

二十二、十五後二雙下十六「云」字，阮脱。

二十三、十五後四雙上末「云」字，阮脱。

二十四、十五後五雙下十一「當」，當依阮作「常」。

卷第六十八

一、一前七雙上七「旓」，阮作「旒」。《世本》云：「黄帝造火食旓冕。」當作「旓」，若作「旒」，則旒是冕上之一物，其序亦不應若此。

二、三後二雙下十四「初」，阮誤作「先」。句首即有「先」字，不應重複。且「初」字正貼經文「始」字。

三、三後七雙上十五「謂」，阮誤作「位」。

四、四前五雙下十四「此」。

五、五前三雙下首「陽往陰來」，阮作「陰來陽往」。

六、六後六雙上九、十「去爲」二字，阮作「云謂」。阮校閩、監、毛同，《考文》宋作「去爲」。案作「爲」是，作「去」非。衛氏《集説》亦作「云爲」。此本同《考文》宋，宋誤在「去」字，他本誤在「謂」字。

七、七前五雙下十二「而」，阮誤作「迎」。

八、七後五上末、下十六 六上七、廿一四「巹」字，依經文當作「卺」。阮校《説文》作「⿱蒸豆」。

九、七後六雙下十三、四「也者」，阮誤作「者也」。

十、八後七行十四「叚」，阮作「段」。阮校《石經》作「段」，岳本同。十行本誤作「叚」，嘉靖、閩、監、毛誤作「叚」，衛氏《集説》同。此字應作「段」，宋本多誤作「叚」，惠與《考文》不校，或聽其與監、毛同也。疏同。

十一、十後八首「奴」，當依阮作「奻」。此處近角凡四雙行之首三字皆係寫補，此蓋板破缺而填寫者誤書也。

十二、十一前八疏雙上七「申」，阮誤作「發」。雙下三「順」，阮誤作「德」。

十三、十一後四雙上十六「奉」，阮誤作「舉」。

十四、十二後三雙下十六字「一」，阮誤作「二」。

十五、十四後五雙上十一「由」，阮作「木」。阮校本作「由」，從閩、監、毛改，《考文》宋作「由」。按：此本同《考文》宋，其爲「由」字不誤。「由反克金故爲災」，其中含有「木」字，蓋爲「災」之故。由於反克，「由」字不必改作「木」。

十六、十五後三雙上十二「生」，阮同。阮校《考文》宋同，閩同，監闕，毛作「土」。此本同《考文》宋。惠校漏。

十七、十五後五雙上十一「有」，當依阮作「者」。

十八、十六後六雙上首「初」，阮誤作「發」。

十九、十六後六雙下廿一「此」，阮脱。

二十、十七前七雙上八、十一、十七前八雙下十七　四「榭」字，阮皆作「謝」。從《公羊》可作「謝」。

二十一、十七後七「卿大夫」三字下，阮多「士」字。阮校閩、監同，毛本「卿」誤作「鄉」。岳，衛氏《集説》，《考文》宋、古無「士」字。段玉裁云：「下文『卿大夫士』即承此，宋本無『士』字，非。」此脱字同《考文》宋，惠不校，當是同毛本有「士」字。

二十二、十七後七雙下十七「惠」字下，阮誤隔以「〇」，遂誤以下百九字爲釋文。

阮校據惠校但於「周禮」下補「云」字，阮本即少「云」字。監、毛蓋皆同。可知宋本實有此注，並非釋文。釋文自引鄭注爲説而節去「云」字，故釋文與注同。山井鼎據古本無此百九字而疑宋本爲誤連釋文入注，所據古本既無此百八字，除去「云」字，故衹百八字。後人據宋板補入，山井鼎尚議爲補者之誤，阮氏即疑其未必然。今從此本證之，益知宋時未附釋文，本原有此注。自釋文引鄭注後附釋文之本，見其相複，遂妄去注，不知釋文引注處甚多，此不過文字較長耳。

二十三、十七後八雙上六、十六兩「卿」字，皆當依阮作「鄉」。

二十四、十八前七雙下八「左」，阮作「右」。阮校《考文》宋作「左」。　北面則西在左，自當作「左」。

二十五、十九前二注雙下一「來」，阮妄改「故」。　七「德」，阮妄改「惠」。

二十六、十九後一疏雙上十二「坐」字下，阮衍「謂」字。

二十七、十九後二至八每行下皆闕三字，其八行雙下更闕四字，今依阮本補之如下：　後二「天地温　之微氣」　後三「主人東　秋始其」　後四「象也　立而將」　後五「以恭敬　禮以體」　後六「重釋稱　古之」　後七「才藝之　術道今」　後八「□令名　故聖人務」。

二十八、十九後六雙下十六「皆」，阮誤作「者」。

二十九、二十後一雙下三「嘗」，阮誤作「者」。

三十、二十後四雙下十一「末」，阮誤作「未」。後七雙上末「末」，阮誤作「未」。

三十一、二十後八雙上「賓卒立以立觶也」，阮後「立」字作「兵」。阮校惠校宋作「立」，閩闕，監、毛作「據」，盧文弨云本當作「賓立以卒觶也」。此本同惠校本。

三十二、二十一前二雙下十三「即」，阮誤作「則」。「即」字神理完足。

三十三、二十三後二雙下末「也」，阮作「矣」。「也」字語氣回合。

三十四、二十三後七雙上十一「賓」字下，當依阮多「三揖」二字。

三十五、二十三後八雙上末「酬」，阮誤作「酢」。

三十六、二十四前八雙下十九「人」，阮妄作「入」。「獻笙人」謂主人酌獻笙人。

三十七、二十五前六雙上七「辭」字下，阮多「許」字。阮校惠校宋無，阮按云：「無『許』字，非也。」按：《鄉飲酒》原文下有「許」字，但節引之文亦可不引入「許」字。宋本未必非。

三十八、二十六前五雙下四「此」，阮作「也」。當從此本。

三十九、二十六後四首「此」字上，阮多「如」字。阮校《考文》宋無。

四十、二十八前七注雙下二「在」，當依阮作「共」。阮校惠校宋作「在」，案「在」

字非也。釋文出「所共」音恭。正義亦云：「主人共客所須。」

四十一、二十八後五「以生物言之則謂之聖」，阮同。阮校《考文》宋同，閩、監、毛作「以生物於春如通明之聖」。則惠校漏。

四十二、二十八後七雙上十四「賓」字下，阮重「賓」字。阮校《考文》宋不重。

四十三、二十八後八雙上二「者」，阮脱。

四十四、二十八後八雙上末「供」，阮作「共」。阮校《考文》宋作「供」。

四十五、二十八後八雙下十三「事」，阮作「象者」二字。阮校閩、監、毛同，衛氏《集説》「象」下無「者」字，惟《考文》宋作「事」。

四十六、二十九前一雙下十五「所」，阮作「若」。阮校閩、監、毛作「若初」二字，衛氏《集説》作「初」字，《考文》宋作「所」，十行本原空闕。此本同《考文》宋。十行本闕，後遂紛紛妄填。

四十七、二十九前二雙下十八「象」字上，阮校閩、監、毛衍「亦」字，《考文》宋無「亦」。

四十八、二十九前三雙下十五「數」，阮校閩、監、毛「數」字上衍「大」字，《考文》宋無「大」。

卷第六十九

一、一後末「晨」，當依阮作「長」。　闕字修補而誤。

二、二前四雙上十五「也」，阮脱。阮校《考文》宋有。

三、二前八疏雙下三「則」字下，阮多「射」字。阮校《考文》宋無。不必有。

四、三前四注雙上末「詩〔一〕」，阮作「毛詩」。不必有「毛」字。

五、三前五雙上十七「豝」，阮作「豝」。阮校監、毛誤「豝」。疏皆作「豝」，不誤。

六、三前七雙上二、三「童童」，阮作「僮僮」。阮校閩、監、毛作「童童」。後四雙上同。

七、四前三雙下十四「歎」，阮誤作「乎」，不可通。古本可貴。

八、五後二注末「洲」，當依阮作「州」。「洲」之本字爲「州」，此處「幽州」之「州」更應作「州」。

九、八後三雙下廿一字「二」，阮誤作「一」。阮校《考文》宋作「二」。

〔一〕「詩」應作「今詩」。佩案：八行本《禮記注》原文作「采繁今詩篇名」，阮本作「采繁毛詩篇名」，潘出校文字誤。

十、八後六雙上下　「脩身以俟死者謂脩絜其身以俟於死者」　「不在此位也者者不問此衆人之中有此上諸行不若有則可在此賓位矣」　此兩段疏文本以「以俟於死」爲句完上一段。「者不爲」句屬下一段，阮本中間無空格，則兩段相連尚無大誤。此本空格誤在「者不」二字之間，阮校毛本誤改「者不」二字爲「謂」字。

十一、九前三雙下五「工」，阮誤作「正」。阮校《考文》宋作「工」。閩、監、毛皆誤，則惠校漏。

十二、九後一雙上末「已」，阮作「既」。文義同，當從舊本。

十三、十一前二雙上十三「階」，阮作「皆」。阮校惠校宋同，山井鼎云：「宋板作『階』，非。」　此本誤字同《考文》宋，不同惠校本。

十四、十一後七雙下十九「辜」，阮作「辜」。阮校惠校宋作「辜」。山井鼎云：「《司裘》注作『𩉨』，字書作『韗』，宋板近是。」　按：惠校本疑亦作「韗」，其下半作「辛」，乃阮校之不審。

十五、十二前四雙上十字「二」，阮誤作「一」。

十六、十二後二雙下十一「面」，阮誤作「而」。

十七、十二後五雙下七「畢」，當依阮作「卑」。

十八、十三前二雙上十八「弓」，當依阮作「躬」。

十九、十三後五雙上十八「寸」，阮校各本誤作「尺」，從《考文》宋訂作「寸」。

二十、十五後三雙下八「上」，當依阮作「主」。「主皮之射」上文已屢見，無作「上皮」者。

二十一、十六前五雙上末「初」，阮作「始」。文義同，當從舊本。

二十二、十六前七雙下一「者」，阮無。阮校《考文》宋有。

二十三、十六前八行六「后」，阮作「後」。

二十四、十六後四雙上十二「括」，當依阮作「拾」。「決拾」自應作「拾」，釋文音十。

二十五、十七前一雙下十三「如」，阮誤作「而」。《大射》原作「如」。

二十六、十七前七雙上四「畫」字下，阮校監、毛有「布」字，《考文》宋無。此本同《考文》宋。據疏仍無「布」字，則有「布」字者誤。近世蓋習於朱子《中庸》注「畫布曰正」而妄加耳」。

二十七、十七後四雙下十六「與」，阮誤作「以」。

二十八、十七後六雙上一「者」，阮誤作「若」。阮校《考文》宋作「者」。

卷第七十

一、二前六雙下六、七「之子」二字，阮誤作「子之」。

二、三前一雙下七「付」，阮誤作「傅」。

三、三前一雙下十一「申」，當依阮作「甲」。

四、四前五雙上末至雙下首「敵疋」，阮作「匹敵」。　文義同，從舊本。

五、四後六雙下六「諸」字下，阮校各本有「公」字，阮據《考文》宋訂正。

六、四後七雙下五「者」，阮無。阮校惠校宋有「也」字。　按：無「者」字尚可，作「也」字則誤。此本作「者」字最合。　非惠校本而勝惠本。

七、七前五雙下十八「大」、二十「小」，阮互易。　文義均可通，當從舊。

八、八後七雙上末「階」，阮作「命」。　校記中舉此句仍作「階」，則係上板時之誤。

九、九前六雙下二十「末」，阮誤作「未」。

十、九前七雙下八「職」字下，阮校惠校宋有「注」字。　按：此疏約《司儀職》

文，《司儀職》并無此注語，不應有「注」字。惠本誤，此本非惠本。

十一、九後八雙上末「拜」，阮無此重字。阮校岳、嘉靖及《考文》引古本有按，正義當重。　此本與惠校及《考文》之宋皆不同，而與正義合。

十二、十前二雙下十一空格，阮作「者」。

十三、十一前一雙上十三「擯」字下，阮多「者」字。　不應多。

十四、十一前二雙上十一「授」，阮作「受」。阮校《考文》宋作「授」，按《聘禮》作「受」，鄭注云：「將以飲賓，《考文》非也。」　此本誤字同《考文》宋。

十五、十一前八雙上八「飪」，阮誤作「饁」。　《聘禮》原作「飪」。古本可貴。

十六、十一後五雙上四「廟」，阮誤作「朝」。

十七、十一後五雙下八「俶」，阮作「淑」。阮校《考文》宋作「俶」。　此本同《考文》。　《聘禮》原作「俶」，但注古文作「淑」。

十八、十二前一雙下十二「敵」，阮誤作「獻」。　「獻」字無來歷。古本可貴。

十九、十三前六雙上十「者」，阮無。

二十、十三後六雙下十七「所」，阮誤作「享」。

二十一、十四前一雙上末「故」，阮妄改作「則」。

二十二、十六後末「曰」，當依阮作「日」。

二十三、十七前二雙下二十「異」，當依阮作「畢」。

二十四、十七前三雙下七「行」，阮誤作「成」。　經文原作「行」。

二十五、十七前三雙下十九「者」，阮無。

二十六、十七前六雙上十七　雙下四　兩「莫」字，阮俱作「暮」。　述經當作「莫」。

二十七、十九前七雙上末　前八雙上二十　後三雙上十三後四雙下六　後六雙上廿二　後七雙上七　後八雙上十二　七「者」字，阮皆無，皆引《考文》宋有此「者」字。

二十八、十九後一雙下十一「泠」，當依阮作「泠」。

二十九、十九後二雙上一「竟」，阮誤作「音」。阮校從《考文》宋訂正。

三十、二十一後末「之內」二字，阮妄改作「外則」。　門外之治義斷恩，不得云「變而行義」，如阮所改與經旨適相反。　古本可貴。

三十一、二十二前一雙上十六「恨」，當依阮作「限」。　正義作「限」。

三十二、二十二後八雙上十三「門」，阮妄改作「內」。　古本可貴。

三十三、二十三前一經文八「沭」，當依阮作「沐」。

三十四、二十四後八雙下十一「后」，阮作「後」。

三十五、二十五前二雙下二十「免」，阮誤作「髽」。鄭注「髽或爲免」，正謂經文之「禿者不髽」。在男子，不髽當作「不免」。此正義文正與相應。阮本妄改，古本可貴。

三十六、二十五前四雙上廿一「必」，阮校《考文》宋作「以」。則此又與《考文》宋不同。

三十七、二十五前七雙下十七「沭」，當依阮作「沐」。毛誤作「不」。

書末附惠跋云「此爲北宋本」，而前一葉原刊板人黃唐識語，明載紹熙辛亥鋟諸木，次年壬子八月作識。紹熙爲光宗號，辛亥、壬子爲其二、三兩年。檢阮校所引惠校多與此本不合，此本惠跋爲僞，惠校實另有北宋本。惠跋言以北宋本校毛本，得是正共萬餘字，可謂快矣。顧今爲覆校，據阮校例言所引宋本，一以惠校爲主，惠所漏者乃據日本之《考文》本，則就阮氏所據知惠漏校已多，而細勘更多有阮校所未及，知校書正自不易。又《考文》所據之宋本與本書亦不盡相同，知非一本，但其合處較多於惠本耳。本書矯正阮本，頗有特出之處，蓋阮本已經妄人竄改，多有意識之誤，此本則尚無之，洵可寶也。注疏得阮校而後信爲可讀，及校此本，乃敢言《禮記注疏》以此本爲最不貽誤讀者矣。民國十七年一月校畢附識。

今世所行《十三經注疏》合刻兼附釋文之本，如閩本、明監本、毛本皆以十行本爲祖本，閩本刻於明嘉靖間閩人李元陽，監本刻於萬曆間，毛本刻於崇禎間。閩本出於十行本，監本出於閩本，毛本出於監本。當閩刻時所據十行本已多刓缺，其十行原本版片，又迭經元明修補，於正德間所修，板心注明正德時補頁。以故山井鼎《考文》直以十行本爲正德本也，閩本於十行本缺處頗多以意補字，遂致大失本意，必於萬不能補之大段缺文乃始留出空缺。故雖以意填補，仍未補完。監、毛本輾轉翻刻，益多紕繆。阮氏得十行本十一經，所少者爲《儀禮》《爾雅》兩經，其印刷較早，往往於閩本所據缺處尚多完整，故能是正不尠，然亦頗刓缺。且附釋文以十行本爲始，當其逐節添附時，將章節往往移置其間，遂多所誤會。阮氏刻注疏時，此《禮記》一經固用十行本，亦賴有惠氏定宇及日本山井鼎、物觀二人所校宋本之不附釋文注疏本，多所訂正，以故現行《十三經注疏》以阮本爲最善，而尤以阮氏校勘記集前此校記之大成。自黄唐本《禮記注疏》出而世間始知尚有未附釋文時之真宋本在，全書除鈔配數葉外，大致完整，絶少漫漶刓泐之處。以中國最尊尚之經書，又爲諸經中卷帙甚鉅之《禮記》，今尚有此真宋本發現，豈非絶世瑰寶！余既得是書，不敢自秘，願出巨貲以公諸世，用新法玻璃板影映作爲樣本，與原書上板無絲毫之異，仍爲悉心讐校，以驗其與世行諸本之異同，計校出前人所未校及者數千條。然則昔時以阮校爲集成，今乃校出前所漏校者，若是其夥，并多有前人因校而反誤者，則以未見真本，輾轉過録他人校語，不免又生郢書燕説之誤。經書之爲國粹，自秦火以降，歷刼凡幾次，而其與天壤永爲不朽者如故，後有快覩《禮記注疏》之善本者，必皆覩余所校，庶易檢尋其異同之跡，則亦與阮氏諸賢分一席於校經之列，何其幸也！書末有惠定宇跋語，非真蹟，乃從他本傳録作僞。書中異同之處，與惠合者固多，不合者正不少，不合惠校而合《考文》校本者尤多。阮校謂《考文》之宋板《禮記注疏》，與惠校宋本是一書，「間有不合處，不及千分之一，亦傳寫之譌，非二書有不同也」云云，亦殊未確。惠本與《考文》本，的是兩本，其證據多在逐條校語中。至黄唐本，則與其冒託爲惠校本，無甯謂其大致合於《考文》宋本。凡此皆於校語中證明之。其中發前人校記所未發《小戴》一經之注疏真相，得此本而回復不少。傳刻之功，自信不在阮氏之下，亦於校語中可指而數之。惟余自問，亦尚有漏校，覆寫時往往發現，則未發現者，必不少也。後之能讀書者，補綴而匡正之，又非徒一校者之幸，乃《禮記》一經，有以貽萬世之學者，共肩此責也矣。十七年一月十七日覆寫畢再記，南海潘宗周。

《禮記正義校勘記》卷下

圖書在版編目（CIP）數據

儀禮石經校勘記／（清）阮元撰；井超整理．撫本禮記鄭注考異／（清）張敦仁撰；侯婕整理．禮記正義校勘記／潘宗周撰；李佩整理．—北京：北京聯合出版公司，2022.12

（學禮堂叢刊／王鍔主編）

ISBN 978－7－5596－3555－6

Ⅰ．①儀… ②撫… ③禮… Ⅱ．①阮… ②張… ③潘… ④井… ⑤侯… ⑥李… Ⅲ．①禮儀－中國－古代 Ⅳ．①K892.9

中國版本圖書館 CIP 數據核字（2022）第 227260 號

儀禮石經校勘記 撫本禮記鄭注考異 禮記正義校勘記

出 品 人：趙紅仕
責任編輯：張旭輝　張永奇
封面設計：黄曉飛
出版發行：北京聯合出版有限責任公司
　　　　　北京聯合天暢文化傳播有限公司
社　　址：北京市西城區德外大街 83 號樓 9 層
郵　　編：100088
電　　話：（010）64243832
印　　刷：北京富誠彩色印刷有限公司
開　　本：880mm×1230mm　1/32
字　　數：287 千字
印　　張：16
版　　次：2022 年 12 月第 1 版
印　　次：2022 年 12 月第 1 次印刷
ISBN 978－7－5596－3555－6
定　　價：88.00 元

文獻分社出品